桥梁风险评估与养护管理

郭 健 著

科学出版社

北 京

内 容 简 介

本书针对桥梁运营过程中所面临的结构损伤破坏风险，综合考虑外部风险和内部风险，研究桥梁典型风险的分析评估和大型桥梁的养护方法。书中以沿海大型桥梁为工程背景，内容包括桥梁风险源辨识、桥梁风致灾害风险评估、桥梁船舶撞击风险评估、海域桥梁腐蚀失效风险评估、桥梁风险控制的运营管理以及大型桥梁的养护管理方法等。

本书可为桥梁工程相关领域的研究人员和工程技术人员提供参考，也可作为高等院校相关专业研究生及本科生课程的教学用书。

图书在版编目（CIP）数据

桥梁风险评估与养护管理/郭健著. —北京：科学出版社，2020.11
ISBN 978-7-03-066792-2

Ⅰ. ①桥… Ⅱ. ①郭… Ⅲ. ①桥–保养 Ⅳ. ①U445.7

中国版本图书馆 CIP 数据核字（2020）第 220976 号

责任编辑：牛宇锋　罗　娟／责任校对：王萌萌
责任印制：吴兆东／封面设计：蓝正设计

科学出版社 出版
北京东黄城根北街 16 号
邮政编码：100717
http://www.sciencep.com

北京中石油彩色印刷有限责任公司 印刷
科学出版社发行　各地新华书店经销

*

2020 年 11 月第 一 版　开本：720×1000　1/16
2024 年 1 月第四次印刷　印张：20 1/4
字数：389 000

定价：168.00 元
（如有印装质量问题，我社负责调换）

前　言

随着我国桥梁建设的快速发展，一大批结构新颖、技术复杂、设计施工难度大的大型桥梁工程相继建成，标志着我国桥梁建设水平进入新的发展阶段。但是在桥梁飞速发展的同时，桥梁在运营期遇到的风险日益增多，尤其是跨海桥梁，高温高湿的恶劣海洋服役环境，夏秋两季高频的强台风，日益增长的车流量以及船舶通航量，都对跨海桥梁的安全运营提出了更高的要求。因此，开展对跨海桥梁结构风险评估，加强运营期的风险监测预警，建立跨海桥梁公路养护管理长效机制，是桥梁结构安全运营的重要保障。

全书共 8 章，主要内容如下。

第 1 章为绪论。论述风险评估理论体系，包括风险评估的基本概念、风险评估流程及评估方法。

第 2 章开展桥梁风险源辨识研究。以沿海地区典型大型桥梁为工程背景，掌握桥梁在长期运营后的整体服役状况，识别桥梁结构病害和损伤，从上部结构、下部结构、支座及关键附属设施进行结构易损性分析，对近几年来国内外桥梁事故进行分析，识别影响桥梁安全运营、结构正常工作的潜在或已存在的风险源，建立桥梁结构风险源调查表，并将风致灾害风险以及船舶撞击风险作为桥梁外部风险源进行研究，将结构性能劣化作为桥梁内部风险源进行研究。

第 3 章开展桥梁风致灾害风险评估研究。根据风险时效性理论，进行跨海大桥不同结构抗力、刚度退化时效性研究，从风荷载参数、结构参数及相互作用参数进行不确定性分析，采用拉丁超立方抽样法，对风致风险参数中敏感性较大的参数进行分层随机抽样。分析跨海桥梁失稳破坏、位移超限和应力超限三种风致灾害破坏模式，结合跨海桥梁 ANSYS 空间模型，分别进行各种风致破坏下的时效风险概率计算，从跨海桥梁自身直接损失和外在间接损失两个方面进行风致风险损失估算。建立大型桥梁结构风致风险准则，提出风险等级确定方法，并结合风致风险概率计算结果和风致损失估算结果，进行跨海桥梁风致风险评价。

第 4 章开展桥梁船舶撞击风险评估研究。综合考虑影响跨海桥梁船撞风险的通航环境因素、船舶因素、人为因素、管理因素 4 个方面，提出 18 个风险评价指标。基于数学模糊理论，采用定量、定性分析方法，提出跨海桥梁船舶撞击模糊综合评估模型，并对浙江省舟山市朱家尖跨海大桥进行撞击安全风险评估。

第 5 章开展海域桥梁腐蚀失效风险评估研究，主要开展钢筋混凝土结构在氯离子不断渗透进程下，致使钢筋发生锈蚀破坏的风险预测评估。首先对混凝土结构钢筋锈蚀破坏过程阶段进行分析，基于 Fick 第二定律，确定混凝土结构耐久性定量预测方法，根据金塘大桥海工混凝土相关试验结果并结合现有的研究成果，确定影响氯离子渗透性的相关参数概率分布特性，基于可靠度理论，建立混凝土结构耐久性破坏极限状态模型，并对钢筋混凝土结构进行耐久性定量预测评估，建立耐久性可靠度指标与腐蚀时间的关系曲线，基于假定可靠度指标，确定混凝土结构耐久性。

第6章开展桥梁碳化失效风险评估研究。主要开展由碳化引起的钢筋锈蚀导致混凝土结构性能退化风险评估。总结现有的混凝土碳化经验模型，以现有确定性模型为基础，通过添加模型修正项来修正确定性模型存在的误差，建立混凝土碳化概率模型。建立基于概率模型的碳化时变失效概率的分析方法，并应用于钢筋混凝土简支板，获得其生命周期内的时变失效概率及时变可靠度指标，进行碳化失效风险评估。

第7章开展桥梁风险控制的运营管理研究。结合跨海桥梁风险特点，确定风险控制管理模式，进行风险监测预警研究，叙述风险监测预警系统体系、流程以及技术方法，同时构建结构完整、功能健全、内外兼顾、覆盖全过程的跨海桥梁风险突发事件应急管理系统。该系统由内部功能子系统、外部支援子系统(应急辐射)、检测改进子系统、应急指挥调度组织构成。在内部功能子系统中扩充风险监测和预警模块、信息报送和媒体应对模块，有效填补现有应急管理系统的空白与不足。引用物理学中的"辐射"原理，提出风险突发事件应急辐射的概念，作为应急管理系统中的外部支援子系统，有效利用周边的应急救援力量和资源。建立由应急响应、信息报送和媒体应对、恢复和调查评估组成的跨海桥梁风险突发事件应急行动体系，根据预警级别、风险突发事件规模和波及面，确定响应等级，建立分级响应机制，设计应急响应流程及内容，为同类工程风险控制下的运营管理提供参考。

第8章开展桥梁养护管理研究。在对现有的公路、城市和铁路桥梁管养技术的分析与比较基础上，深入研究三类规范相关内容，并结合我国跨海桥梁的管养现状、特点和要求，研究制定一套适用于跨海桥梁的管养技术方法，主要对桥梁的管理、检查、技术状态评定和桥梁结构的养护与维修等方面进行深入研究与说明。

感谢国家重点研发计划课题(2016YFC0802201)、国家自然科学基金(U1709207、52078461、51578506、51178429)对本书内容研究及出版的支持。

开展桥梁风险评估研究，进行科学合理的桥梁养护管理，对保障跨海桥梁安全运营，避免风险事故发生，延长桥梁结构使用寿命具有积极意义。为此，我们欣然撰写本书，为桥梁工程、风险评估、养护管理等相关领域学者提供参考。

作　者

2020年6月于杭州

目 录

前言
第1章 绪论 ·· 1
  1.1 风险评估基本概念 ·· 2
    1.1.1 风险定义 ·· 2
    1.1.2 风险度量 ·· 4
    1.1.3 风险本质 ·· 5
    1.1.4 风险特征 ·· 6
  1.2 风险评估理论体系 ·· 6
    1.2.1 风险评估目的及意义 ·· 7
    1.2.2 风险评估流程及内容 ·· 7
    1.2.3 风险评估方法 ·· 9
  1.3 风险源辨识 ·· 12
    1.3.1 风险源辨识定义 ·· 13
    1.3.2 风险源辨识原则及特点 ·· 13
    1.3.3 风险源辨识流程 ·· 14
    1.3.4 风险源辨识方法 ·· 15
  1.4 本章小结 ·· 17
第2章 桥梁风险源辨识 ·· 18
  2.1 桥梁结构易损性分析 ·· 18
    2.1.1 上部结构易损性分析 ·· 18
    2.1.2 下部结构易损性分析 ·· 38
    2.1.3 桥面系及附属设施易损性分析 ···································· 40
    2.1.4 支座易损性分析 ·· 44
  2.2 桥梁外部风险源 ·· 46
    2.2.1 风致灾害风险 ·· 46
    2.2.2 船舶撞击风险 ·· 50
    2.2.3 冲刷水毁风险 ·· 55
    2.2.4 超载超限风险 ·· 62
    2.2.5 火灾爆破风险 ·· 67

2.2.6　地震风险 …………………………………………………… 74
　　　2.2.7　人为破坏及恐怖袭击风险 …………………………………… 80
　2.3　桥梁内部风险源 ………………………………………………………… 82
　　　2.3.1　设计风险 …………………………………………………… 82
　　　2.3.2　施工风险 …………………………………………………… 85
　　　2.3.3　运营期间结构性能劣化风险 ………………………………… 90
　　　2.3.4　管理养护风险 ……………………………………………… 93
　2.4　本章小结 …………………………………………………………… 95

第3章　桥梁风致灾害风险评估 ……………………………………………… 97
　3.1　工程背景和空间有限元仿真模型 ………………………………………… 97
　　　3.1.1　工程背景 …………………………………………………… 97
　　　3.1.2　ANSYS空间有限元仿真模型 ………………………………… 98
　3.2　风致灾害风险时效性因素研究 …………………………………………… 99
　　　3.2.1　结构抗力退化时效性研究 …………………………………… 99
　　　3.2.2　结构刚度退化时效性研究 …………………………………… 100
　3.3　风致灾害风险参数不确定性分析 ………………………………………… 100
　　　3.3.1　风荷载参数不确定性分析 …………………………………… 101
　　　3.3.2　桥梁结构参数不确定性分析 ………………………………… 102
　　　3.3.3　风荷载与桥梁结构相互作用参数不确定性分析 ……………… 103
　　　3.3.4　随机参数抽样方法 ………………………………………… 103
　3.4　桥梁结构风致灾害风险概率计算 ………………………………………… 105
　　　3.4.1　时效风致灾害风险概率计算方法 …………………………… 105
　　　3.4.2　风致失稳破坏概率计算 …………………………………… 107
　　　3.4.3　风致位移超限概率计算 …………………………………… 112
　　　3.4.4　风致应力超限概率计算 …………………………………… 115
　3.5　桥梁结构风致灾害风险损失估算 ………………………………………… 117
　　　3.5.1　风致灾害风险损失估算方法 ………………………………… 117
　　　3.5.2　风致失稳破坏损失计算 …………………………………… 118
　　　3.5.3　风致位移超限损失计算 …………………………………… 119
　　　3.5.4　风致应力超限损失计算 …………………………………… 119
　3.6　风致灾害风险评价与决策研究 …………………………………………… 119
　　　3.6.1　风险评价准则建立标准 …………………………………… 119
　　　3.6.2　风致灾害风险准则 ………………………………………… 120
　　　3.6.3　风致灾害风险评价与决策 ………………………………… 121
　3.7　风致灾害风险控制研究 ………………………………………………… 122

3.7.1 抗风设计理论与适用规范研究 122
3.7.2 风振控制措施研究 123
3.8 本章小结 125

第4章 桥梁船舶撞击风险评估 127
4.1 概述 127
4.2 桥梁船舶撞击风险事故分析 128
    4.2.1 船舶撞击事故特点 129
    4.2.2 船舶因素 129
    4.2.3 通航环境因素 130
    4.2.4 人为因素 132
    4.2.5 管理因素 133
    4.2.6 船舶撞击原因总结 134
4.3 跨海桥梁船舶撞击风险评估 134
    4.3.1 风险层次评价模型 134
    4.3.2 风险评价指标权重确定 135
    4.3.3 风险等级及指标隶属度确定 137
    4.3.4 船舶撞击风险模糊综合评价 138
    4.3.5 跨海桥梁船舶撞击风险对策 139
4.4 案例分析 141
    4.4.1 工程背景 141
    4.4.2 风险评价指标权重结果 141
    4.4.3 多层次综合评价结果 143
    4.4.4 风险控制与对策 145
4.5 本章小结 146

第5章 海域桥梁腐蚀失效风险评估 147
5.1 概述 147
5.2 氯离子对混凝土侵蚀作用 148
    5.2.1 氯离子在混凝土中的传输机理 148
    5.2.2 氯离子引起钢筋锈蚀机理 151
    5.2.3 氯离子侵蚀下混凝土使用寿命 152
5.3 混凝土结构耐久性模型和参数分析 154
    5.3.1 氯离子扩散模型 154
    5.3.2 混凝土耐久性模型 154
    5.3.3 氯离子扩散模型参数分析 155
5.4 混凝土结构耐久性预测方法 160

5.4.1 混凝土结构耐久寿命预测流程·················161
5.4.2 混凝土结构耐久性失效准则·················161
5.4.3 混凝土结构耐久性极限状态方程·················162
5.4.4 参数随机抽样方法·················163
5.5 案例分析·················164
5.5.1 工程背景及混凝土试验·················164
5.5.2 混凝土保护层厚度概率分布特征·················165
5.5.3 表面氯离子浓度概率分布特征·················166
5.5.4 氯离子扩散系数概率分布特征·················167
5.5.5 临界氯离子浓度概率分布特征·················168
5.5.6 混凝土结构耐久性评价·················168
5.5.7 混凝土腐蚀预防控制措施·················170
5.6 本章小结·················171

第 6 章 桥梁碳化失效风险评估·················172
6.1 概述·················172
6.2 混凝土结构碳化模型·················172
6.2.1 混凝土结构碳化理论模型·················172
6.2.2 混凝土结构碳化经验模型·················173
6.2.3 混凝土结构碳化模型评价·················174
6.3 混凝土碳化概率模型·················174
6.3.1 混凝土碳化概率模型概述·················174
6.3.2 混凝土碳化模型修正·················176
6.3.3 混凝土碳化模型优化·················176
6.3.4 混凝土碳化概率模型参数分布·················177
6.4 混凝土结构碳化失效概率计算·················179
6.4.1 混凝土结构碳化概率模型·················179
6.4.2 混凝土结构碳化失效风险评价·················180
6.4.3 工程应用·················180
6.5 本章小结·················183

第 7 章 桥梁风险控制的运营管理·················184
7.1 桥梁风险控制目标及运营管理模式·················184
7.1.1 桥梁运营管理目标·················184
7.1.2 桥梁管理型模式·················184
7.1.3 桥梁实体型模式·················185
7.2 桥梁风险监测预警·················186

		7.2.1 风险监测	186
		7.2.2 风险预警	189
		7.2.3 风险监测预警体系建设	191
	7.3	桥梁风险应急管理系统	193
		7.3.1 风险应急管理原则	193
		7.3.2 应急管理系统框架	194
		7.3.3 内部功能子系统	196
		7.3.4 外部支援子系统	199
		7.3.5 检测改进子系统	200
		7.3.6 应急指挥调度组织	201
	7.4	桥梁风险应急响应体系	204
		7.4.1 应急响应等级及机制	204
		7.4.2 应急响应流程	205
		7.4.3 应急抢修救援	207
		7.4.4 风险事故信息发布	209
		7.4.5 跨海桥梁结构维护与风险事故调查评估	212
	7.5	本章小结	212
第8章	桥梁养护管理		213
	8.1	桥梁养护管理概述	213
		8.1.1 桥梁养护管理体系现状	213
		8.1.2 跨海桥梁管理的重要性	214
		8.1.3 本研究所依据原理	214
		8.1.4 桥梁管理的内容	215
	8.2	桥梁管养技术的分析	217
		8.2.1 公路桥梁管养技术分析	217
		8.2.2 城市桥梁管养技术分析	222
		8.2.3 规范对比	224
	8.3	桥梁养护的技术	226
		8.3.1 桥梁养护工作依据	226
		8.3.2 桥梁养护单元划分	226
		8.3.3 桥梁养护工作流程	226
		8.3.4 桥梁养护计划与组织	227
		8.3.5 桥梁养护作业安全	227
		8.3.6 桥梁健康监测	228
	8.4	桥梁日常管理	228

8.4.1　桥梁日常作业管理 ………………………………………… 228
　　8.4.2　桥梁技术档案管理 ………………………………………… 230
8.5　桥梁检查 ………………………………………………………… 231
　　8.5.1　一般规定 …………………………………………………… 231
　　8.5.2　经常性检查 ………………………………………………… 231
　　8.5.3　定期检查 …………………………………………………… 232
　　8.5.4　特殊检查 …………………………………………………… 232
　　8.5.5　专项检查 …………………………………………………… 234
　　8.5.6　桥梁检定与试验 …………………………………………… 235
8.6　桥梁检查的实施 ………………………………………………… 236
　　8.6.1　桥梁检查项目的编码 ……………………………………… 236
　　8.6.2　桥梁主要检查项目的检查方法 …………………………… 237
　　8.6.3　桥梁检查工作大纲 ………………………………………… 249
8.7　桥梁技术状况评定 ……………………………………………… 264
　　8.7.1　桥梁技术状况评定原则 …………………………………… 264
　　8.7.2　桥梁技术状况评定方法 …………………………………… 265
　　8.7.3　跨海桥梁技术状况评定 …………………………………… 266
8.8　桥梁结构的养护与维修 ………………………………………… 267
　　8.8.1　桥梁养护维修工程分类 …………………………………… 267
　　8.8.2　桥面系和附属设施的养护与维修 ………………………… 268
　　8.8.3　钢结构的养护与维修 ……………………………………… 271
　　8.8.4　混凝土结构的养护与维修 ………………………………… 276
　　8.8.5　主塔、主墩的养护与维修 ………………………………… 277
　　8.8.6　桥梁支座的养护与维修 …………………………………… 278
8.9　本章小结 ………………………………………………………… 280
参考文献 ………………………………………………………………… 281
附表1　日常巡检记录表 ……………………………………………… 289
附表2　日常巡检详细记录表 ………………………………………… 290
附表3　经常性检查记录表 …………………………………………… 291
附表4　沥青路面损坏调查表 ………………………………………… 292
附表5　路基损坏调查表 ……………………………………………… 293
附表6　沿线设施损坏调查表 ………………………………………… 294
附表7　回弹法检测混凝土抗压强度记录表 ………………………… 295
附表8　超声回弹综合法检测混凝土抗压强度记录表 ……………… 296
附表9　电位滴定法检测氯离子浓度记录表 ………………………… 297

附表 10	混凝土碳化深度检测记录表	298
附表 11	混凝土电阻率检测记录表	299
附表 12	混凝土保护层厚度检测记录表	300
附表 13	混凝土裂缝检测记录表	301
附表 14	钢筋锈蚀电位试验检测记录表	302
附表 15	伸缩缝检测记录表	303
附表 16	桥面铺装检测记录表	304
附表 17	全站仪测量桥面纵断面、横断面检测记录表	305
附表 18	水准仪测量桥面纵断面、横断面检测记录表	306
附表 19	基础沉降变位测量记录表	307
附表 20	支座几何形态测量记录表	308
附表 21	跨海桥梁技术状况等级评定表	309

第 1 章 绪 论

随着"一带一路"建设的推进,我国沿海地区四通八达。大型跨海、跨江桥梁作为庞大交通网中重要的关键性节点,往往是连接两地的重要枢纽,在带动交通建设快速发展的同时,也对沿海地区经济、社会发展起到至关重要的作用。近几年来,我国桥梁工程建设取得了跨越式发展,一大批结构新颖、技术复杂、设计施工难度大和科技含量高的大型桥梁工程相继建成,标志着我国桥梁建设水平已跻身国际前列[1]。交通运输部于 2019 年发布的《2018 年交通运输行业发展统计公报》(简称《统计公报》)[2]中数据显示,2018 年末全国公路总里程 484.65 万 km,比上年增加 7.31 万 km;全国公路桥梁 85.15 万座、5568.59 万 m,比上年增加 1.90 万座、342.97 万 m。其中特大桥梁 5053 座、902.69 万 m,大桥 98869 座、2637.04 万 m,如图 1-1 所示。

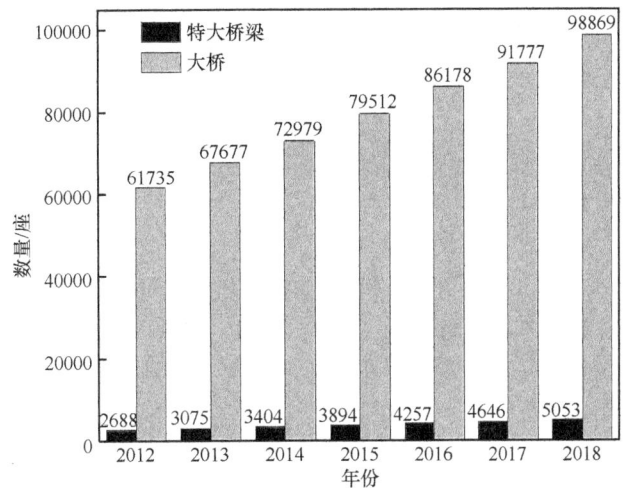

图 1-1 大型桥梁数量统计图

但是在桥梁事业飞速发展的同时,桥梁面对的风险源也日益增多,相比于普通桥梁结构,跨海桥梁具有建设规模大、路线长、结构复杂、海洋服役环境恶劣、面临风险源种类繁多等特点[3]。虽然从设计到施工,再到运营服役阶段,桥梁研究学者都加强了对桥梁结构的健康监测、安全防控等,以提高跨海桥梁结构运营的安全性能,降低桥梁风险[4],但近年来桥梁结构安全事故还是时常发生,且事故类型多样化。事故一旦发生,将会导致桥梁结构受损破坏严重,影响我国人民群众安全出行,甚至中断当地交通,造成巨大的经济损失,影响社会和谐稳定。因此开展对跨海桥梁结构风险评估,加强在运营期对风险监测预警,建立跨海长桥公路养护管理长效机制,是桥梁结构安全运营的重要保障。

1.1 风险评估基本概念

在进行跨海桥梁结构风险评估之前,首先要明确跨海桥梁结构风险的基本概念,主要为风险的定义、度量、本质和特征。

1.1.1 风险定义

"风险"一词的英文是"risk",起源于古意大利语"riscare",意为"todare"(敢),其实指的就是冒险,是利益相关者的主动行为。风险概念最早出现在17世纪,应用于航海业,意为可能发生的危险;到了19世纪末,风险概念逐渐完善,广泛运用于经济学、社会学、工程科学、环境科学和灾害学等不同领域。迄今为止,学术界和工程界对风险的定义仍未统一,《牛津英语词典》将"风险"解释为"损失或伤害的可能性",但由于对风险的理解和认识程度不同或对风险研究的角度不同,国内外学者对风险概念有不同的解释,可以归纳为以下几种代表性观点。

1) 风险是事件未来可能发生结果的不确定性

文献[5]将风险定义为:在给定情况下特定时间内,那些可能发生结果间的差异。

文献[6]认为,风险是灾害损失等不幸事故发生的可能性。

文献[7]称风险为不确定性。

March 和 Shapira[8]认为,风险是事件可能发生结果的不确定性,可由收益分布的方差测度。

卓志[9]认为,风险是实际结果偏离预期结果从而导致损失的可能性。

万艳华[10]给出的定义为:风险是指一定时空条件下发生的非期望事件,并强调风险的最关键内涵是不确定性,包括客观存在的不确定性与由人们认识水平的局限所引起的不确定性。

2) 风险是损失发生的不确定性

美国经济学家John[11]定义风险为损失的概率。

Willett[12]认为,风险是关于不愿发生事件的不确定性的客观体现。

Rosenbloom 等[13]将风险定义为损失的不确定性。

罗祖德和徐长乐[14]认为，风险是指某种损失的不确定性。

这种观点又分为主观学说和客观学说两类。主观学说认为不确定性是主观的、个人的和心理上的一种观念，是个人对客观事物的主观估计，而不能以客观的尺度衡量，不确定性的范围包括发生与否的不确定性、发生时间的不确定性、发生状况的不确定性以及发生结果严重程度的不确定性。客观学说则是以风险客观存在为前提，以风险事故观察为基础，以数学和统计学观点加以定义，认为风险可用客观的尺度来度量，文献[15]认为风险是通过统计方法可以度量的不确定性。

3) 风险是指可能发生损失的损害程度的大小

联合国人道主义事务部(United Nations Department of Humanitarian Affairs)将自然灾害的风险定义为：风险是在一定区域和给定时段内，由于某一自然灾害而引起的人民生命财产和经济活动的损失的期望值[16]。

陈滔[17]认为，风险是与不确定性相联系的损失可能性。

汪鹏南[18]认为，风险是由自然灾害或意外事故对财产造成的不确定的经济损失。

段开龄[19]认为，风险可以引申定义为预期损失的不利偏差。

国际标准化组织[20](ISO 31000：2018)对风险的定义为：不确定性对目标的影响。

4) 风险是指损失的大小和发生的可能性

Cooper 和 Chapman[21]将风险定义为：由于在从事某项特定活动过程中存在的不确定性而产生的经济损失、自然破坏或损伤的可能性。

国际地质科学联合会(International Union of Geological Sciences, IUGS)[22]滑坡研究组风险评价委员会把风险定义为：对健康、财产和环境不利事件发生的概率及可能后果的严重程度。可用发生概率与可能后果的乘积来表达。

Scott 和 Gregory[23]认为，风险是指相对于某个期望结果可能发生的变动情况。

文献[24]认为，风险是由自然或人类行为所导致的不利事件发生的可能性，并强调风险由两部分组成：不利事件发生的概率及不利事件造成的后果。

胡二邦[25]认为，风险比较通用与严格的定义为：风险是事故发生概率与事故造成的环境(或健康)后果的乘积。

张圣坤等[26]对风险的定义为：风险是指在一定的时间内，系统行为的不确定性(主要指发生了意料之外的事故)给人类带来危害的可能性。通常用某一事件的风险事件发生的概率 P 和事件产生的后果幅值 C 这两个指标来表示，这一对指标并不代表简单的数学运算、一个矢量或一个标量，而是表示某一事件的发生概率及其预期后果的对应关系。

澳大利亚大坝委员会(Australian National Committee on Large Dams, ANCOLD)

给出的风险定义是：风险是指对生命、健康、财产和环境负面影响的可能性和严重性的度量，是溃坝可能性和产生的后果的乘积。

职业安全健康管理体系(OHSAS 18001：2007)给出的风险定义是：发生不良事件的概率与事件严重程度的组合。

根据上述观点可以看出，风险的内涵包括两方面：一方面，风险的发生将带来不利结果，这种不利结果泛指人们不希望发生的、不利于或阻碍人们实现预定目标的后果，如造成的损失、产生的危害等；另一方面，这种不利结果的大小与出现的可能性是一种不确定性，这种可能性通常用概率来表示。

根据涉及专业领域的不同，相关学者给出相应风险的定义也不同。在桥梁工程界，阮欣等首次明确了桥梁风险的定义：在桥梁规划、设计、施工、使用、维修、拆除等和桥梁结构相关的各个过程中出现的，对相关利益团体的某种既定目标造成影响的不确定的事态，可称为桥梁的风险事态，简称桥梁风险[27]；巩春领在大跨度斜拉索施工风险评估中将风险定义为：风险是不利结果发生的不确定性[28]；戴彤宇在进行船撞桥风险研究中，将风险定义为：事故发生的频率和事故后果严重性的组合乘积[29]。

综合以上学者的定义，可以将桥梁结构风险定义如下：桥梁结构风险是致使桥梁结构系统中任一结构发生不利于系统正常工作的不确定性时效因素或时效事件。

1.1.2 风险度量

桥梁结构风险的度量是指衡量桥梁结构受不确定性风险因素的不利影响程度的定量表达形式，"度"即度量衡。

尽管人们对风险的定义不尽相同，但是普遍认为应从风险的不确定性与不利结果这两个方面，即通常所指的不利事件(事故或危险)的发生概率与其造成的后果(或损失)来综合表达风险。

常用的风险表达式为

$$\text{风险(risk)} = \text{概率(probability)} \times \text{损失(loss)}$$

$$\text{风险(risk)} = \text{概率(probability)} \times \text{后果(consequence)}$$

$$\text{风险(risk)} = \text{损害(damage)} \times \text{不确定性(uncertainty)}$$

根据跨海桥梁结构风险的定义，跨海桥梁风险评估主要解决对致使桥梁系统中任一结构发生不利于系统正常工作的可能性，即风险事件概率 P；以及影响跨海桥梁系统正常工作的不利程度，即风险事件损失 C。目前，国内外不同领域大多学术研究学者普遍将风险事件概率 P 和风险事件损失 C 相乘作为风险度量的定量表达：

$$R = P \times C \tag{1-1}$$

因此，跨海桥梁系统风险的度量定量表达为整个桥梁系统中任一构件发生风险事件的代数和，即

$$R = \sum_{i=1}^{n} P_i \times C_i \tag{1-2}$$

式(1-1)与式(1-2)这一风险度量方式具有实用性强、可操作性好、可量测性好等优点，因此成为工程领域用来分析和求解系统风险问题的常用公式。

1.1.3 风险本质

风险的本质可以通过风险源、风险事故和风险损失三大要素的相互关系来揭示，如图1-2所示。

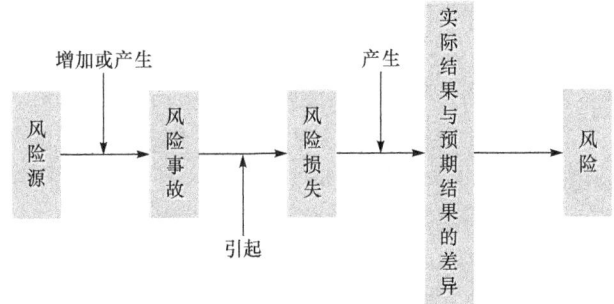

图1-2 风险产生过程示意图

风险源：指引起风险事件发生、增加风险事件发生的概率或影响损失严重程度的条件或因素。风险源是风险事故发生的潜在原因，是造成损失的间接原因或内在原因。风险源种类和数量众多，一般包括外部风险源(如强台风、地震、火灾等)和内部风险源(结构性能劣化、人为失误、监管不力等)。

风险事故：是指直接导致损失(不利结果或后果)发生的偶发事件，又称风险事件。风险事故使风险的可能成为现实，以致造成损失的发生，它是造成损失的直接原因或外在原因，是损失的媒介，即风险只有通过风险事故的发生才能造成损失。

风险损失：是指由风险事故造成的非故意的、非预期的、非计划的不利结果或负面效果，又称风险后果。风险损失的产生与风险源的存在以及风险事故的发生有着密切关系，风险损失的发生概率和大小具有不确定性，它是表征风险大小的决定性因素。

从风险源、风险事故与风险损失三者之间的关系来看，风险源引发风险事故，而风险事故导致风险损失。风险源只是风险事故产生并造成损失的可能性或使这

种可能性增加的条件，它并不直接导致损失，只有通过风险事故这个媒介才产生损失。但是，如果在一定的条件下，风险源可能是损失的直接原因，那么它就是引起损失的风险事故；如果在其他条件下，可能是造成损失的间接原因，那么它就只是风险源。

1.1.4 风险特征

跨海桥梁结构风险具有普遍存在性、客观存在性、必然发生性、偶然发生性、可识别性、可控制性、相关性等。风险作为项目中普遍存在的现象，有以下几点特征。

(1) 客观性和必然性：从宏观的角度看，风险是客观存在的，风险的存在与否不是人类所能决定的，也不以人类的意志为转移，如自然地震、洪灾、强台风等。客观存在的风险是无法控制和消除的，但尽管如此，风险依然存在发生的规律性，这也表明风险存在的必然性。

(2) 普遍性和可变性：风险普遍存在于桥梁整个运营期间，风险随时可能发生。可变性是指风险会受到各种因素的影响，随着时间和空间等各种影响因素变化而不断变化，如风险破坏程度变化、风险性质变化、产生新的风险等。

(3) 不确定性和可测性：风险发生时间的不确定性。从桥梁结构的整个生命周期来看，有些桥梁结构风险是必然会发生的，但发生的时间是不能确定的。例如，在桥梁的整个生命周期内，桥梁倒塌消失是必然发生的，这是自然界的一般规律，具体到某一座桥梁，在其正常使用情况下一般是不会发生倒塌的，但受到地震、大风、恐怖分子的蓄意破坏等因素的影响时就不能确定桥梁倒塌何时会发生。然而，风险也具有可测性，根据现实数据、资料统计或主观方法可以得出风险发生的概率和损失，进而进行风险的评价及管理。风险的可测性是风险管理理论和保险科学的前提特征。

(4) 隶属性：隶属性是指凡是风险都具有明确的行为主体，并被置于某一目标明确的行动中。换句话说，凡风险皆包含于行为主体所采取的行动过程中。行为主体和行动过程两个必要条件不具备时，风险不能实现，即风险隶属于行为主体和行动过程。如登山运动风险很高，但这种风险只存在于登山运动员登山过程中，当登山运动员不登山，或对不进行登山运动的人来说，这种风险就不存在。风险的隶属性是制定风险对策的基本依据之一。

1.2 风险评估理论体系

风险评估是研究风险发生规律和风险控制的一门学科，它通过对项目中存在的各种风险进行识别，分析风险发生的概率、风险造成的后果、风险水平及其影响,最后提出规避风险的对策和措施,对风险实施有效的控制和处理,以期以最小的成本获得最大的安全保障。

1.2.1 风险评估目的及意义

风险评估的目的在于以最小的成本实现最大的安全保障,并事先给出分析对象的风险预报。其中,"成本"是指风险分析研究对象的人力、物力、财力和资源的投入总和。"最大的安全保障"是指预期的损失最小,并且一旦出现损失可获得经济补偿的最大保证。

风险评估的意义在于它可以全面地反映分析对象的安全性与可靠性,既研究事故的概率,又研究事故的后果。风险分析非常有助于加深对分析对象各个方面、各个阶段的全面认识,从而为预防和控制风险奠定良好的基础。

1.2.2 风险评估流程及内容

风险评估主要包括风险交流、风险定义、风险源辨识、风险估计、风险评价、风险预防措施等几个重要组成部分,风险评估流程如图 1-3 所示。

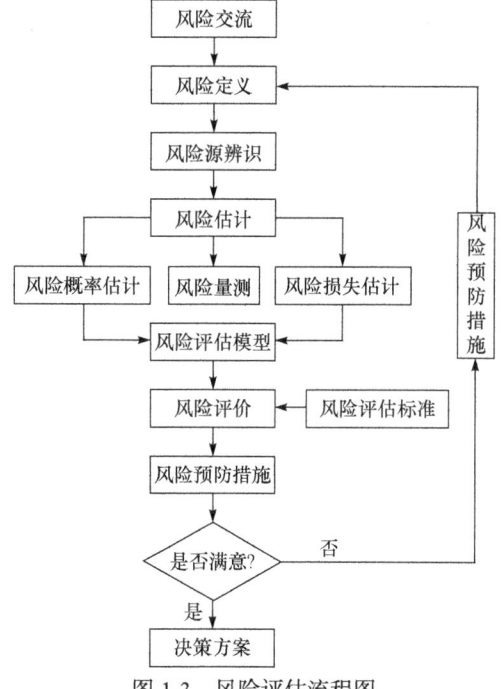

图 1-3 风险评估流程图

1) 风险交流

风险交流并不是一个独立的步骤,而是贯穿于整个评估过程的长期工作,其基本的工作目的是通过研究者和相关人员(业主、使用者、其他领域专家)进行广泛、深入的交流,以明确研究目的、风险偏好等研究中碰到的问题。考虑到风险隶属性、可变性等特点,不同的利益集团可能对风险的感受不同,从而造成对风险的基本态度不同。风险交流将有助于专家、工程师(风险分析者)与业主、使用者及其他风险承担者之间达成共识,从而有效地降低和控制风险。

2) 风险定义

风险定义阶段需要研究者和业主进行广泛深入的交流,明确进行风险评估的对象,以及业主进行评估研究的目的,确定研究范围,并根据问题的特点,确定合适的风险量测形式,收集基本的项目资料供后续工作使用。风险定义工作是风险评估工作的开始,也是显著影响后续工作目标效率的重要环节。在本环节中,研究者应重视与业主进行风险交流,同时,本阶段工作需要借助较多的经验完成,因此也应强调和重视研究小组内部的交流。

3) 风险源辨识

桥梁结构风险源辨识,又称风险识别,是进行桥梁结构风险评估的前提工作。通过对国内外发生的桥梁风险事故的统计,以及对桥梁结构运营环境和服役状态的调查,采用合理的风险源辨识方法,识别影响桥梁安全运营、结构正常工作的潜在或已存在的风险源,建立桥梁结构风险源调查表,初步拟定风险源致使桥梁系统发生不利事件的不确定值,确定桥梁结构在运营过程中的典型风险源,将其作为重点研究对象开展下一阶段风险致灾估计工作。

4) 风险估计

桥梁结构风险估计是开展风险评估的核心工作,包括风险概率估计、风险损失估计和风险量测三个方面的工作。根据风险源辨识工作中确定的典型风险源,结合桥梁实际工程,运用多种适用于该风险源、该类桥梁结构的风险评估方法,从典型风险源发生概率及风险源对桥梁系统的致灾后果两方面开展定量定性风险分析,为下一阶段进行风险评价提供数据支持。

5) 风险评价

风险评价是基于风险估计的结果,考虑风险承担者的风险态度和承受能力,对风险程度形成具体的评价结果,同时给出合理的风险对策,以便决策者得出正确的决策。桥梁结构风险评价是为了明确致灾风险源对桥梁结构的风险等级,是桥梁结构进行风险评估结果的重点。综合考虑风险源致灾风险概率和致灾风险后果,采用某一指标量化风险源致灾风险值,从而建立风险等级评价模型,基于桥梁结构风险致灾估计的计算结果,确定该类风险源对桥梁结构的致灾风险等级。

6) 风险预防措施

风险预防措施是保证跨海桥梁结构安全运营、减少风险事故发生,从而降低风险成本的关键步骤,包括风险决策和风险监控两部分。根据桥梁工程实际服役情况和管理运营养护的需求建立符合实际情况的风险接受准则,并设计在不同的风险源致灾风险等级下的风险应对预防措施。最后基于第三步中风险源对跨海桥梁结构致灾风险的评价等级,根据风险接受准则,开展对应跨海桥梁结构风险应对预防措施。

根据风险源自身特性和桥梁工程的运营特点,风险源致灾风险应对预防措施主要通过以下四个方面进行,如图 1-4 所示。

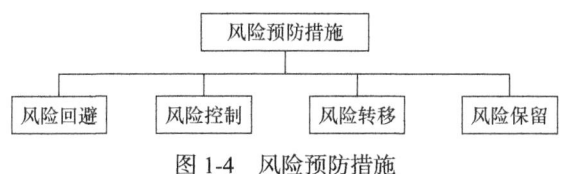

图 1-4 风险预防措施

(1) 风险回避是指通过调整某些政策方案、方针制度来改变避免风险源发生的概率,从而降低风险等级。例如,桥梁施行交通管制,来避免超载超限、危险品运输等致灾风险。

(2) 风险控制是指对桥梁结构采取加固、维护等一系列措施,在风险源致灾事故发生前,降低风险事故发生的可能或减轻风险事故发生的损伤情况,从而降低风险等级。

(3) 风险转移是指将原本作用于桥梁结构上的风险源致灾风险事故,转移至第三方,让第三方承受致灾风险,以降低桥梁结构自身的风险等级。例如,会建设防撞墩来转移船舶撞击风险。

(4) 风险保留一般针对一些风险等级极低、可以忽略不计的风险源。

综合以上四种风险对策可以看出,风险对策的制定不仅是一个技术问题,还涉及风险承受主体的风险接受能力以及风险态度等综合因素。

1.2.3 风险评估方法

目前国内外研究学者就风险评估提出了各式各样的方法,但各类方法都有自身优势和相应的局限性,暂时没有一种能普遍适用于所有桥梁的风险评估方法。因此,本章在开展相应桥梁结构风险源风险评估中,根据具体的分析对象,同时采用一种或几种风险分析方法,当下桥梁风险评估方法主要分为定性风险评估方法、定量风险评估法两大类。

1. 定性风险评估方法

定性风险评估方法是一种难以运用数学理论模型或借助精确分析技术给出确切定值,而依赖人进行集体主观判别的评价方法。该方法受人为因素影响较大,主要依赖于风险评估人员的分析水平,是借助积累经验、专家意见、学术知识以及逻辑判断等主观因素，对风险进行分析与辨别的一种方法，在此给出几种常用的定性风险分析方法。

1) 头脑风暴法

头脑风暴法(brainstorming)又称智力激励法，是利用打破常规的创造性思维对未存在信息进行预测的一种分析方法。该方法由美国BBDO广告公司的奥斯本提出，改变了群体决策中的"群体思维"理念，保证群体决策的创造性并提高了决策质量。头脑风暴法通常建立一个专门小组，主张独立思考，倡导自由发言，鼓励参与者通过利用或者改善他人的设想进行自我思想创造，组内成员通过互相启发，进行不断的灵感交流，从而产生连锁反应，为创造性地解决问题提供了更多的可能性，使分析结果更加全面准确。

2) 外推法

外推法(extrapolation)是根据过去和当下的发展趋向对未来进行推断预测的一种评价方法，根据推断基础来源不同可主要分为前推法、后推法和旁推法等三大类，根据推断方式不同可主要分成趋势外推法、线性外推法、指数曲线法及生长曲线法等四大类。外推法的实质是收集研究对象的动态数列，建立相应发展趋势的某种函数曲线，了解该研究对象发展变化趋势，基于函数推测曲线对未来发展进行有规律的推测，常被学者运用于科技、经济和社会发展等领域。

3) 风险评价指数法

风险评价指数(risk assessment code, RAC)法是进行定性风险估算常用的方法，基于风险事件的定义，确定风险事件的两项基本指标，即风险可能性 P 与风险严重性 S。根据研究对象的特点和风险事故发生的特点，将可能性与严重性划分成若干等级，并通过赋权来确定每一个等级大小，建立二维的风险评价矩阵，对风险事故进行二维综合评价，是一种运用范围较广的定性风险评估方法。

4) 失效模式和影响分析法

失效模式和影响分析(failure modes and effects analysis, FMEA)法，又称"潜在失效模式及后果分析"法，在工程系统分析中运用广泛。通过对工程系统建设过程逐步进行分析，找出致使所有工程系统错误的失效模式，并分析在该失效模式下工程系统错误后果、产生原因以及解决错误的对策措施，它通过对工程系统中的每一个失效模式的排错过程，提高整个工程系统的可靠性与安全性，是一种有效的、快速诊断的定性风险评估方法。

2. 定量风险评估方法

定量风险评估方法是一种基于统计数据或实测数据，通过数值仿真分析或采用数学计算模型，将评价指标进行量化分析的方法，故又称为概率风险分析(probability risk analysis, PRA)方法。

1) 层次分析法

层次分析(analytic hierarchy process, AHP)法起源于1970年，由美国著名运筹学家Saaty教授提出，是一种便捷的多准则多指标的决策方法。随后在20世纪80年代传入我国，层次分析法被工程界各个领域学者运用，包括交通、化工、航空、农业等多个行业，进行复杂系统问题多目标的决策和评价。层次分析法可以将复杂的多目标决策系统分解成多层次的多个小目标或指标，形成一个多层次多指标的分析结构模型。将决策系统中的每一层次定量或定量指标进行相对重要度判别，从而将复杂系统问题转化成最底层相对于最高层的相对重要权值的确定问题。层次分析法适用范围较广，将每一层中的指标权重进行量化，评价结果简单明了，具有逻辑性，便于决策者接受。层次分析法的具体计算步骤将在第4章桥梁船舶撞击风险评估中展开详细叙述，在此不再赘述。

2) 蒙特卡罗模拟方法

蒙特卡罗模拟方法(Monte Carlo simulation method)是计算数学中的一个分支，起源于第二次世界大战时期原子能事业的发展，用于模拟原子物理过程，通过对随机变量的大量统计试验，进行数学随机模拟，从而求得近似解，因此又称为随机模拟或统计试验法。随后，蒙特卡罗模拟方法广泛应用于空气动力学、量子热力学计算、粒子输运计算学等计算物理学、生物医学、宏观经济学、金融工程学等多个学术研究领域。随着计算机技术的发展，蒙特卡罗模拟方法也更加快速便捷。利用蒙特卡罗模拟方法进行目标系统分析主要分为三个步骤：第一步根据分析目标，建立系统概率模型，即将不具有随机性质的目标系统问题转化为具有随机性质的目标系统问题；第二步从概率模型中已知的概率分布中进行抽样，即模拟试验；第三步建立各种估计量，即对第二步中的模拟试验结果进行记录。蒙特卡罗模拟方法以它特有的通过解析方法求解复杂目标问题的特点，常用于目前工程系统风险分析中，蒙特卡罗模拟方法具体流程如图1-5所示。

3) 结构可靠度分析法

结构可靠度分析法(analytical method in reliability of structure, AMRS)简称安全度分析法。近几年桥梁工程领域为了保证桥梁工程结构的安全性、经济性以及适用性，提出了桥梁工程结构可靠度理念。该设计理念基于数学概率统计理论，通过计算桥梁工程结构失效概率，或者通过计算桥梁工程结构可靠度指标，来评估桥梁工程结构在外界荷载作用下的风险安全等级。当下，桥梁工程结构可靠度普遍认同的定义为：桥梁工程结构可靠度是指桥梁工程结构在设定的条件以及时间下，完成设计效应的本领的概率。因此与之相对应的便是，桥梁工程结构在设定的条件及时间下未能完成设计效应的概率称为桥梁工程结构的失效概率。根据两者概念可知两者呈互补关系，表达式如式(1-3)所示：

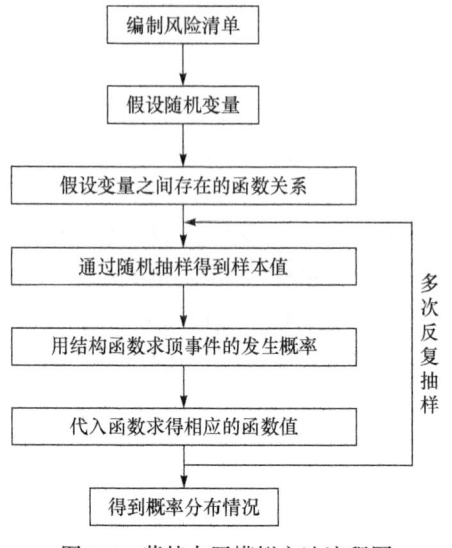

图 1-5 蒙特卡罗模拟方法流程图

$$P_s + P_f = 1 \tag{1-3}$$

4) 模糊综合评判法

模糊综合评判法(fuzzy comprehensive assessment method)起源于模糊数学理论。众所周知,桥梁结构面对的大多数风险因素是不确定的,如船舶撞击风险、火灾风险等。传统的数学模型不能有效地进行风险求解,故可以通过模糊数学理论,对一些不确定性风险因素,采用数学语言精确地分析其对桥梁结构的影响程度,从而建立模糊数学评估模型进行风险分析。它能将不确定的定性风险转化为定量风险进行准确的风险评估,因此模糊综合评判法广泛应用于桥梁结构风险评估中。

5) 敏感性分析法

敏感性分析法(sensitivity analysis method)又称为灵敏度分析法,是桥梁风险指标分析中的一种不确定分析方法。以进行桥梁结构风致灾害风险参数敏感度分析为例,影响桥梁风致灾害的诸多因素都处于不确定性的变化中,如桥面风速、三分力系数、几何材料特性等,分析并测定其中一个或多个参数变化对桥梁结构风致灾害事故的影响程度,以判定各个参数的重要性。若某个参数的小幅度变化能致使桥梁结构风致灾害风险大幅变化,则称为敏感性参数,反之为非敏感性参数。

1.3 风险源辨识

桥梁结构风险源辨识,又称桥梁结构风险源识别,是进行风险评估的前提工作。其工作核心是采用合理的风险源辨识方法,系统识别影响桥梁安全运营、结构正常工作的潜在或已存在的风险源,建立桥梁结构风险源调查表。

1.3.1 风险源辨识定义

桥梁结构风险源,即对桥梁结构正常运行造成不利影响(如结构发生破坏、道路交通受阻、人员伤亡、财产损失、环境受损等)的已存在或潜在因素。根据风险源致灾风险不同,将桥梁结构风险源分为内部风险源和外部风险源,并分别进行定义。

(1) 内部风险源:是指桥梁结构在全寿命周期内的设计缺陷、施工误差、管理养护不足等人为因素,以及钢筋锈蚀、混凝土开裂等桥梁构件内部因素,在长期作用下,影响桥梁结构安全性能,降低桥梁结构耐久性和使用寿命。

(2) 外部风险源:是指复杂桥梁结构在正常服役期间,受到外界环境突发的不利因素作用,或者是遭遇紧急事件,从而导致桥梁事故发生的因素。外部风险源通常具有破坏力强、作用时间短、荷载变化大等特点,影响桥梁结构安全比较常见的外部风险源有风致灾害风险、车或船舶撞击风险、地震风险等。

1.3.2 风险源辨识原则及特点

1. 风险源辨识原则

为了确保桥梁结构运营风险识别的科学性、准确性,识别过程必须遵循以下几方面基本原则。

1) 系统性原则

桥梁运营期风险评估的可靠程度关键在于风险源识别的准确与否。风险管理的成效在很大程度上是由风险识别的科学性和准确性决定的。从桥梁运营管理全局的角度出发,严格按照风险识别的标准和原则,对风险进行系统的调查分析,保证风险识别结果准确可信。

2) 科学性原则

桥梁运营期风险的识别,应采用科学的方法和手段,构建科学、系统的风险识别方法体系。

3) 综合性原则

对桥梁运营期风险进行识别时,必须充分考虑桥梁在运营中可能遇到的各种情况,选择多种方法从不同角度对运营风险进行综合性分析和识别。

4) 针对性原则

桥梁运营期风险因素受桥梁结构可靠度、自然环境和社会环境的影响具有复杂性和特殊性,在风险识别过程中方法手段要有针对性,做到具体问题具体分析。

2. 风险源辨识特点

(1) 系统性。桥梁运营期间参与主体多，管理内容复杂，技术含量高，时间跨度大，复杂的运营环境导致可能发生的风险数量多而且种类繁杂，风险识别要体现系统性，识别关键风险因素。

(2) 多样性。桥梁运营过程中受桥梁内部条件、外部环境的变化影响，各种风险因素的质和量是动态变化的，新风险的出现和旧风险的消除也是动态变化的，识别行为需要根据实际情况适时、定期进行调整。

(3) 信息性。风险识别的基础工作就是要收集斜拉桥在建设期和运营期的工程信息、与运营相关的环境和社会信息、相似工程的风险管理信息等资料，资料的全面和详尽程度将直接决定风险识别工作的效率和结果的可信度。

(4) 综合性。运营风险识别过程涉及面广、信息量大，要综合利用各方面的资源，综合应用各种风险识别技术和工具。

1.3.3 风险源辨识流程

结合国内外现有的风险识别流程，建立适用于桥梁结构的风险源辨识流程，具体如图 1-6 所示。

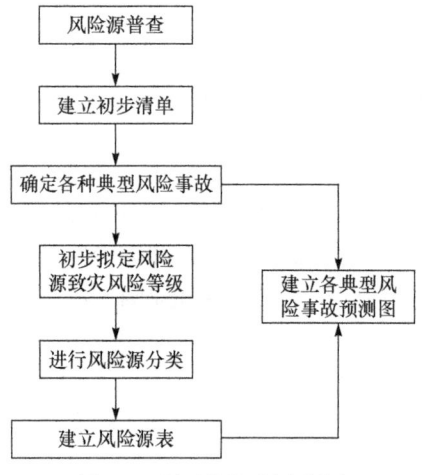

图 1-6　风险源识别流程图

1) 桥梁结构风险源普查

针对桥梁工程实际服役状态，并结合近期国内外类似桥梁风险事故，对致灾风险源进行广泛调查，其中主要包括两项基本任务：一是辨别该类风险源是否影响桥梁结构安全服役状态；二是辨别该类风险源是否客观存在。

2) 建立桥梁结构风险源初步清单

在辨别风险源的致灾风险和客观存在性后,在清单中明确列出已存在和潜在的桥梁结构致灾风险源。

3) 确定桥梁结构各类典型风险事故

根据清单所列出的风险源,确定桥梁结构可能发生的风险事故。

4) 初步拟定风险源致灾风险等级

基于风险源致灾不利结构发生的不确定性,采用二维风险评价结构,初步拟定桥梁结构风险源致灾风险等级。其中主要包括两项基本任务:一是确定桥梁结构风险源致灾风险概率,二是推测各类风险事故产生的损失后果,结合二维风险评价模型初步拟定风险源致灾风险等级。

5) 进行桥梁结构风险源分类

通过对桥梁结构风险源的分类能更好地辨别风险性质,加深对风险源致灾过程的理解和领悟,从而更好地制定相应风险预防控制措施,本章将桥梁结构所遇风险源按致灾特点分为内、外部风险源。

6) 建立桥梁结构风险源表

将桥梁结构可能面临的风险源及初步拟定的致灾风险等级,按风险源分类方式整理后汇成表格。

1.3.4 风险源辨识方法

目前,国内外工程风险评估领域风险源识别方法种类繁多,且适用范围迥异。以沿海地区运营期间桥梁工程为主要研究对象,通过运用德尔菲法(Delphi method)、事故树分析法、结构分析法、主成分分析法、事故致因理论分析法以及现场调研法等多种风险源辨识方法相结合的风险综合识别方法,系统全面地对沿海地区桥梁结构存在的风险源进行识别。下面对几种风险源辨识方法进行简单说明。

1) 德尔菲法

1940年由达尔克与赫尔姆提出了一种专家预测方法。1946年,兰德公司对该方法进行了补充和完善,从而形成了一直流传至今的德尔菲法。德尔菲法的核心是针对某一特定问题,制定有关的调查表,分别派送给需要咨询的权威学术专家。专家之间不进行直接交流,就调查表提供相应的意见,再将意见直接返送给组织者,并由组织者根据专家反馈意见和其他专家进行意见交流,再进行意见反馈,组织者再根据新的专家意见与其他专家进行交流,经过多位专家反复交流调查,直至将专家意见统一,达成一个多专家多次交流的共识意见。德尔菲法是一种基于权威专家学者学术专业知识,以及多次反复交流所达成的共识,博采众议的专家预测方法,应用范围较为广泛,特别适用于对评价对象不了解、相关资料缺乏的情况,是当下进行风险源辨识、风险评估常用的定性研究方法。

2) 事故树分析法

事故树分析(fault tree analysis, FTA)法又被研究学者称为故障树分析方法，追溯于1961年的美国贝尔实验室。一开始事故树分析法活跃在航空航天工业领域，随着一些学者在核动力工程风险识别中也开始运用事故树分析法而被国际学者认可，广泛运用在各个领域的大型复杂系统中。事故树分析法的核心是利用简单的图形，将系统中的大故障分解成一个个小故障，并分析每个小故障的发生原因。因其作图形式像分叉大树树枝，故称为事故树分析法。该方法能够全面地辨识工程系统中的故障，且作图简单直观、具有逻辑性。美中不足的是，在大系统故障分析中，进行大故障分解时，容易造成部分小故障的遗漏和考虑不足等情况。

3) 结构分析法

结构分析法(structural analysis method)是对桥梁结构进行仿真分析计算，根据桥梁的不同结构特征，不同构件的受力特点，了解在桥梁结构长期服役状态下的变化，根据桥梁系统工程中的薄弱易损构件进行有针对性的风险源辨识工作，可以高效准确有针对性地辨识桥梁结构风险，不过该方法不适用于广泛的风险源辨识。

4) 主成分分析法

主成分分析(principal component analysis)法通常运用于经济研究中，属于多元统计方法。一般情况下，在进行工程系统分析的过程中，研究人员会添设各项统计指标，以更详细更快地进行数据资料的收集与整合。但会发生多个指标存在信息重叠、相互耦合作用的情况，使工程系统分析变得更加错综复杂。通过主成分分析法，将重叠指标重新整合成相互独立的新指标，并根据实际工程情况和分析需求，在新指标中抽选几个占比较大的指标进行重点分析，而忽略次要指标的影响，从而简化系统指标分析流程。

5) 事故致因理论分析法

事故致因理论分析法一般指基于轨迹交叉理论(trace intersecting theory)的事故致因分析方法。该理论的核心是，在事故发展进程中，人的因素运动轨迹与物的因素运动轨迹的交点就是事故发生的时间和空间，即人的不安全行为和物的不安全状态发生于同一时间、同一空间，或者说人的不安全行为与物的不安全状态相通，则将在此时间、此空间发生事故。因此，可以通过避免人与物两种因素运动轨迹交叉，即避免人的不安全行为和物的不安全状态同时、同地出现，来预防事故的发生。

6) 现场调研法

现场调研是到跨海桥梁工程现场进行实地考察，了解桥梁结构在运营过程中的服役情况，考察周边环境、区域气候条件、运营养护以及桥梁受损情况等，同时根据当地该桥梁养护管理单位检查报告调研并总结已发生或可能发生的风险事件。

1.4 本章小结

本章首先确定了风险评估的基本概念，包括风险定义、风险度量、风险本质及风险特征。系统介绍了风险评估的理论体系，明确了桥梁结构风险评估流程及相关内容，从定量、定性风险评估两个方面确定了适用于跨海桥梁的风险评估方法。将影响桥梁结构安全运营的风险源定义为内部风险源、外部风险源两大类，并确定了风险源辨识流程及方法。

第 2 章　桥梁风险源辨识

桥梁结构风险源辨识是进行桥梁结构风险评估的前提。本章对沿海地区典型大型桥梁进行广泛调研，掌握跨海桥梁在长期运营后的整体服役状况。基于桥梁结构检测所获得的图像资料识别大桥结构病害和损伤，并进行结构易损性分析，采用合理的风险源辨识方法，识别影响桥梁安全运营、结构正常工作的潜在或已存在的风险源,同时采用事故树分析法对近几年来国内外大型桥梁事故进行分析，探究影响大型桥梁结构安全运营的风险因素，从内部风险源和外部风险源两个方面，建立桥梁结构风险源调查表。

2.1　桥梁结构易损性分析

本章所调研的沿海地区桥梁包括梁式桥、拱式桥、悬索桥、斜拉桥、刚构桥和组合体系桥梁等典型桥梁结构体系。并根据受损构件部位的不同，按上部结构、下部结构、桥面系及附属设施、支座分别进行大型桥梁结构易损性分析。

2.1.1　上部结构易损性分析

1. 混凝土箱梁易损性分析

1) 混凝土保护层表观病害
(1) 蜂窝麻面。

蜂窝的外观现象为混凝土结构局部出现酥散、无强度的状态。其产生的原因可能为：下料不当或下料过高，未设串筒使石子集中，造成石子砂浆离析；混凝土未分层下料，振捣不实，或漏振，或振捣时间不够；模板缝隙未堵严，水泥浆流失；钢筋较密，使用的石子粒径过大或坍落度过小。

麻面的外观现象是混凝土局部表面出现缺浆和许多小凹坑、麻点，形成粗糙面，但无钢筋外露现象(图 2-1)。其产生的原因可能为：模板表面粗糙或黏附水泥浆渣等杂物未清理干净，拆模时混凝土表面被粘坏；模板未浇水湿润或湿润不够，构件表面混凝土的水分被吸去，使混凝土失水过多出现麻面；模板拼缝不严，局部漏浆；模板隔离剂涂刷不匀，局部漏刷或失效，混凝土表面与模板黏结造成麻面；混凝土振捣不实，气泡未排出，停在模板表面形成麻点。

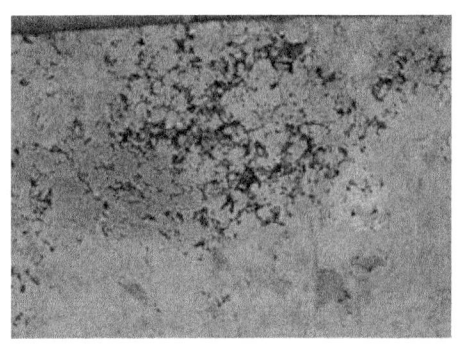 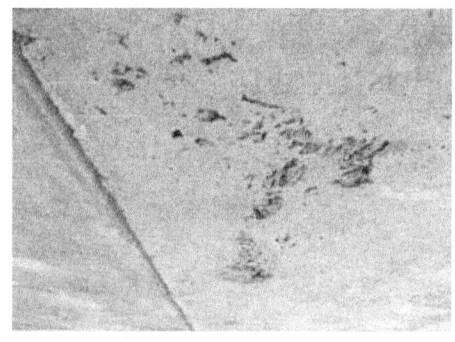

图 2-1 混凝土蜂窝麻面

(2) 混凝土剥落。

混凝土剥落包括混凝土破损、缺损、钢筋外露、锈蚀等情况,可能的原因:第一是混凝土强度不够,会引发混凝土开裂剥落(图 2-2)。例如,轴心受压柱,当荷载增加,混凝土达到抗压强度时,柱表面会出现裂缝,混凝土保护层发生破坏、剥离。同理,在梁、板等受弯构件中,底部混凝土由于拉力过大,也会产生裂缝、发生混凝土剥落。这些情况可能是由于混凝土养护不到位,或后期承载力过高导致承载力不足,为保证安全,应处理并进行加固。第二是复杂的环境因素,这也是诱发混凝土剥落的一大原因,尤其在潮湿与介质侵蚀的环境中。在潮湿的环境中,混凝土会与二氧化碳发生碳化反应,导致保护层失效,引起钢筋锈蚀,若混凝土处于氯离子丰富的环境中,还会发生氯离子侵蚀,加速钢筋锈蚀。钢筋锈蚀会导致钢筋体积膨胀,造成混凝土开裂甚至剥落。因此,抑制混凝土的碳化与氯离子侵蚀也是防止混凝土剥落的必然前提。

(a) 破损　　　　　　　　　　　(b) 露筋

 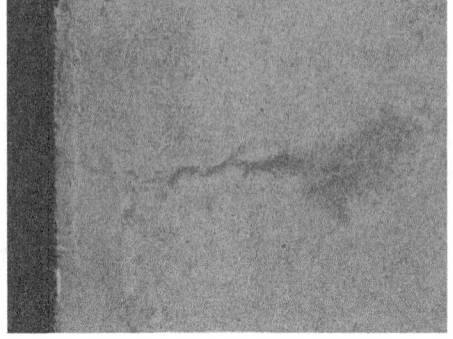

(c) 竖向裂缝　　　　　　　　　　　(d) 横向裂缝

图 2-2　混凝土剥落

(3) 混凝土缺棱掉角。

混凝土缺棱掉角是指结构或构件边角处发生混凝土局部掉落,棱角有缺陷、不规则等情况(图 2-3)。其产生的可能原因有:木模板在混凝土浇筑前未浇水湿润或湿润不够,浇筑后混凝土养护不好,水分被木模板大量吸收,致使混凝土水化不好,强度降低,拆模时棱角被粘掉;低温施工过程中过早拆除侧面非承重模板;拆模时边角受外力或重物撞击,或保护不好,导致棱角被碰掉;模板未涂刷脱模剂,或涂刷不均。

图 2-3　混凝土缺棱掉角

(4) 混凝土空洞。

混凝土空洞的外观表现为混凝土表面出现空洞和钢筋露出(图 2-4)。其产生的可能原因有:混凝土振捣不够密实、混凝土内掉入工具、木块、泥块等杂物,混凝土被卡住或遭受外力破坏。

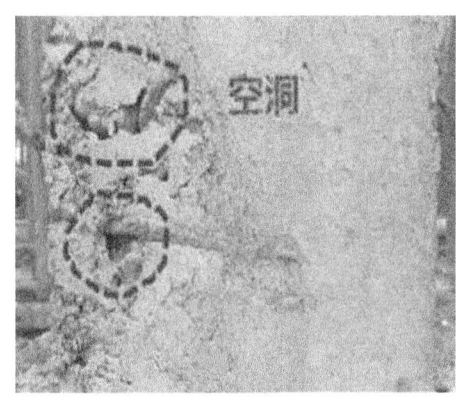

图 2-4 混凝土空洞和钢筋露出

(5) 混凝土孔洞。

混凝土孔洞的外观表现为混凝土构件上有较大空隙、局部没有混凝土或蜂窝特别大(图 2-5)。其产生的可能原因有：在钢筋密集处或预埋件处混凝土浇筑不畅通，不能充满模板间隙；未按顺序振捣混凝土，产生漏振；混凝土离析，或严重跑浆；混凝土工程的施工组织不好，未按施工顺序和施工工艺认真操作；混凝土中有硬块和杂物掺入，或木块等大件料具掉入混凝土中；不按规定下料，一次下料过多，下部因振捣器振动作用半径达不到，形成松散状态。

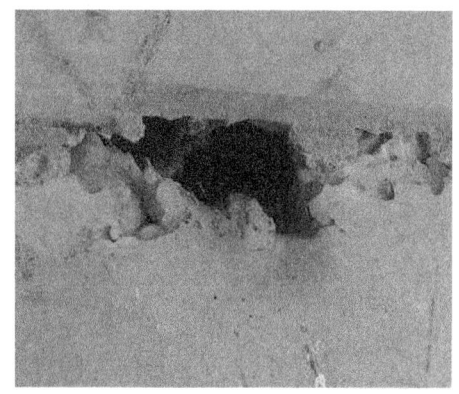

图 2-5 混凝土孔洞

(6) 混凝土碳化。

混凝土碳化是混凝土受到的一种化学腐蚀,空气中二氧化碳渗透到混凝土内,与其碱性物质起化学反应后生成碳酸盐和水,使混凝土碱度降低的过程称为混凝土碳化，又称为中性化(图 2-6)。

图 2-6 混凝土碳化

(7) 混凝土渗水、泛碱。

混凝土渗水、泛碱(图 2-7)的外观表现为混凝土结构水渍严重,或有漏水、混凝土表面泛白,可见明显泛碱现象。混凝土中间是有缝隙的,水分携带混凝土中的盐分物质游移到混凝土表面,游离钙、硅酸盐和碳酸盐等盐分物质在水分蒸发后就会结晶成白色粉末状晶体,一部分晶体再与空气中的二氧化碳发生化学反应,在混凝土表面凝结成白色硬块,这就是俗称的"混凝土泛碱"。其产生的可能原因是雨水从铺装层渗入孔洞,进而通过孔洞流淌到混凝土悬臂翼缘及腹板表面,污染混凝土表面。混凝土结构内的碱性物质中氢氧化钙最容易被水溶解,在混凝土表面与空气中的二氧化碳反应生成碳酸钙结晶体,即产生泛碱现象,一方面极大地影响混凝土外表美观,这种"中性化"反应对结构的破坏还在于其能够有效降低混凝土结构的碱性化程度,从而削弱混凝土对钢筋的保护作用(混凝土结构中 pH > 12 时钢筋基本不发生锈蚀;低碱度下,钢筋容易被电化学腐蚀);而钙离子溶出的直接结果就是混凝土中钙硅比(Ca/Si)降低,造成混凝土强度下降,且由于受力钢筋的锈蚀,结构承载能力也受到很大影响,直接影响使用寿命。

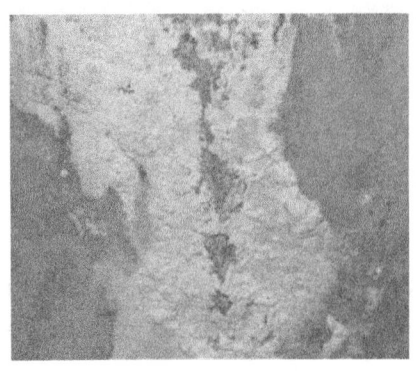 

图 2-7 混凝土渗水、泛碱

2) 钢筋病害

(1) 钢筋锈蚀。

钢筋锈蚀(图 2-8)的外观表现为混凝土剥落，钢筋外露锈蚀，主要由混凝土碳化或氯离子侵蚀引起。

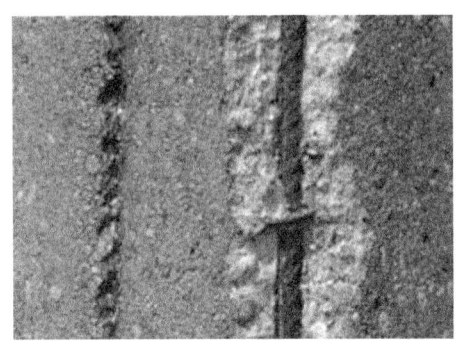 

图 2-8　钢筋锈蚀

(2) 钢筋锈胀。

钢筋锈胀(图 2-9)的外观表现为混凝土保护层胀裂。其产生的可能原因有混凝土碳化或氯离子侵蚀导致钢筋锈蚀，锈蚀产物体积膨胀导致混凝土胀裂。

图 2-9　钢筋锈胀

(3) 预应力钢筋锈蚀。

预应力钢筋锈蚀(图 2-10)的外观表现为预应力钢筋表面锈蚀。其产生的可能原因为预应力波纹管内部环境潮湿，在水分和氧气作用下钢筋锈蚀。

(4) 预应力锚具锈蚀。

预应力锚具锈蚀(图 2-11)产生的可能原因是预应力锚具防腐层超过使用寿命，后续管养不及时。

图 2-10　预应力钢筋锈蚀

图 2-11　预应力锚具锈蚀

(5) 预应力孔道灌浆不密实。

预应力孔道灌浆不密实产生的可能原因是：灌浆前孔道未用高压水冲洗，灰浆进入管道后水分被大量吸附导致灰浆难以流动，灰浆在终端溢出后持续加压时间不足；导管中有局部的堵塞或障碍物，灰浆中途堵塞；出浆孔开的位置不对，未在孔道的最高点；管接缝未处理好。

(6) 预应力钢筋保护层崩裂。

预应力钢筋保护层崩裂(图 2-12)，一般沿预应力纵向出现裂缝。产生的可能原因是：混凝土材料劣化后强度不够；施工时预应力孔道位置出现偏差；未考虑预应力束附件混凝土泊松效应产生的横向膨胀；管道下方混凝土浇筑质量不良。

3) 跨中过量下挠

对于连续刚构桥，由于其结构受力特点，容易出现主梁跨中下挠过量的现象，会导致桥面线形起伏过大，造成箱梁开裂等。其产生的原因可能有超重、预应力摩阻损失估计不足、预应力损失、收缩徐变、温度效应等。其中，超重是结构下挠的一个重要影响参数，在施工期应严格控制结构自重，防止结构超重；在运营管

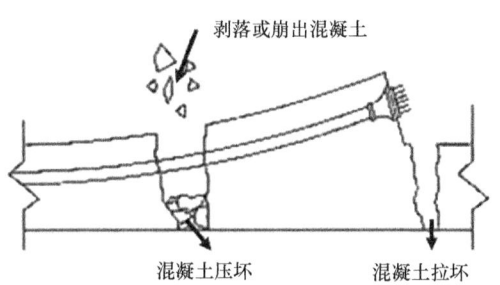

图 2-12 预应力钢筋保护层崩裂示意图

理期应加强车辆的超速和超载管理。预应力损失也是连续刚构桥长期下挠的一个主要影响参数,且顶板预应力损失影响相对较大,故在设计阶段截面应留有一定的压应力储备。徐变的影响参数,如混凝土加载龄期、环境相对湿度对连续刚构桥的长期下挠也存在一定的影响,徐变对于主梁长期下挠的影响控制主要还在于选择一个与实际情况相符的徐变模式,从而正确估计桥梁徐变引起的长期下挠,在设计预拱度中应采用宁高勿低的原则,在施工期间应严格控制施工质量,保证混凝土和预应力材料满足设计要求,采用对顶等措施减小混凝土徐变的影响。在运营管理期加强对跨海桥梁的定期检测,建立跨海桥梁检测档案,密切注视跨海桥梁的服役情况。

4) 构件裂缝

跨海桥梁结构构件裂缝包括翼板出现较多纵向裂缝、腹板会出现纵向裂缝和斜裂缝、横隔板会出现竖向和横向裂缝。

引起顶板纵向裂缝的原因可能有:由于翼板横向弯矩主要受活载影响,在桥梁运营期间,超载很容易导致顶板沿纵向开裂;腹板斜裂缝是受力裂缝,是由主拉应力较大,超过混凝土抗拉强度引起的;设计计算时对腹板配置的竖向预应力粗钢筋的预应力贡献顾虑过大,而实际上竖向预应力粗钢筋损失较大,达不到设计希望的预应力值,因此对腹板的主拉应力、粗钢筋预应力不能完全平衡主拉应力,设计又没有采用"到位"的下弯束,所以出现较多斜裂缝。

引起横隔板开裂的原因主要有:当横隔板设置较薄时,施工时模板摩擦阻碍了混凝土的干缩,脱模后容易产生竖向收缩裂缝和表面干缩裂缝;横隔板承受应力过大时,都可能造成横隔板开裂。

2. 钢箱梁易损性分析

1) 涂装劣化

钢箱梁表面涂装对跨海桥梁结构具有装饰效果,而且可以有效减少大气中的腐蚀物质对钢箱梁内部钢材的侵蚀,但同时其自身侵蚀也较为严重。涂装劣化主要有粉化、起泡、裂纹、脱落、生锈等几类。

(1) 粉化。涂膜由于长期暴露于大气中，表面易发生老化，并且涂膜中的色相原料在紫外线作用下易变质，有机涂料的分子结构产生分解变成粉状。涂膜出现白色或深色粉状物。

(2) 起泡。由涂层之间或涂层与钢材之间渗入的气体或液体引起的压力所致，当压力大于涂层间的黏聚力时，便产生了气泡；或者涂层内的锈胀引起涂膜的鼓泡，出现点泡或豆泡(图 2-13)。

(3) 裂纹。涂膜裂纹(龟裂、裂纹)是由涂层内部的应变导致的。龟裂是涂膜表面出现的轻微裂纹，一般较难发现；裂纹达到涂膜深处或钢材表面，容易被发现，能见到下层或底层的网状或条状裂纹。

(4) 脱落。涂膜的表面和底层之间、新旧涂膜之间丧失了附着力，涂膜表面形成小片或鳞片状脱落。通常易发生在结构的下侧，或附着盐分的部位(图 2-14)。

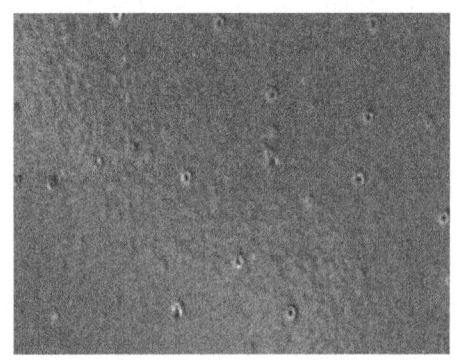
图 2-13　涂装起泡

图 2-14　涂装脱落

(5) 生锈。涂装劣化中最严重的一种破坏类型，分为非鼓泡产生的锈或鼓泡裂缝产生的锈，以及涂装裂缝或破坏产生的锈。涂膜出现针孔锈斑、点状锈、泡状锈或片状锈的现象(图 2-15)。

图 2-15　涂装生锈

(6) 其他：在钢箱梁制作、安装阶段人为的碰擦所引起的刮伤，以及钢箱梁结构在安装过程中焊接不当产生的涂装熏黑。

2) 钢箱梁腐蚀

桥梁所处环境差异很大，环境腐蚀性物质会极大地影响钢箱梁腐蚀的速率。同时，钢箱梁表面涂装的破坏也会加剧内部钢材的腐蚀速率。腐蚀使桥梁构件截面削弱，产生缺陷、裂纹，并不断扩展，导致寿命降低甚至断裂。钢箱梁腐蚀主要可归纳为以下几类：

(1) 点蚀。桥梁在一定的环境介质中运营一段时间后，钢箱梁大部分表面未受腐蚀，但在个别的点或微小区域内，由于金属的选择性腐蚀而出现蚀孔或麻点，随着时间的增加，蚀孔向纵深方向发展。

(2) 均匀腐蚀。在金属整个表面上发生均匀减薄的腐蚀，此类腐蚀较多发生在钢箱梁底板外侧及风嘴加劲肋部位。

(3) 缝隙腐蚀。铆接、螺栓连接等金属间的连接结构存在缝隙，具有缝隙的这种金属结构暴露在腐蚀介质中时，缝隙的局部范围内产生严重腐蚀。

3) 钢箱梁疲劳裂纹

钢箱梁的疲劳损伤主要以裂纹的形式表现，容易在交变荷载下薄弱部位首先出现疲劳裂纹[30]。根据对国内外流线型钢箱梁疲劳裂纹分布的调查，疲劳裂纹主要分布在以下部位：

(1) 纵肋与桥面板的连接处。失效模式有 3 种，即纵肋焊趾失效、桥面板焊趾失效及从焊根通过焊喉的失效。虎门大桥的疲劳裂纹以桥面板焊趾失效居多，而纵肋焊趾失效较少。

(2) 纵肋与横隔板的连接处。失效方式有 3 种，即沿 U 肋与横隔板焊缝开裂、沿横隔板水平方向开裂、沿横隔板倾斜向上方向开裂。

(3) 纵肋对接处。该处疲劳裂纹主要在坡口焊的焊根出现，调查中发现江阴大桥及虎门大桥均出现较多此类裂纹。

(4) 桥面板对接处。桥面板上的对接接头包括纵向对接焊和横向对接焊。此类裂纹数量不多，在虎门大桥中出现过，主要出现在箱梁节段工地连接的焊缝处。

(5) 桥面板与横隔板连接处。横隔板通过 2 个角焊缝与桥面板连接，存在出现疲劳裂纹的可能，预计失效发生在横隔板的焊趾处。

4) 钢箱梁变形过大

钢箱梁变形包括整体永久性下挠及局部变形两类。对于钢箱梁整体永久性下挠，可参照《公路钢结构桥梁设计规范》(JTG D64—2015)的规定：由汽车荷载(不计冲击力)所引起的竖向挠度不应超过 $L/400$(其中 L 为计算跨径)。

对于钢箱梁的局部变形，主要是要控制钢桥面板的变形。规范对局部变形限值没有明确规定；若将桥面板看作连续板梁，该规范规定，变形值不能超过 $L/600$。

此外，中交公路规划设计院有限公司等单位编写的《特大跨径钢箱梁悬索桥设计指南》提出，在桥梁设计使用年限内运输车辆最大轮载作用下，桥面板的变形曲率半径≥20m，纵肋间面板的相对挠度≤0.4mm。

在桥梁养护中，《公路桥梁技术状况评定标准》(JTG/T H21—2011)给出了加劲梁采用钢箱梁时跨中挠度及构件变形的评定标准：当挠度大于 $L/600$ 时，认为跨中挠度大于限值；构件竖向弯曲矢度最大值控制为 1/1000。如虎门大桥 2007 年 9 月底检查发现其钢桥面板横向、纵向局部变形严重，横向最大变形量为 8mm/3m，相当于弯曲矢度 1/375；两吊点间变形量达 25mm/12m，相当于弯曲矢度 1/480，均超过限值。这种过大局部变形既诱使钢桥面板裂纹的产生，又对桥面铺装产生不良影响。

钢箱梁的病害因素大致可归纳为以下几方面。

(1) 材料因素。

① 涂装层的材料。涂装层材料对于钢箱梁的防腐效果有直接影响，涂装材料及方式从最初的油漆防腐到现在的电弧喷涂及有机材料封闭组成的复合涂装，涂装层的防腐效果不断提高，防护预期寿命从几年达到目前的 30~50 年，但从实际使用来看，实桥涂装劣化出现得比预期要早。

② 钢材母材。钢材中杂质含量较高，制造工艺中极易形成组织应力和微观缺陷；焊接中亦容易产生微观缺陷。这些初始缺陷会在使用过程中受塑性变形及交变应力的影响形成宏观裂纹。

(2) 设计构造因素。

设计构造影响明显的有钢箱梁顶板厚度和加劲肋的厚度及形状。欧洲最初的钢箱梁顶板采用 12mm。我国早期修建的悬索桥，如西陵长江大桥、虎门大桥及江阴大桥等，顶板厚度也是 12mm。通车后不久，桥面铺装都出现不同程度的损坏。近年来修建的南京长江三桥、西堠门大桥等，顶板厚度采用 14mm，提高了钢箱梁刚度。加劲肋壁厚和槽口形状对桥面局部刚度影响较大，过去采用 6mm，随着对桥面板局部刚度的重视，开始应用 8mm，槽口形状也不断优化。

(3) 养护维修因素。

部分跨海桥梁的损坏是由养护不到位引起的，尤其是对疲劳裂纹的检测及处理不及时。另外，钢箱梁的表面清洁状况对涂装层的长效防腐有较大影响，涂装劣化或裂纹开展没有得到及时处理会加速腐蚀或开裂等。长期运营下构件局部塑性变形累积作用、焊接宏观裂纹的漏检等因素都会造成裂纹产生或扩展，引起构件或结构脆性破坏。

(4) 荷载因素。

在跨海桥梁运营期间，交通组成中超重车比例较大，实际桥面荷载与标准的设计荷载差别较大，往往造成局部变形过大。而且目前我国对公路桥梁和城市道路桥梁的疲劳计算仍然处于"无据可依"的状态，没有制定疲劳设计的车辆荷载谱，设计时套用国外标准，与国内实情有差别，实地调查又不充分，从而影响了设计使用效果。如虎门大桥钢桥面板的开裂主要为高周应力作用下的疲劳开裂。

(5) 运营中的意外事件。

我国部分桥梁的倒塌是由于车辆碰撞、船舶撞击或车辆起火导致的钢梁脆断。2009年江阴大桥主桥218吊索附近钢箱梁被一艘大型工程浮吊碰撞，造成梁体悬臂部分下翼缘和侧斜腹板严重变形及部分位置破损开裂。这些案例警示管理养护单位在日常运营中要密切注意意外事故的处理，每次意外事故后要进行现场检查及对受损部位的跟踪调查，有损伤时及时维修处理[31]。

3. 钢桁梁易损性分析

1) 钢桁架变形

钢桁架变形是指构件的纵向、横向矢度发生变化。桁架在纵向或横向出现不平顺或高差。这可能与主塔倾斜、主索鞍偏位、施工安装误差及上下行车辆荷载差异大等因素有关；或与施工误差或构件缺陷有关。

2) 跨中过量下挠

钢桁梁跨中过量下挠表现为跨中过量下挠导致桥面线形起伏，伴随钢桁梁杆件开裂等。主梁下挠并不是作为单一的病害出现和发展的，而是和结构的其他病害(如主缆线形异常、局部构件屈曲等)相互影响的。超载是结构下挠的一个重要影响因素，应严格控制车辆的超速和超载，对大桥进行定期检测，并建立桥梁检测档案，密切注视桥梁的使用情况。

3) 钢桁架涂层劣化及构件锈蚀

钢桁架涂层劣化及构件锈蚀(图2-16)是指构件表面涂装损坏，内部钢材有锈斑，多发现于焊缝附近。可能的原因是涂装损坏或焊缝开裂，钢材暴露在外，空气中的水汽或水从路面渗漏。以某钢桁梁为例，运营10年后发现：大量主桁上节点板锈蚀，80%中度锈蚀(锈坑深度0.6~1.2mm)；10%轻度锈蚀(防护涂层劣化、起皮、剥离)；横梁上弦杆、上节点板锈蚀，锈蚀数量达到90%，现场施焊的焊缝质量较差；部分上弦杆、腹杆及下弦杆表面积泥较多；部分连接螺栓松动；下弦杆部分连接螺栓丝扣过短。

4) 钢桁架节点板螺栓松动或缺失

在振动作用下钢桁架节点板螺栓可能发生松动，螺栓的疲劳裂纹也会导致松动，造成构件变形。

5) 正交异性桥面板疲劳开裂

正交异性桥面板顶板与纵肋连接焊缝处、纵肋与横梁连接处产生裂纹，可能的原因有集中轴载引起疲劳开裂、焊缝质量不合格、交通量大、车辆超载等。

图 2-16 钢桁架构件锈蚀

6) 正交异性桥面板面外变形

正交异性桥面板局部变形外观表现为钢桥面板肋间相对挠度增加，可能的原因有疲劳开裂引起的竖向刚度退化和超载。

4. 索塔易损性分析

1) 索塔倾斜

索塔倾斜变形、塔根部出现裂缝、塔顶位移超限，可能的原因是塔柱非中心受压，主缆在塔柱两侧水平分力不平衡。

2) 索塔沉降

索塔沉降主要是指索塔有竖直向下位移，可能的原因为地基不牢固，出现滑动、下沉、倾斜等。

3) 索塔混凝土表面病害

索塔混凝土表面病害外观表现为塔柱表面出现蜂窝、麻面、裂缝或者混凝土保护层剥落、露筋现象。沿钢筋方向出现裂缝，钢筋锈胀开裂。可能的原因为由外荷载直接应力或次应力引起混凝土裂缝。由变形引起混凝土裂缝，包括结构因温度和湿度变化引起的收缩、膨胀、不均匀沉陷。

4) 索塔渗漏水

索塔渗漏水外观表现为索塔塔底积水，可能的原因是塔顶未封闭，潮水或雨水沿索塔通气孔进入塔内导致索塔内部漏水。

5. 拉索易损性分析

拉索是斜拉桥结构的重要组成部分，主要由高强度钢丝(钢绞线)束和锚具组成，长期承受桥梁恒载及车辆活载，又可能处于跨江河、跨海湾地域，暴露在风雨、潮湿和污染空气的环境中，是斜拉桥结构中最容易损伤的部位。

1) 拉索腐蚀

腐蚀是物质与介质作用而引起的变质或破坏。因为腐蚀过程是自发的，所以在斜拉桥整个寿命期内，拉索的腐蚀破坏将会始终存在。

(1) 拉索腐蚀部位。

拉索钢丝腐蚀程度基本上取决于橡胶护套的破损程度，因为这是雨水或露水顺钢索流入或渗入护套内产生的结果，所以钢丝腐蚀有两个明显特点：腐蚀程度大体遵循"上轻下重"规律，即处于较高位置的钢丝腐蚀较轻，处于较低位置的钢丝腐蚀较严重；腐蚀较严重的部位，往往是靠近护套破损的部位以及破损处以下的一段部位。

(2) 拉索腐蚀成因。

拉索遭受腐蚀，主要是因为防护系统老化而出现大量的微孔、裂纹或裂缝，从而不能有效地隔绝空气、水汽、水和腐蚀介质。这些物质进入护套后，容易在钢丝表面形成水膜，使钢丝发生电化学腐蚀，水膜中溶解的腐蚀介质，对锌层腐蚀还有明显加速作用。随着橡胶防护套逐步老化，微孔、裂纹和裂缝大量出现，气体、水分不断进入，水汽凝聚和腐蚀介质溶解对钢丝形成长期的电化学腐蚀。长期腐蚀的结果是形成严重腐蚀。

2) 拉索氢脆

拉索氢脆也是电化学现象，与腐蚀略有不同。氢脆现象必须同时满足环境、材料、应力的条件才会发生。1940年美国俄亥俄州朴次茅斯格兰特将军大桥发生的缆绳锚爪鞘开裂事故，就是因为雨水中含有的微量硝酸盐附在缆绳上发生应力开裂。氢脆断裂时间随阴极变化而变化，应力腐蚀开裂断裂时间随阳极变化而变化。

3) 拉索回缩

拉索回缩主要是针对高强度热镀锌钢丝制成的拉索而言的。此类拉索在张拉过程中分丝板会与锚杯内壁相接触，分丝板除承受拉力和冷铸体的反力外，还将承受侧向挤压力和摩擦力，而分丝板厚度较薄，一般为20mm或25mm。这样，分丝板常会因受力过大而变形，导致钢丝回缩，影响拉索的疲劳寿命。

4) 拉索断丝

与其他金属材料一样，拉索钢绞线钢丝也存在破坏失效的问题。锈蚀是钢丝破坏的一种最初表现，断丝则是钢丝破坏失效的一种直观形式。造成断丝现象的原因有多种。

(1) 盘条本身的疏松、夹杂、气泡、成分偏析等缺陷，这些缺陷若在生产过程中暴露，就会给成品钢丝留下断裂隐患点。

(2) 为追求出材率和连续生产，对盘条采用焊接方式连接，这些焊接点也是钢丝的断裂隐患点(国内对桥梁缆索用钢丝提出了不允许盘条接头的技术要求)。

(3) 在制索和架索过程中，由于牵引力作用，缺陷钢丝会断裂，或由扭绞、钩挂等造成断丝。

(4) 后续施工(如拉索紧缆、安装索夹、缠丝、拆卸工作等)操作不慎,也可能造成断丝。

(5) 运营过程中动态荷载作用、环境腐蚀、应力腐蚀和疲劳等均会造成钢丝在使用过程中断裂。

5) 拉索滑丝

拉索滑丝主要发生在拉索张拉过程中,发生滑丝现象,其原因是多方面的,主要原因有:

(1) 锚具硬度不合格,锚塞热处理的硬度不合格。楔块的松紧不一和挟握钢丝部分附近有油污或楔块不良也会产生滑丝。

(2) 钢丝直径误差较大。若有的钢丝直径小,钢丝往往卡不住而引起滑丝。

(3) 动力作用的影响。拉索受到动力作用时,有可能松动,造成滑丝,滑丝严重时可造成失锚。

6) 拉索振动

拉索质量轻、阻尼小,振动产生的荷载远远超过其自重,常成为拉索设计的控制性荷载。拉索多暴露于大气中,在风或索锚固端运动作用下发生横向振动。随着斜拉桥跨度的增加,拉索振动更加显著。拉索的振动对拉索本身及其他构件都存在不容忽视的危害。

斜拉桥的拉索在自然因素和人为因素下会发生各种不同机制的振动。目前探索出的拉索振动机制主要有自然因素引起的涡流激振、尾流驰振、风雨振、参激振动和人为因素(如人群的运动、吊装机具、车辆的运动、混凝土输送泵的运动、混凝土振捣器的运动等)引起的抖振等五大主要类型。由于拉索的非线性因素较为明显,参激振动对拉索的影响也较大。

7) 拉索索力退化

拉索被称为斜拉桥的生命线。一座斜拉桥中,由于某些拉索索力退化,直接影响其他拉索的索力分布,且对主梁的线形、结构内力等产生显著影响。产生索力退化的原因有:

(1) 拉索腐蚀造成的拉索断丝,使组成拉索的钢丝数量减少。

(2) 拉索疲劳引起的钢丝强度退化。

(3) 温度影响导致结构发生整体或局部的损伤,使有些拉索产生不同程度的退化。

(4) 拉索锚固系统的松动。

(5) 下锚头严重渗水,产生的病害使拉索系统受力状态产生严重退化。

(6) 施工过程中梁体高程控制不准引起结构内力重分布,使结构受力偏离设计值。

(7) 主梁局部强度与刚度变化,造成主梁线性变化产生拉索索力退化。

(8) 索塔基础下沉，地震、台风及交通事故等灾害的影响。

8) 斜拉桥拉索滑移

矮塔斜拉桥拉索滑移的主要原因是主塔两侧施工荷载的差异导致拉索两侧索力不平衡。在施工阶段，主塔鞍座索孔未灌注环氧砂浆，其抗滑移能力相对较弱；再者，主塔鞍座处拉索抗滑移能力主要由鞍座双重管内管与(拉索)钢绞线之间摩擦力提供，当主塔鞍座两侧拉索索力差超过它们之间的摩擦力时就会发生滑移。

6. 主缆易损性分析

1) 主缆涂装破损

主缆涂装破损是指涂装在使用过程中产生粉化、开裂、起泡、剥落、锈蚀或机械碰损。可能的原因是空气湿度、日照等自然因素造成老化破损或外力破损。

2) 匝丝锈蚀、断丝或松弛

匝丝病害的外观表现为匝丝表面出现黄色锈斑、锈蚀断裂或者局部松动和变形。可能由于匝丝缝隙较多，容易积水，在涂装失效后，水汽进入后容易发生锈蚀现象。当锈蚀到一定程度时，匝丝易因超过材料抗力而断裂。

3) 主缆钢丝锈蚀

主缆钢丝锈蚀(图 2-17)外观表现为主缆钢丝表面出现白色锌粉、黄色锈斑、锈坑及断丝后的钢丝翘起或下挠。可能的原因为当主缆外部的各类防腐蚀措施失效后，主缆钢丝直接面对腐蚀环境，并逐渐锈蚀直至断裂。

图 2-17 主缆钢丝锈蚀

4) 主缆线形异常

主缆线形发生对称或非对称变化，且存在不可恢复的变形量。可能的原因是主塔倾斜，主索鞍偏位，吊索索力不均，主缆松弛，质量变化(如桥面质量增加、附属设施质量增加)，锚碇、主缆锚固系统出现异常等。

7. 吊索、吊杆易损性分析

1) 吊索倾斜

吊索倾斜，不在竖直方向上。吊索倾斜一般由索夹安装定位误差或滑移造成。主缆、加劲梁的异常变位也会造成吊索倾斜。以某大桥为例，运营10年后全桥吊索均出现不同程度的倾斜，最大倾斜度达5.86%，经分析可能是由索夹安装定位方法不当导致的定位误差造成的。

2) 吊索索力不均

吊索索力不均可能的原因有：个别吊索锚板螺杆的螺母松动，导致索力减小，局部主缆孔隙率进一步变小，主缆缆径变小，导致索夹间隙变大，吊索变松，索力减小；腐蚀或疲劳导致断丝，进而导致个别吊索索力变化。吊索索力与主缆线形之间具有较强的关联性，在一定程度上呈伴生关系。由于吊索索力与主缆及加劲梁线形之间具有很强的关联性，索力的安装误差会导致主缆及加劲梁线形发生变化，同时主缆及加劲梁的变形又会影响周边索力的变化，两者之间总是在相互影响。因此，吊索索力不均除与其自身的安装误差有关外，还和两者之间的关联性存在必然联系。

3) 吊索钢丝破坏

吊索钢丝破坏(图2-18)是指防腐涂膜破损、钢丝锈蚀、起丝、断丝等。吊索直接承受桥面活载，一般活载应力幅值均在100MPa以上，容易出现疲劳破坏。且吊索由高碳冷拔钢丝组成，碳含量为0.75%~0.85%，塑性、韧性差，极易腐蚀。

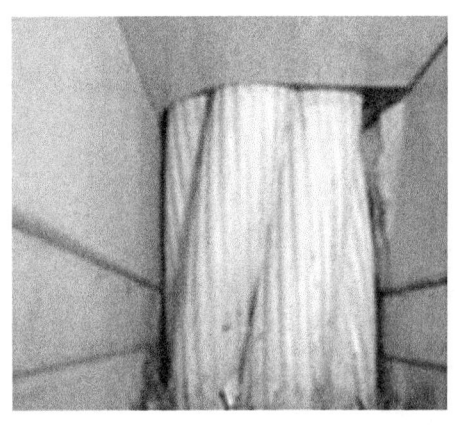 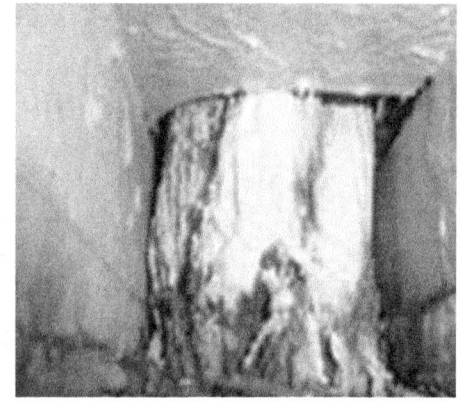

图 2-18 吊索钢丝破坏

4) 吊索锚固构件破坏

吊索与主梁相连的吊耳板、锚杯、锚垫板、关节轴承等开裂或松动(图2-19)，可能的原因是：构件锈坑、构件缺陷、疲劳破坏、吊杆端部与横梁接触面局部应力超限。

图 2-19 吊索锚固构件破坏

5) 吊杆下锚头油污、钢材锈蚀

海洋环境下氯离子侵蚀钢材，造成表面涂装失效，引起锈蚀现象；吊杆随着桥梁不断地振动，锚头中的防腐油脂会不断渗出(图 2-20)。

图 2-20 吊杆下锚头油污

6) 吊索索夹滑移

吊索索夹滑移可能的原因是：用于夹紧的螺栓松弛，索夹与主缆间的夹紧程度降低；主缆挤紧，空隙率降低，导致索夹与主缆间的夹紧程度降低。

7) 索夹螺杆开裂或松动

索夹螺杆开裂或松动可能的原因是疲劳破坏、振动。

8) 吊索减震架破坏

吊索减震架表面脏污或出现松动、断裂，内部橡胶老化，可能的原因是疲劳破坏。

9) 套筒钢材老化锈蚀

套筒钢材由于长期暴露在日照、雨水等条件下,容易老化锈蚀(图 2-21)。

图 2-21 套筒钢材老化锈蚀

8. 锚碇易损性分析

1) 锚碇变形

锚碇变形包括锚碇沉降、滑移或转动。可能的原因是锚碇位置的基础不牢固。

2) 锚碇表观病害

锚碇表观病害包括锚碇顶板、侧墙、前墙、后墙、底板出现开裂渗水、风化、保护层剥落、露筋、空洞、钢筋锈蚀等。可能的原因是外荷载直接应力或次应力引起混凝土裂缝。

3) 地锚室渗漏水及内部构件锈蚀

锚碇顶板、侧墙、前墙、后墙、底板出现开裂渗水。内部锚固构件锈蚀。可能的原因为地锚室位于路面下方,其散索鞍后的缝隙不易密封,导致路面积水、雨水大量渗入,同时由于地锚室埋入地下较深,其排水往往不佳,容易形成大量积水,导致地锚室内环境湿度较高甚至接近饱和,致使地锚室内的构件涂装加速失效并产生锈蚀破坏。

9. 索鞍易损性分析

1) 索鞍上下承板错位

索鞍上下承板沿纵桥向发生相对位移(图 2-22)。可能的原因有:用于连接鞍座本体与上承板之间的销钉损坏;索鞍上下承板错位预示着主缆或主桥线形可能发生改变。

2) 索鞍拉杆螺栓松动

索鞍承压台上的长拉杆或鞍槽侧壁上的短拉杆出现螺栓松动现象(图 2-23)。可能的原因是疲劳,振动或锚固件变形、开裂等。

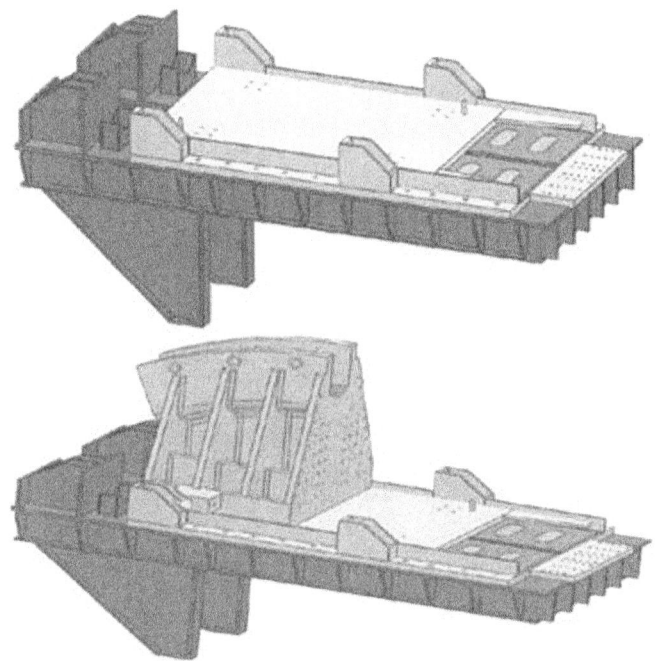

图 2-22　索鞍上下承板错位示意图

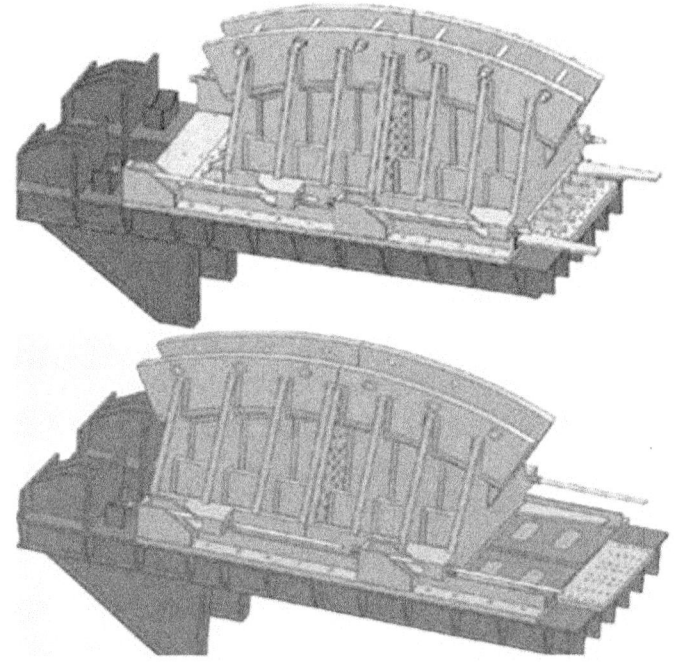

图 2-23　索鞍拉杆螺栓松动示意图

3) 索鞍铸件及焊缝病害

索鞍鞍槽、鞍体、上下承板、拉杆螺栓等部位表面漆膜劣化或出现金属锈蚀，焊缝处出现裂纹(图 2-24)。可能的原因有：鞍室内湿度大引起的漆膜劣化，金属锈蚀；局部应力集中导致焊缝出现应力裂纹或应力锈蚀裂纹。

图 2-24　索鞍铸件及焊缝病害

2.1.2　下部结构易损性分析

1. 桥墩易损性分析

1) 桥墩倾斜

墩身发生倾斜，可能的原因是地基不均匀沉降引发桥墩倾斜、桥墩偏压。

2) 墩梁固结处裂缝

墩梁固结处裂缝外观表现为混凝土表面有龟甲纹或蛛网状的裂缝，可能的原因主要是集料的碱性反应、干燥收缩等，混凝土收缩徐变，基础沉降。

3) 墩身水平裂缝

桥墩墩身外表面出现水平裂缝(环向裂缝)，一方面是由于混凝土收缩徐变等，另一方面由于桥墩在纵桥向或横桥向水平力过大。

4) 墩身竖向裂缝

桥墩墩身出现竖向裂缝。可能原因为柱头内防裂钢筋配置不足、钢筋锈蚀、体积膨胀、局部荷载过大导致劈裂，地震或整体温度改变引起水平力过大而导致撕裂。

5) 盖梁竖向裂缝

桥墩盖梁处出现竖向裂缝。可能的原因是施工时的温度影响或施工时质量控制不当。

6) 桥墩表面涂装劣化

桥墩表面涂装劣化(图 2-25)由长期腐蚀环境及风蚀影响造成。

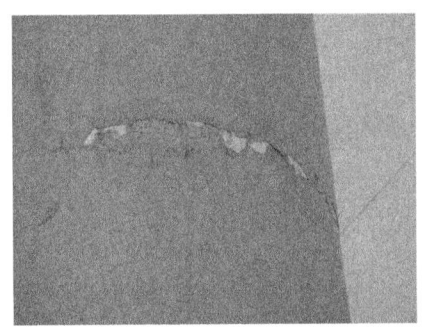 

图 2-25　桥墩表面涂装劣化

7) 桥墩露筋锈蚀

由于施工中钢筋保护层厚度不足，或在施工时有部分钢筋裸露未进行防腐措施或防腐措施不到位，长期受腐蚀环境及风蚀影响而造成混凝土内部钢筋锈蚀，从而形成混凝土胀裂、露筋锈蚀。

2. 桥台易损性分析

1) 台身网状裂缝

台身处混凝土出现龟裂现象，可能由配筋较少或集料碱性反应造成。

2) 锥坡、护坡坡角损坏

基础受到冲刷或不均匀沉降，导致锥坡、护坡坡角损坏。

3) 台后沉陷

桥台后面的填土塌陷，搭板下面部分位置处悬空，搭板断裂。可能的原因是施工时回填压实度不足及渗水导致的冲刷沉陷。

4) 台身开裂、修补处开裂

原裂缝反射而形成裂缝或修补材料由于长期受腐蚀环境及风蚀影响而造成台身混凝土开裂、修补处混凝土开裂(图 2-26 和图 2-27)。

图 2-26　桥台开裂　　　　　　图 2-27　桥台修补处开裂

3. 基础易损性分析

1) 沉降

基础明显沉降或上部结构线形异常,可能的原因是地基处理不合理。

2) 滑移

承台、基础整体水平滑动、移位,可能的原因是基础承载力不足。

2.1.3 桥面系及附属设施易损性分析

1. 桥面铺装易损性分析

1) 桥面铺装变形

桥面铺装变形一般是指桥面铺装产生车辙、拥包、高低不平等现象。可能的原因是高温、低速重车荷载,重车制动或起动,桥面板不平或有竖向相对变形。

2) 桥面铺装横向裂缝

桥面铺装层出现 2～30cm 的横向裂缝(图 2-28)。可能的原因是:桥面铺装层混合料的热膨胀系数不同,两者伸缩不同步;桥面在车辆荷载和风荷载作用下产生振动;重车荷载制动产生巨大推力。

3) 桥面铺装纵向裂缝

桥面铺装纵向裂缝是指桥面轮迹间出现的有规律的纵向裂缝(图 2-29)。这类病害主要集中在重车道,超载车辆的重压是此类病害的重要外因;铺装层抗疲劳强度偏低,特别是纵梁顶部,在荷载往复作用下产生较大的疲劳拉应力,导致疲劳裂缝。

图 2-28 桥面铺装横向裂缝

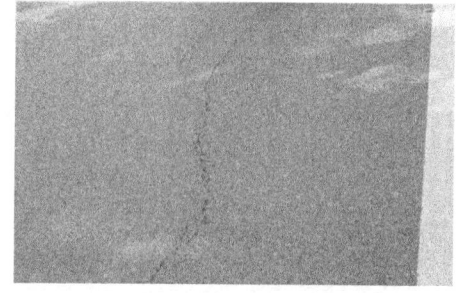
图 2-29 桥面铺装纵向裂缝

4) 桥面铺装破损

桥面铺装破损包括局部出现坑槽、集料外露、松散等现象(图 2-30)。可能的原因是低温高速荷载形成的脆性破坏,表现为几乎所有汽车通过相同的位置产生的磨耗损伤或混合料的剥离。

2. 伸缩缝易损性分析

1) 主桥桥面伸缩缝表面凹凸不平

主桥桥面伸缩缝表面凹凸不平指伸缩缝装置前后的后铺筑料表面高度不一，凹凸不平，会导致车辆在经过时出现跳车现象。可能是施工原因，锚固区铺筑料磨耗或破损。

2) 桥面伸缩缝锚固区缺陷

桥面伸缩缝锚固区缺陷(图 2-31)包括锚固构件及螺栓出现松动、局部缺失，造成混凝土出现开裂。可能是施工质量原因及车辆撞击力影响。

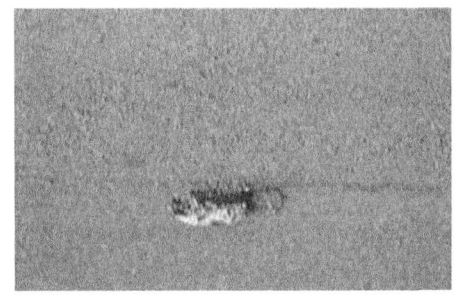
图 2-30　桥面铺装破损

图 2-31　桥面伸缩缝锚固区缺陷

3) 桥面伸缩缝橡胶条破损

桥面伸缩缝橡胶条破损包括伸缩缝橡胶条老化、破裂或挤出。可能的原因有车辆撞击、紫外线照射老化、砂石挤入后的磨耗作用。

4) 伸缩缝型钢断裂

由安装施工误差造成的不平顺或车辆撞击和碾压会造成伸缩缝型钢断裂。

5) 伸缩缝失效

未及时清除积土和砂石填塞，造成伸缩缝槽口堵塞泥沙、卡死，伸缩缝不能正常伸缩，导致失效(图 2-32 和图 2-33)。

图 2-32　伸缩缝堵塞

图 2-33　伸缩缝失效

6) 伸缩缝钢材锈蚀

跨海桥梁在恶劣的海洋服役环境中容易造成伸缩缝钢材的锈蚀,如伸缩缝锈蚀(图 2-34)和螺栓锈蚀(图 2-35)。

图 2-34　伸缩缝锈蚀　　　　　　　图 2-35　螺栓锈蚀

3. 护栏易损性分析

1) 钢扶手锈蚀、断裂

由于涂装施工质量欠佳,受海洋环境下空气中水分和氯离子侵蚀,造成钢材锈蚀(图 2-36 和图 2-37)。

 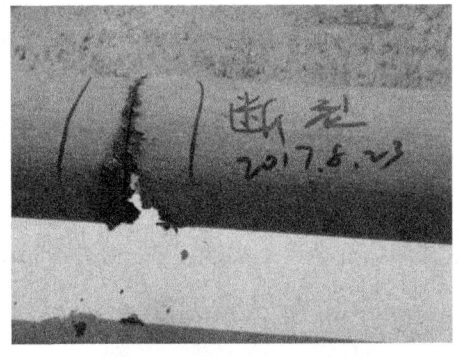

图 2-36　钢扶手锈蚀　　　　　　　图 2-37　钢扶手断裂

2) 护栏病害

护栏混凝土开裂,主要是混凝土收缩或温度应力造成的,对桥梁整体结构不构成影响(图 2-38)。

护栏露筋锈蚀、混凝土胀裂:施工中钢筋保护层厚度不足,在海洋环境下氯离子侵蚀,造成混凝土内部钢筋锈蚀,从而形成混凝土胀裂,露筋锈蚀(图 2-39)。

图 2-38　护栏混凝土开裂　　　　　图 2-39　护栏混凝土露筋

4. 排水系统易损性分析

排水系统容易损坏，如排水口堵塞(图 2-40)、排水管缺失(图 2-41)、泄水孔锈蚀(图 2-42)等。

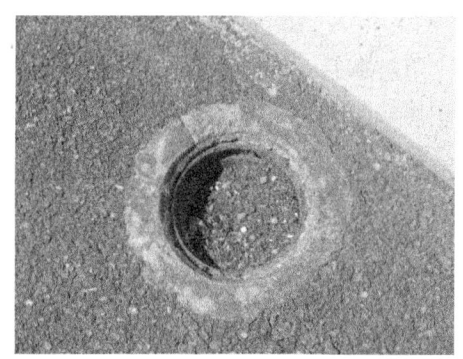 

图 2-40　排水口堵塞　　　　　　　图 2-41　排水管缺失

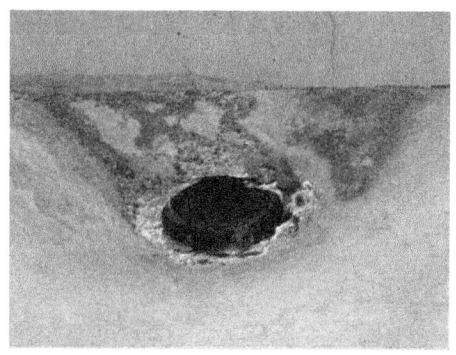

图 2-42　泄水孔锈蚀

5. 照明及标志易损性分析

反光侧钉病害有反光侧钉缺失和破损(图 2-43 和图 2-44)。

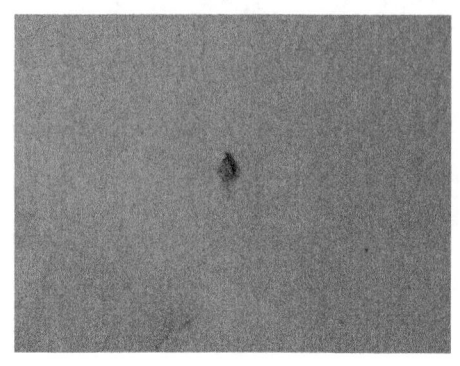 

图 2-43　反光侧钉缺失　　　　　　　图 2-44　反光侧钉破损

2.1.4　支座易损性分析

1) 支座钢构件锈蚀

支座钢构件一般采用防尘罩防护，防尘罩破坏后，钢构件会发生程度不同的锈蚀现象。可能的原因有：涂装破坏导致钢构件防腐能力下降；环境条件恶劣，尤其是处于海洋环境中的钢构件更易发生锈蚀。

2) 支座钢构件裂纹

支座钢构件变形、凹陷导致产生裂纹。可能的原因有：铸造质量低劣，衬板等出现裂纹；滑动受限，出现受力不均匀现象，导致局部衬板应力集中，出现裂纹；支座脱空导致钢构件开裂。

3) 支座卡死

多向或单向活动支座构件相互咬合，造成支座位移受阻，导致卡死。可能的原因有：锚栓与限位装置冲突，造成支座卡死；上支座滑动与下支座转动变形不协调，变形位移超限，导致支座卡死。

4) 支座位移超限

支座上座板与下座板中心位置偏差过大，垫板支撑范围接近或超过上座板不锈钢板布设范围。可能的原因是支座位移量程不足，施工过程中出现定位或结构尺寸误差。

5) 支座转角超限

上下支座板倾斜明显，变形角度超过转动限值(图 2-45)。可能的原因是支座位移量程不足，施工过程中出现定位或结构尺寸误差。

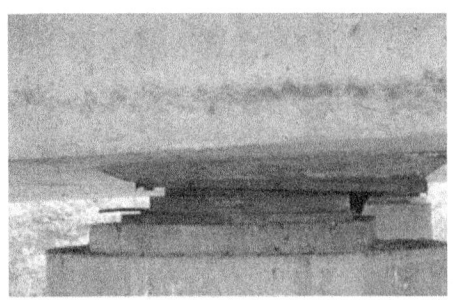

图 2-45 支座转角超限

6) 支座脱空

支座上表面未能与梁底钢板完全接触,形成支座脱空(图 2-46 和图 2-47)。可能的原因有:安装时支座储油槽内未按时添加硅脂,剪切变形过大;梁底钢板偏薄,刚度不足,导致支座偏压过度;梁底板本身不平整,梁底找平砂浆塞缝不均匀;垫石不平整;支座安装时不平整或支座垫石施工控制不严整或存在异物,导致支座安放不水平,梁底未与支座安装密贴。

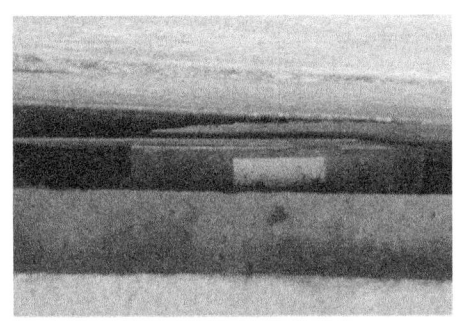

图 2-46 支座局部脱空

图 2-47 支座完全脱空

7) 支座剪切变形过大

橡胶承受来自梁体的顺桥向剪力,造成支座剪切变形过大(图 2-48)。可能的原因有:落梁时位置偏差造成的初始剪切变形;安装时支座储油槽内未按时添加硅脂;安装时初始剪切变形过大或服役过程中受力不均匀。

8) 老化开裂或机械划伤

老化开裂或机械划伤一般是指橡胶侧面开裂、鼓出。可能的原因是板式橡胶支座老化开裂或搬运过程中的机械划伤。

9) 支座垫石破损、裂缝

由于支座垫石混凝土标号偏低或构造钢筋不足造成支座垫石出现破损、裂缝(图 2-49)。

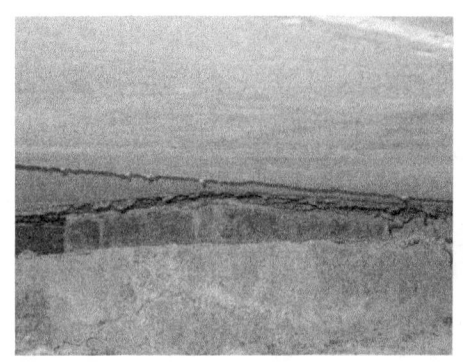 

图 2-48 支座剪切变形过大

图 2-49 支座垫石破损

2.2 桥梁外部风险源

根据对跨海桥梁易损构件分析,确定跨海桥梁的外部风险源主要包括风致灾害风险、船舶撞击风险、冲刷水毁风险、超载超限风险、火灾爆破风险、地震风险、人为破坏及恐怖袭击风险等情况。

2.2.1 风致灾害风险

1) 风致灾害风险事故

当强风给跨海桥梁结构带来损伤破坏时称为风致灾害。风致灾害主要有热带气旋、台风、风暴潮、雷暴大风、龙卷风等,其中破坏性最强的有台风、风暴潮和龙卷风。风致灾害是长期存在的一种自然灾害,我国地理位置特殊,位于亚洲大陆的东南部,东临太平洋,有长达 18000 多千米的大陆海岸线,每年夏秋两季度,强台风发生频率高,引发的次生灾害类型多,后果严重。2006 年 8 月,超强台风"桑美"在西北太平洋横空出世,并最终以 17 级(60m/s)的风速于 10 日 17

时 25 分在浙江苍南县马站镇登陆,共造成 196.58 亿人民币的巨大损失[32]。2014 年 7 月,超强台风"威马逊",登陆中国海南省文昌市后,打破了 2006 年第 8 号台风"桑美"的记录,成为中华人民共和国成立以来登陆我国的最强台风,登陆时 17 级以上,造成海南、广东、广西的 59 个县市区、742.3 万人、468500hm² 农作物受灾,直接经济损失约 265.5 亿元,并导致南宁发生"海变",城市内部被淹,损毁严重,给我国华南造成重大损失[33]。每年全球范围内风致灾害造成的损失占自然灾害损失的一半以上,风致灾害造成的经济损失每年高达 100 亿美元,造成年平均 2 万以上人死亡,严重影响人民的正常安全出行和基础设施建设。

交通运输是交通经济带的重要组成部分,跨海桥梁作为一种重要的交通枢纽,其对交通运输的影响极大。跨海桥梁长期受到海风作用,致使桥梁主梁结构可能出现涡激共振、静风失稳等不利情况,拉索、吊杆等易损构件易发生风雨激振,易积累疲劳效应,大大降低跨海桥梁结构的安全性能和耐久性。跨海桥梁一旦发生风致灾害风险事故,造成的桥梁破坏损伤巨大,影响车辆通行、船舶通航,甚至会造成桥梁倒塌、交通中断。

起初国内外桥梁风致灾害事故频繁,由于当时的桥梁设计师在进行桥梁设计时,未充分考虑风荷载对大型桥梁柔性结构的影响,导致在 19 世纪、20 世纪初期,大量桥梁发生风致毁坏事故,造成巨大的经济损失和人员伤亡,见表 2-1。

表 2-1 桥梁风毁事件

年份	桥梁	桥址	主跨/m
1818	Dryburgh Abbey	苏格兰	260
1821	Union	英格兰	449
1834	Nassau	德国	245
1836	Brighton Chain Pier	苏格兰	255
1838	Montrose	苏格兰	452
1839	Menai Strait	威尔士	580
1852	Roche-Bernard	法国	641
1854	Wheeling	美国	1010
1864	Lewiston-Queenston	美国	1041
1889	Nigara-Clifton	美国	1260
1940	Tacoma Narrows	美国	2800

1821 年,由 Samuel Brown 设计的 Union 桥主跨 449m,是当时英格兰历史上第一座用眼杆修建的悬索桥,建成 6 个月后,由于风荷载的作用桥梁发生倒塌。在之后几年里,设计师 Samuel Brown 在设计过程中调整桥梁结构设计参数,通过

增大结构的刚度来抵抗风荷载的作用,并增设了从塔顶辐射的拉索,然而之后建成的 Brighton Chain Pier 大桥(1836 年)和 Montrose 大桥(1838 年)在风致振动效应下仍然发生结构破坏。

苏格兰的泰河铁路桥在 1879 年强风作用下,发生桥梁垮塌事故[34],最终造成 73 人死亡,当地桥梁管理单位在事后调查中了解到该桥的事故主要是由对静风认识不足、风荷载取值太低造成的。

1940 年 11 月 7 日,位于美国华盛顿州塔科马海峡的塔科马海峡大桥,在远低于设计风速的 19m/s 下发生强烈的风致振动,桥面经历了 70min 振幅不断增大的反对称扭转振动,最终导致桥面折断坠落到峡谷中(图 2-50)。这起桥梁风毁事件引起国内外广泛关注,桥梁设计师开始重视风致灾害的影响,并在设计阶段充分考虑风荷载效应,采取桥梁结构抗风设计,及时对部分运营期间的桥梁结构进行抗风构件加固,这才能降低桥梁风毁事故的发生频率。然而,一些其他的桥梁结构风致损害现象仍然时常发生,至今还未找到非常有效的解决方案。

图 2-50　美国塔科马海峡大桥风致破坏事故

在美国屹立了 121 年的金珠高架桥(Kinzua Viaduct)高 91.74m,长 2053m,是当时世界上最高、最长的高架桥,桥墩为空间桁架结构,在 2003 年龙卷风中部分桥体发生倒塌(图 2-51)。

图 2-51　美国金珠高架桥风毁事故

2004年9月,美国佛罗里达州彭萨科拉的埃斯坎比亚湾桥(Escambia Bay Bridge),因飓风致使多跨桥梁移位,落入水中(图2-52)。

图2-52　埃斯坎比亚湾桥部分倒塌事故

2010年5月,位于俄罗斯伏尔加格勒市的伏尔加河大桥,桥面突然呈浪型发生翻滚,后经专家查证为主梁涡激共振,所幸大桥未发生损毁(图2-53)。

图2-53　伏尔加河大桥翻滚

我国发生过类似的风致损害现象,如洞庭湖大桥、南京八卦洲长江大桥以及上海杨浦大桥的易损构件拉索,均发生风雨激振现象;广东九江长江大桥易损构件吊杆发生涡激共振现象。

对大型桥梁结构易损构件进行风致灾害风险评估,一直是国内学者研究的热点。考虑到我国沿海地区强台风发生频率较高,悬索桥、斜拉桥等大型跨海桥梁在长期运营过程中,如悬索、拉索、吊杆等局部构件对风致损伤较为敏感,故将风致灾害作为典型外部风险源之一,将在第3章开展深入研究,进行大型桥梁结构风致灾害风险评估。

2) 风灾事故分析

风荷载对桥梁的作用方式主要有风的静力作用效应和动力作用效应。

(1) 当桥梁结构刚度较大时,静风荷载作用对桥梁结构产生的影响主要表现为强度破坏或过大的结构变形。而结构在给定的风速作用下，主梁发生弯曲和扭转，称为"空气静力失稳"。这种作用突发性强、破坏性大，最终导致桥梁失稳。

(2) 当桥梁结构刚度较小，结构振动激发时，风荷载对结构具有动力作用，动力作用效应包括颤振、驰振、抖振和涡激共振，会对桥梁结构造成毁灭性破坏。尤其对于悬索桥，风荷载的动力作用会使拉锁产生疲劳，缩短使用寿命。其中，颤振、驰振均属于桥梁的自激发散振动，而抖振和涡激共振属于有限振幅的强迫振动。

回顾以往风灾所致的桥梁事故，除超标准风荷载引起结构变形或动力变形之外，还有可能引起碰撞及冲刷破坏。受台风巨大动能的影响，在水路、海岸附近的停靠船舶有可能撞向桥梁，导致桥梁结构受损。另外，台风时常伴随洪水、泥石流的发生，从而引起水体冲刷桥梁下部结构，导致下部结构发生腐蚀破坏等，最终引发桥梁安全事故。

2.2.2 船舶撞击风险

1. 国内外船舶撞击风险事故

自1980年美国阳光大桥惨遭船舶撞击以来，船舶撞击风险一直是国际桥梁工程领域技术研究人员风险评估研究的重点[35]。将风险评估运用于桥梁工程中，也是起源于对船舶撞击事故的研究。随着国内外各地政府对桥下船舶通航的严格要求，以及船舶自动识别系统(automatic identification system, AIS)等船舶助航信息平台的发展，近几年来船舶撞击事故发生频率虽有所下降，但是仍时有发生。本节对国内外发生的典型船舶撞击事故进行不完全统计，具体见表2-2和表2-3。

表2-2 国外船舶撞击桥梁事故表

桥梁	时间	事故原因及损失情况
韩国釜山广安里大桥	2019.2	货船撞击大桥，桥体被撞出一个直径大约5m的大洞
德国埃朗根运河大桥	2016.9	轮船撞击大桥，桥体破坏，2人死亡
美国肯塔基州某大桥	2012.1	货船撞击钢架桥，桥身整体垮塌
美国旧金山大桥	2007.11	货轮撞击大桥，桥体严重受损，造成22万升的重油泄漏
俄罗斯圣彼得堡某大桥	2002.5	货轮撞击桥墩，桥体受损，船上的燃油泄漏
美国阿肯色河大桥	2002.5	驳船及油船撞击桥墩，180m长主梁坍塌，多人遇难
美国伊莎贝拉跨海大桥	2001.9	拖船撞击大桥，两个桥孔发生72m倒塌
美国莫比河铁路大桥	1993	驳船船队撞击大桥，桥面坍塌，导致火车出轨，造成47人死亡
美国阳光大桥	1980.5	货船撞击桥墩，桥面倒塌，导致30多人死亡，造成高达2.5亿美元经济损失
澳大利亚塔斯曼大桥	1975	货轮撞击桥墩，15人死亡

续表

桥梁	时间	事故原因及损失情况
美国西德尼·兰尼尔桥	1972	船舶撞击大桥,造成10人死亡
美国蓬查坦桥	1964	船舶撞击大桥,造成6人死亡
英国塞文河铁路桥	1960	船舶撞击大桥,桥面坍塌,5人死亡

表2-3 国内船舶撞击桥梁事故表

桥梁	时间	事故原因及损失情况
杭州湾跨海大桥	2006.8.11	涨潮使货轮撞击南高墩区,经济损失超过2000万元
广东省九江大桥	2007.6.15	运沙船雾天撞击桥墩,桥面坍塌,9人死亡
重庆市黄花园大桥	2007.7.5	洪水使船舶撞击3号桥墩,主体结构受损
江苏省昆山大洋桥	2007.8.29	货轮撞击桥墩,桥面垮塌,桥梁坍塌,2人失踪
宁波市金塘大桥	2008.3.27	货轮撞击大桥主梁垮塌,经济损失巨大,4人死亡
上海市大治河大桥	2010.3.25	环卫船撞击桥墩,桥梁坍塌,2人失踪
江西省沧江鄱阳大桥	2010.7.15	挖沙船撞击大桥,主体结构受损
武汉市黄陂木里大桥	2010.7.17	洪水使运沙船撞击桥墩,桥面坍塌
武汉长江大桥	2011.6.6	油轮撞击桥墩,主体结构受损
温州大桥	2012.5.23	邮轮顶部与大桥主梁相撞,主体结构受损
江门虎坑大桥	2012.9.14	运沙船撞击,主跨挂梁受损
湖南省平江范固桥	2012.5.13	运沙船撞击桥墩垮塌,2人死亡,4人失踪
台州市椒江大桥	2013.8.6	运沙船撞击桥墩,货船前舱破损进水沉底
广东省潭州林头大桥	2013.8.10	逆水航行动力不足,桥墩受损
徐州市端午桥	2013.8.16	船队通行撞击桥墩,导致桥梁坍塌

从国内外船舶撞击事故损失情况中可以看出,大型桥梁工程一旦发生船舶撞击事故,桥体发生坍塌概率高,造成人员伤亡情况和经济损失情况严重。最典型的就属1980年,美国佛罗里达州坦帕湾上,阳光大桥(Sunshine Skyway Bridge)船舶撞击事故,是世界上船只撞击桥梁最严重的一次事故,直接造成2.5亿美元经济损失,30多人死亡,靠南一侧整个桥面发生坍塌,桥体破坏情况极为严重,如图2-54所示。

图 2-54　美国阳光大桥船舶撞击事故

2001 年 9 月美国得克萨斯州，一艘拖船与 3810m 长的伊莎贝拉桥(Queen Isabella Bridge)相撞，导致两个桥孔发生倒塌，主桥被撞出 72m 长断口，如图 2-55 所示。

图 2-55　美国伊莎贝拉桥船舶撞击事故

2019 年 2 月，韩国釜山一艘 9700t 级的俄罗斯籍货轮"希格兰号"在行驶过程中，船员酒驾导致船舶偏航，与全长 7.4km 的釜山广安里大桥(Gwangan Bridge)相撞，桥体被撞出一个直径大约 5m 的大洞，严重影响桥梁结构安全(图 2-56)。

图 2-56　韩国釜山广安里大桥船舶撞击事故

船舶撞击风险引发的次生灾害类型多，风险事故严重。2007年，美国旧金山大桥"11·7"船舶撞击事故(图2-57)，一艘"中远釜山"号货轮撞上美国旧金山大桥，尽管船舶撞击事故没有对旧金山大桥带来严重损坏，但是在撞击过程中，巨大的撞击力将船体右侧撕裂出长达30m的大裂缝，导致船内装载的22万升的重油直接泄漏进旧金山湾区，该州立刻进入紧急状态，该起事故是最近20年来最严重的漏油事件，造成金门海峡水质严重破坏。2002年，俄罗斯圣彼得堡8·16船撞事故，一艘装满35t燃料油货船在涅瓦河行驶过程中，与某一大桥桥墩相撞导致船上大量油料泄漏，造成当地环境污染。其他船撞桥次生灾害事故还有美国莫比河水系上某一铁路大桥1993年的船撞事故，船队撞击桥梁导致桥面变形倒塌，致使一辆正在行驶的火车脱轨坠河，造成47人死亡的严重事故后果。

图2-57 美国旧金山大桥"11·7"船舶撞击事故

我国浙江省沿海地区大型桥梁工程船舶撞击事故也频频发生。温州龙港大桥，在1998年9月21日，一艘油船因船员操作失误与其相撞，致使桥面直接发生倒塌，油船翻沉导致大量甲烷泄漏，造成600多万元经济损失。2003年8月，"浙苍机33号"运输船因舵机液压油管断裂导致船只失控，再次撞击龙港大桥，致使桥墩严重受损。飞云江大桥，在2002年6月27日被7艘渔船撞击，事故是由于涨潮导致船只失控，撞击造成桥墩局部损伤。

杭州湾跨海大桥，在2006年8月11日施工建设期，被新加坡货船撞击，致使墩身、承台等多个桥体结构局部破坏，造成经济损失超过1000万元。2008年由于船舶行驶偏离航线，7122t的"勤丰128"货轮误撞浙江省宁波市金塘大桥(图2-58)，导致刚刚架设的两片60m跨预制箱梁坍落，桥墩局部破损，在对破损结构进行了近一个月的探伤检测和墩台修复后，桥梁重新开始架设施工，并在该处加装了结构长期健康监测系统。

温州大桥，在2003年4月8日，桥墩被一艘海轮撞击，事故起因是机械故障导致船舶失控。到2012年5月23日，"明珠七号"邮轮由于在制造中加设3m高烟囱，超过通航尺寸，与温州大桥主梁相撞，造成主梁局破损伤。台州市椒江

图 2-58　宁波市金塘大桥船舶撞击事故

大桥，在 2013 年 8 月 6 日护桥墩受到 5000t 级货船撞击，造成墩身局部破碎，货船前舱也因为进水导致沉船(图 2-59)。

图 2-59　台州市椒江大桥船舶撞击事故导致沉船

随着沿海地区港口船只通行量的增加，伴随而来的是大型桥梁工程的船舶撞击风险。据浙江省某大桥管理局调研反映，跨海桥梁日常船舶撞击风险突出，不仅是大型的货船、海轮，桥墩、台等基础结构还受中、小型渔船经常性的摩擦和碰撞。

2. 船舶撞击风险事故分析

船舶撞击事故原因复杂，1995 年由国际航运协会(Permanent International Association of Navigation Congresses, PIANC)成立的第 19 研究小组搜集了 151 起发生在欧洲、日本、美国等地的船撞事故资料，并对问题进行了综合研究分析，船舶撞击桥梁事故原因可分为以下几种。

(1) 桥梁方面：桥梁选址或建设不合理，水文条件不利于通航，增加了船舶过桥的难度，导致船舶撞击事件的发生，或由于桥梁使用旧的通航标准，孔径小，净空低，不适应当前的通航需求。

(2) 船舶方面：桥梁撞击事故中，部分由人员操作不当造成。船队超高、超载，驾驶员操作不当，致使船舶过桥操作风险增大，可操控范围缩小，导致船舶撞击事故发生。

(3) 环境因素：其中包括台风、暴雨引起的通航条件受限，大雾造成能见度降低等因素，尤其是洪水期间，水流复杂，对船舶行驶要求较高，极易引发撞击事故。

(4) 人为因素：一是对超高、超宽车辆监管力度不够，车辆撞击桥梁上部结构造成损伤；二是驾驶员经验不足、操作不当等人为原因，造成撞击桥梁桥墩等下部结构。

对大型桥梁结构进行合理的船撞风险评估已逐渐成为桥梁安全运营、船舶正常通行的重要保障。因此，将船舶撞击桥梁风险作为典型外部风险源之一，将在第4章开展深入研究，进行大型跨海桥梁船撞风险综合评估。

2.2.3 冲刷水毁风险

1. 冲刷水毁风险事故

国内外每年都会发生桥梁水毁而导致的桥梁损坏事件，这些事故轻则影响行车的舒适性，重则造成巨大社会经济损失及人员伤亡[36]。1966～2005年，美国交通安全委员会统计的1502座倒塌桥梁中，58%的桥梁破坏是由桥梁基础结构冲刷病害及相关水力学作用引起的，每年因为桥梁冲刷破坏造成的经济损失高达3000万美元。1987～2011年，美国统计有379座桥梁遭受水毁，见表2-4，被洪水冲毁的占52.24%，另有38.26%的桥梁受损是长期冲刷所致的。

表 2-4 水毁桥梁失效原因及比例

毁坏模式	局部塌陷	完全塌陷	不可修复的	毁坏总数	毁坏率/%
水毁桥梁	82	115	182	379	100
洪水	26	56	116	198	52.24
长期冲刷	52	49	44	145	38.26
泥石流	1	5	17	23	6.07
覆冰	3	3	5	11	2.9
漂流物	0	2	0	2	0.53

根据美国往年报道，宾夕法尼亚州1985年发生的洪水破坏了73座桥梁；1987年4月，纽约亨特堡斯科哈里溪大桥(Schoharie Bridge)因为洪水灾害，3号桥墩处局部冲刷严重，最后桥面坍塌，导致10人死亡，如图2-60所示。

1989年，桥墩过大局部冲刷导致田纳西州51号公路上一座桥梁倒塌，8人落水死亡；同年，2人在迈阿密河上的一座由局部冲刷导致多个桥跨垮塌的事故中

丧生；1994年，热带风暴Alberto引发佐治亚州大洪水，导致100多座桥梁不同

图2-60 斯科哈里溪大桥水毁事故

程度损坏。加利福尼亚州1995年的一次桥梁水毁事故中有7人丧生。统计美国1989~2000年503座桥梁失效原因，发现有50%以上的桥梁失效可归结为局部冲刷。2019年3月，美国内布拉斯加州哈达尔附近Hwy 13号、22号高速公路桥梁被洪水冲垮(图2-61和图2-62)。

图2-61 Hwy 13号高速公路桥梁

图2-62 Hwy 22号高速公路桥梁

2013年5月23日晚上7点左右，美国华盛顿市5号州际公路上的斯卡吉特河桥(Skagit River Bridge)因车辆超载垮塌(图2-63)，造成数辆汽车坠入河中，所幸的是救援及时，共有3人受伤，无人在此次事故中死亡。斯卡吉特河桥建成于1955年，是一座钢混结构的桁架桥，桥面为双向四车道设计。

图 2-63　斯卡吉特河桥坍塌事故

2019 年 9 月，美国北卡罗来纳州戴维森县第 406 大街红箭路上桥梁被洪水冲垮(图 2-64)；美国艾奥瓦州克莱顿县米尔维尔镇铁路桥被流冰冲毁(图 2-65)。美国联邦公路局的调查表明，冲刷水毁风险是进行桥梁设计和运营维护需考虑的风险之一。

图 2-64　第 406 大街红箭路上桥梁

图 2-65　米尔维尔镇铁路桥

除美国外其他国家也发生了众多水毁导致的桥梁破坏事件。如 2009 年爱尔兰都柏林一铁路桥因局部冲刷而发生倒塌。仅在 2019 年就发生了多起桥毁事件，较为典型的如 2019 年 1 月，巴西米纳斯吉拉斯州布鲁马迪纽市铁路桥因溃坝洪水冲刷而倒塌(图 2-66)。同年 2 月，波黑萨拉热窝伊利扎桥被洪水冲垮(图 2-67)。7 月，尼泊尔巴迪巴斯东西高速公路桥(图 2-68)和塔哈特的巴格马蒂河(Bagmati River)桥(图 2-69)上桥梁被洪水冲垮。9 月，墨西哥蒙克洛瓦的坎德拉公路桥(图 2-70)被洪水冲垮。日本三重县三重郡菰野町千草的音羽桥(图 2-71)被洪水冲垮。

图 2-66　巴西布鲁马迪纽市铁路桥

图 2-67　波黑萨拉热窝伊利扎桥

图 2-68　尼泊尔巴迪巴斯东西高速公路桥

图 2-69　尼泊尔塔哈特的巴格马蒂河桥

图 2-70　墨西哥坎德拉公路桥

图 2-71　日本音羽桥

我国是世界上洪水灾害频繁严重的国家之一，据悉，2016 年，我国 28 省(自治区、直辖市)(不包括港澳台)1621 县(市、区)16351 乡(镇)遭受洪涝灾害，受灾人口 7381.82 万人，125 座城市进水受淹或发生内涝，直接经济损失 1573.55 亿元，占当年 GDP 的 0.25%。因洪涝灾害，铁路中断 62 条次，公路中断 33569 条次。桥梁作为跨越江河湖海的主要结构形式，冲刷水毁是桥梁损毁的主要原因之一。刘亢等[37]统计发现，在 2007～2015 年，国内共有 102 座运营桥梁垮塌，其中 44 座桥梁因水灾导致垮塌，占总数的 43.1%。近年来因冲刷水毁造成的桥梁坍塌事故汇总见表 2-5。

表 2-5　桥梁重大冲刷水毁风险事故

桥梁	时间	事故原因及损失情况
福建省泉州顺济桥	2006.7.23	碧利斯台风引发洪水，桥梁受损
202 国道的熊岳大桥	2006.8.1	强降水洪水冲刷，桥面断裂，1 辆轿车坠河，2 人失踪
福建省漳州江东古桥	2007.6.2	洪水导致第一个桥孔被冲断，桥面坍塌、断裂
江西省永丰县堪下桥	2007.8	圣帕台风引发大水，导致桥墩损坏
河南省伊河汤营大桥	2010.7.24	强降雨，50 人遇难

续表

桥梁	时间	事故原因及损失情况
四川省石亭江大桥	2010.8.19	强降雨，桥梁坍塌
崇州市怀远定江大桥	2010.8.19	连续暴雨，桥面垮塌，2人死亡
四川省通口河老青莲大桥	2013.7.9	持续暴雨引发洪水，桥体垮掉2拱，6人失踪
四川省彭州川西大桥	2013.7.12	强降雨导致洪水，桥梁垮塌
四川省广汉鸭子河大桥	2013.7.10	洪水，桥梁坍塌，成绵高速中断
南京长江一桥	2013.12.31	护坡冲刷，桥梁受损
宜春茂名某桥	2013.5.26	洪水，桥梁坍塌
赣南某桥	2013.8.12	洪水，桥梁坍塌
广东省清远桥	2019.4.30	因暴雨引发洪水，导致桥梁坍塌

2019年4月30日，广东省清远市英德东南部暴雨引发洪水，清远桥被洪水冲断导致桥梁坍塌，交通受阻，当地白沙镇大面积受淹，如图2-72所示。

图2-72 广东省清远桥水毁事故

2013年，7月10日，四川省成绵高速广汉鸭子河大桥出现洪情，部分河堤受损(图2-73)。桥下30多米宽的路基被冲垮，100多河堤被洪水冲垮，导致成绵高速中断。

图2-73 鸭子河大桥水毁事故

2013年7月9日，四川省绵阳地区近两日普降大雨，从北川县唐家河堰塞湖而来的通口河水量激增，导致绵江公路(绵阳至江油)通口河老青莲大桥发生垮塌，有多辆汽车和行人掉入河中，造成桥体垮掉2拱，6人失踪，如图2-74所示。

图2-74 老青莲大桥水毁事故

崇州市怀远定江大桥始建于20世纪60年代，全长约135m。2008年后，该桥被专家鉴定为老旧桥，承载能力有限，已采取限高限重措施，不作为主要交通要道。2010年8月19日上午9时20分左右，崇州市怀远定江大桥因山洪冲刷发生局部垮塌，桥面坍塌三孔，60余米桥身陷入河中，事故造成2人死亡的惨剧(图2-75)。造成此次桥梁局部垮塌的原因是连夜暴雨、洪水不断冲刷，造成桥基悬空，以致桥面垮塌。

图2-75 定江大桥水毁事故

2006年8月1日，在强降水形成的洪水冲击下，202国道上的熊岳大桥发生断裂，致使2座桥墩被冲塌，2孔桥板塌落下沉，造成2人失踪(图2-76)。

图 2-76　熊岳大桥水毁事故

2. 冲刷水毁风险事故分析

水流冲刷对桥涵的冲击作用主要分为两方面：一是水流方向与桥孔位置不一致，从而冲击桥梁的结构，如桥墩等，当冲击荷载超过桥梁设计基础埋深的承受能力时，将造成结构破坏，严重时甚至使墩柱悬空，造成桥梁倾覆；二是桥面被洪水淹没，从而造成梁体错位及侵蚀，影响桥梁上部结构的安全性能。

分析水灾造成的桥梁坍塌事故原因，归纳如下：

(1) 自然因素。由于自然的原因，一些地区的河流遭遇罕见的特大洪水，大多数桥梁孔径长度和基础埋置深度承受不住超标准洪水流量和流速对桥身的冲击力。洪水的产生是多方面的，但是首要原因是持续强降雨等特殊天气条件下，河流水位在短时间内急速猛涨，超过了铁路桥梁规范设计标准的预期，致使设计的桥梁不能抵抗洪水的作用而发生破坏。其次，洪水水量汇聚于水库，随着水量的持续增加，超过水库的承受能力，导致一些容量较低的中小型水库发生溃决，直接导致其下游公路及铁路桥梁的破坏。

(2) 直接人为因素。一些设计单位对于桥址地区的水文、地质资料调查研究不够，水文水利计算有误，造成桥梁设计不合理，如桥址选择不当、孔径偏小、净空不够、下部基础型式选择不当等以及施工质量差、维修养护工作粗放、防护工程不坚固或防护不到位，集中表现为桥梁本身抗洪能力不足。

(3) 间接人为因素。我国在桥梁工程发展初期，受认知水平的限制，没有桥梁设计方面的相关规范，缺少设计依据，再加上当时施工水平的限制，导致一些桥梁出现强度不足、抵抗洪水能力差、基础沉降、施工质量不合格等问题，为桥梁事故的发生埋下了隐患。中华人民共和国成立之初，受当时技术水平的限制，对桥梁设计的地质情况、水文情况的调查不够深入，或由于缺乏相关工作经验，缺乏设计标准，盲目地套用国外的施工和设计经验，未进行适合我国的调整，导致 20 世纪 50 年代初期修建的桥梁经常出现因洪水灾害而破坏的事故，表现为桥梁结构抗洪能力不足，对我国的经济建设造成重大损失。

2.2.4 超载超限风险

1. 超载超限风险事故统计

桥梁超载因素可以分为车辆超载超限和人群超载。其中，车辆超载是指车辆运载的人或货物质量超过行驶证核定的人数或质量；车辆超限是指车辆的轴限质量、车辆的承载总重超过国家规定的限制。超载超限风险是交通事故的主要风险源之一。随着经济社会的发展，公路桥梁运输车辆朝着拖挂化、大型化和集装箱化发展，超载超限车辆逐年增多，给桥梁运营车辆管理提出了更高的要求，也对桥梁结构带来严重的危害[38,39]，一方面，车辆超载因素将导致桥梁结构承载力增加，尤其是长期的超载，将加大桥梁的损伤情况；另一方面，桥梁在长期车辆超载作用下会产生结构疲劳破坏，大大缩短桥梁的使用寿命[40,41]。根据有关调查发现，当汽车载重超过标准载重 1 倍时，行驶公路一次，大约相当于标准载重车辆行驶沥青路面 256 次，行驶混凝土路面 65536 次。

我国目前超载现象非常严重，根据有关部门在某些重点超载区段的调查发现，货载车辆绝大部分都超载 1 倍以上，有的还达到了 5～6 倍。1998～2006 年的统计资料显示[42]，河北省 13 条高速公路中共有 9 条因为大货车超载行驶引发桥梁病害，共有 317 座桥梁发生不同程度的安全事故，其中有 8 座成为危桥[43,44]。2014 年青海省治超领导小组会议数据显示，青海省在 2011～2013 年因为超限超载车辆而损毁的桥梁多达 250 余座，并由此引发交通安全事故 212 起，致使 186 人死亡，327 人受伤。由此可知，车辆超载因素也将极大地增加交通安全事故的发生频率，造成难以挽回的生命财产损失。

超载车辆过多且长期作用于桥梁上，引起桥面铺装破坏，桥梁主体结构开裂，承载能力逐步下降甚至垮塌，其中桥梁垮塌后果是最严重的。与桥梁的耐久性失效不同，耐久性失效有明显的预兆，通过周期性检测可发现并进行加固维修，一般不至于引起桥梁的突然性破坏，而桥梁垮塌具有时间上的突发性，不能用加固维修来防止。尽管超载引起的桥梁垮塌概率极低，但一旦发生，就极易造成极其严重的后果和负面的社会影响。20 世纪 80 年代以来，国内外桥梁超载造成的安全事故见表 2-6。

表 2-6 国内外桥梁超载风险事故

事故桥梁	时间	事故原因及损失
美国堪萨斯州高架人行桥	1981.7.17	人群荷载导致发生桥梁共振，114 人死亡
辽宁省盘锦市田庄台大桥	2001.6.10	超载，3 辆汽车落水
甘肃省山民县县城挑河大桥	2006.5.16	超载，4 人坠桥受伤
江苏省常州市运河大桥	2007.5.13	超载导致桥面坍塌，1 辆汽车坠河

续表

事故桥梁	时间	事故原因及损失
内蒙古自治区包头市丹拉高速桥	2007.10.23	独柱墩超载，4人受伤
云南省昆明市小庄立交桥	2008.12.9	独柱墩超载，2人死亡，4人受伤
津晋高速匝道桥	2009.1.21	独柱墩超载，6人死亡，7人受伤
黑龙江省铁力市西大桥	2009.6.29	超载，8辆汽车落水，17人受伤，1人死亡
江苏省无锡市复新桥	2009.12.26	超载，1辆工程车坠河
江苏省南京市快速路内环西线桥	2010.11.26	独柱墩超载，导致坍塌，7人死亡，3人受伤
吉林省抚松县锦江大桥	2010.5.29	超载导致桥梁垮塌
浙江省上虞春晖立交桥	2011.2.21	独柱墩超载，3辆货车侧翻
新疆维吾尔自治区孔雀河大桥	2011.4.12	超载，桥面坍塌
吉林省长春市某桥	2011.5.29	超载，1辆货车坠河，2人受伤
上海市宝山寺白河桥	2011.7.19	超重，桥梁垮塌
福建省武夷山公馆大桥	2011.7.14	超载，1人死亡，22人受伤
上海市浦东新区康沈路上的南八灶施工钢便桥	2012.5.28	超载，桥梁垮塌
黑龙江省哈尔滨市三环路群力高架桥	2012.8.24	独柱墩超载，桥梁垮塌，3人死亡
广东省G25长深高速公路某桥	2015.6.19	严重超载，造成桥面垮塌，1人死亡，4人受伤
江苏省无锡高架桥	2019.10.10	独柱墩超载，3人死亡，2人受伤

在超载导致垮塌的桥梁中，寿命最长40年，为广东省S347青莲公路桥，最短只有10个月，为哈尔滨市阳明滩大桥，平均寿命为19.73年，远远低于桥梁的设计使用寿命。公路运输超载超限对桥梁结构影响严重。2019年10月10日，江苏省无锡市312国道高架桥货车严重超载，因独柱墩导致桥面发生侧翻，跨桥砸中桥底车辆，通行受阻，事故共造成3人死亡，2人受伤(图2-77)。

图2-77 江苏省无锡市312国道高架桥坍塌事故

2015年6月19日凌晨,广东省G25长深高速公路城南互通立交出口匝道桥一处突然倾覆垮塌(图2-78)。事故造成1人死亡、4人受伤。现场垮塌75m范围内倾覆的4辆大货车满载瓷土,均属于严重超载。该匝道桥于2005年12月建成通车,距事故发生时使用不足10年。事故发生时,超载货车同时集中靠右行驶,导致钢筋混凝土连续叠合梁一侧偏载受力,最终致使匝道倾覆。除超载因素外,酿成桥梁安全事故的间接原因是相关政府部门的管理疏漏,未对超载车辆采取有效的治理措施。

图2-78　G25长深高速公路桥梁坍塌事故

2011年5月29日,吉林省长春市长春大桥上,大挂货车严重超载,导致桥梁倒塌,连同桥面坠入锦江,如图2-79所示。

图2-79　"5·29"吉林省长春大桥坍塌事故

2011年4月12日,新疆维吾尔自治区库尔勒市郊的孔雀河大桥发生部分垮塌(图2-80)。孔雀河大桥是一座中承式钢管混凝土拱桥,桥跨150m,桥宽24.5m,于1998年建成通车,属于314国道的一部分。经过调查分析,事故原因是车辆超载长期作用致使桥梁长期超负荷运营。事故发生时主跨第2根吊杆断裂,进而引起主跨第3、4、5道矮T梁坠落。最后,孔雀河大桥长约15m,宽24.5m的路面发生坍塌。事故造成交通中断,所幸没有人员伤亡。

图 2-80 新疆维吾尔自治区孔雀河大桥坍塌事故

2011 年 7 月 14 日上午 8 点 50 分左右，福建省武夷山公馆大桥北端发生坍塌事故，一辆旅游巴士坠落至桥下约 8.8m 深的河滩，造成 1 人丧生，22 人受伤（图 2-81）。肇事超载货车的准核载为 15.65t，但是事故当天该车运载货物超过 60t，车辆自重 20.6t。根据调查，证实了正是重型货车的严重超载酿成了此次桥梁安全事故。

图 2-81 福建省武夷山公馆大桥坍塌事故

2. 超载超限风险事故分析

车辆超载的形成是有多方面原因的，主要可以分为三种类型：第一种是为了经济利益而出现的违法违规车辆超载，市场经济的发展使得运输成本不断提高，运输市场的竞争越来越激烈，使得运输业主为了追求利益最大化，以最少运输次数完成最大吨位的货运，并且此时我国关于超载相关法律制度并不健全；第二种是随着交通发展，桥梁通行车流量超过原有设计值，且大吨位车辆的使用对桥梁承载力提出了更高的要求；第三种就是较早年代修建的桥梁超龄运营。其中，前面两种超载类型在我国目前较为常见。车辆超载超限的危害主要源自以下几个方面。

1) 桥梁垮塌失效

对于梁式桥梁，超载、重载作用下往往容易造成梁肋连接失效、单梁垮塌破坏等问题，如钱江三桥的引桥垮塌事件。这是因为单辆车辆超载非常严重，使得受重载车辆作用显著的中小桥很容易产生失效风险，单梁无法承担如此大的超载车辆直接作用，造成截面抗弯失效，引起垮塌破坏。对于整体式梁桥，如果桥面宽度较大、采用独墩支撑形式，则其横向倾覆的风险非常显著，近几年广泛出现的独柱墩梁桥横向倾覆垮塌事故就是这一类型，其产生往往是多辆超载、超重车前后密集排队行驶于桥梁一侧，导致桥梁绕着支座的倾覆轴发生翻转失稳，产生结构失效，如江苏省无锡市312国道高架桥坍塌事故。

对于拱式桥，重车的作用往往导致吊杆的失效破断，这其中也有结构强度失效的问题。主要是因为吊杆受到单辆重车的作用明显，当在吊杆位置有超载车作用时，在传统的拱桥梁格桥面板支撑体系下，重车的荷载基本由该处的吊杆承担，吊杆受力直接增大引起失效破断。

对于拉索支撑桥梁，超载、重载直接引起桥梁垮塌失效较难，因为该结构体系中往往恒载占比较大，活载的占比较小，同时结构是超静定体系，受到的单个超载车作用不敏感，但出现全部超载严重的车队作用的概率很小。

总而言之，超载、重载会引起桥梁的垮塌失效，特别是多肋式梁桥会出现单板受力引起垮塌失效，整体式梁桥因为采用独柱墩支撑体系存在横向倾覆风险，拱式桥存在吊杆破断的风险。需要关注车辆超载引起的上述类型桥梁的垮塌失效问题，减少突发性的结构破坏行为。

2) 桥梁构件累积损伤致疲劳破坏

超载、重载引起结构垮塌失效非常关键的过程是构件损伤的累积，这种损伤累积使得构件本身的缺陷及材性的退化不断加强，最终导致构件整体垮塌破坏。损伤累积引起的结构失效中关键问题是疲劳破坏，疲劳是发生在结构标准强度之下的破坏行为，具有脆性破坏特征，会造成非常严重的后果。目前，在桥梁中发生破坏比较严重的是钢构件之间连接、吊杆与主梁连接、正交异性钢桥面板等构件类型。

根据疲劳损伤累积效应，超载车辆的作用越大，连接或构件所经历的疲劳应力越大；由于交通运输量的增加，连接部位或者构件每天所面临的同等应力幅疲劳循环次数增加。根据疲劳强度和疲劳寿命(S-N)曲线，应力幅越高、循环次数越多，则构件的疲劳寿命越短，构件更容易发生疲劳失效和破坏。

3) 桥面系的破损

超载车辆作用于桥面，不仅会对桥面产生较大的竖向静力荷载和冲击荷载，还会产生很显著的冲击效应荷载，导致桥面板局部变形、铺装层压碎、铺装车辙病害等。多项研究表明，桥面系在超载重载车辆作用下的损伤非常显著，随着荷载等级提高，其病害种类的数量呈现指数增长。而铺装层的破坏不仅使桥梁产生较大的挠曲，还会造成桥面的不平整，影响行车的安全性和舒适性。另外，桥面系发生病害后，铺装层破损，在外部环境的雨水及腐蚀物质作用下，桥梁主体构件更容易破坏，混凝土容易碳化失效、钢筋容易锈蚀脆断。同时，这些病害一旦发生，在持续的超载、重载车辆作用下，很容易导致桥梁更进一步的安全问题。

4) 交通事故增加

车辆超载超限使得车辆总质量增大，惯性加大，最终造成制动距离加长，行车危险性增大。此外，如果严重超载，那么会因轮胎负荷过重、变形过大而引起爆胎、突然偏驶、制动失灵、翻车等事故。超载还会影响车辆的转向性能，易导致转向失控而引发事故。驾驶人驾驶超载超限的车辆，往往会增加心理负担和思想压力，容易出现操作失误，影响行车安全，造成交通事故。由于超载超限车辆难以达到正常速度行驶，长时间占用车道，直接影响道路的通行能力。

超载是我国当前面临的非常严重的社会问题，其对桥梁安全和长期使用具有非常严重的影响。应详细分析车辆超载的根源，详细研究超载对桥梁结构性能的影响，需提出相关方法与对策，更加科学、合理地保证货物运输需求及桥梁基础设施的安全。

2.2.5 火灾爆破风险

1. 国内外火灾爆破风险事故

近年来，随着我国交通建设事业的迅猛发展，桥梁火灾事故也频繁发生。当火灾发生在桥梁结构上或结构物附近时就会对桥梁结构的各类构件造成不同程度的损伤，削弱结构的承载能力，严重影响桥梁的行车安全。自然环境中的桥梁发生火灾的形式复杂，火源多样，有桥下堆积物(木材、垃圾等)发生火灾，桥下作业空间(如桥下停车场、桥下建筑等)发生火灾，威胁最为严重的就是油源类火灾(油罐车、油轮及其他油源)。随着经济的快速增长，能源的需求量急剧增大，运输硬脂酸、燃气、燃油(主要成分为烃类)等易燃物的挂车(统称油罐车)越来越多，油罐车燃烧而导致的交通类火灾频频发生。桥梁作为交通要道，由于其所处环境的开放性和监控的盲目性以及消防的滞后性等因素，火灾燃烧往往一发不可收拾。此外，油罐车火灾热量集中，燃烧剧烈，温度峰值很高，对桥梁结构的破坏相比其他火灾更为严重。

世界范围内每年都有多起严重的桥梁火灾事故发生。美国平均每年有37600起交通火灾事故，导致570人伤亡和1.28亿美元的财产损失。纽约运输署曾在2008年开展的18个州的桥梁火灾事故调查指出，有52座桥梁因火灾垮塌，是地震垮塌的2.7倍。下面给出几起典型的美国桥梁因油罐车火灾而垮塌的事故案例。

2004年3月25日，位于康涅狄格州布里奇波特的I-95霍华德(Howard)街跨线桥，主梁为钢梁，车辆追尾事故导致油罐车撞上防护栏，燃油泄漏并引发大火，当火烧至1800～2000℃时，钢梁软化，结构严重受损。

麦克阿瑟梅兹立交桥是美国加利福尼亚州奥克兰一个非常大的立交桥群，连接奥克兰、伯克利和旧金山的5条高速公路在这里交汇，是当地重要的交通节点。其中南向的I-880州际公路从东向的I-580下穿行。2007年4月29日凌晨4时左右，一辆行驶在I-880上的汽油运输车在变道时翻车，汽油外漏并引发大火，而事故地点就在I-880与I-580相交处(图2-82)。大火导致I-580高架桥的钢盖梁受高温软化并垮塌，22min导致上部结构2跨倒塌。共花费了900万美元进行修复，时长26d，每日造成旧金山湾区经济损失600万美元。

图2-82　麦克阿瑟梅兹立交桥火灾事故

2009年7月15日，美国I-75高速公路的一座立交桥附近油罐车与其他路过车辆发生碰撞，油罐车运送的易燃物品发生泄漏导致该桥出现灾情，该立交桥属于钢结构桥梁，高温导致结构的承载能力迅速下降，梁体倒塌，造成较大的经济损失和重大交通延迟。2017年3月30日，美国亚特兰大I-85州际公路某公路立交桥由于不明原因出现灾情，大火导致该公路段某主线桥梁崩塌，造成严重的交通堵塞，当地官员称这场火灾将带来长期的"交通危机"，大火迫使州际公路关闭，晚高峰车辆只好绕行，影响严重。

2013年5月，美国两油罐列车相撞，致使得克萨斯州科罗拉多河的高架桥起火连续倒塌，像多米诺骨牌效应。其他著名的大桥也发生过重大油罐车火灾，如美国加利福尼亚州的I-20、I-59、I-65立交桥、康涅狄格州的I-95段高架桥、康涅狄格州的诺沃克河大桥、阿肯色州的比尔·威廉姆斯河大桥等。

2017年3月30日晚上，美国佐治亚州85号州际公路(I-85)北行线400号公路以南的一座大桥(该桥梁为预应力混凝土T梁)发生火灾，40min后，桥梁垮塌(图2-83)。

图 2-83 美国 I-85 公路桥梁垮塌

2019 年 9 月 14 日,亚利桑那州科罗拉多河上某一铁路桥梁发生火灾,该桥于 20 世纪初完工通车,大火导致桥面和桥墩受损严重,沿岸的植被也被烧毁(图 2-84)。

图 2-84 亚利桑那州铁路桥火灾事故

2016 年 4 月 27 日,位于加拿大迈耶索普(Mayerthorpe)的一座铁路桥遭遇大火吞噬,在高温作用下,该桥在短短 25s 之内就发生了垮塌(图 2-85)。

图 2-85 迈耶索普铁路桥火灾事故

我国幅员辽阔,地形条件多样,交通状况相对比较复杂。据不完全统计,我国每年发生火灾的桥梁有几十座,以油罐车火灾最为严重。尤其近年来,我国每年均有多座桥梁发生不同程度的油罐车火灾，大部分拆除重建，影响了交通运输质量、造成经济损失，严重威胁人民的生命财产安全。发生火灾的桥梁型式多样，包括索桥、梁桥等；发生桥梁火灾的道路复杂，从跨海大桥、江河大桥、沿江高速公路高架桥、立交高架、城市快速干道高架桥到普通的小型桥涵，均发生过不同程度的火灾。表 2-7 列举了 15 起桥梁火灾事故发生原因及产生的后果。

表 2-7 我国火灾风险事故

桥梁	时间	起因	造成后果
广东省虎门大桥	2007	多辆油罐车碰撞，燃料泄漏至桥面形成大面积火灾	桥梁栏杆受损严重
沈海高速公路某高架桥	2010	油罐车途经时翻车导致起火	高架桥多跨梁体严重损伤，交通中断
浙江省丽水高架桥	2011	油罐车翻车引发火灾	梁体因烧损严重，无法评估剩余承载能力而拆除
陕西省榆林市榆阳草沟大桥	2011.8.2	油罐车与运煤车追尾造成油罐车泄漏起火发生爆炸	流淌火造成 8 辆货车烧毁，国道桥面燃烧变形，梁体损毁严重
金丽温高速剑石隧道高架桥	2011.8.16	装载化学品货车爆炸起火	高架桥路面变形严重，两跨小箱梁、桥墩预应力束烧到暴露，道路无法通行
陕西省宝鸡市南关路立交桥	2011.9.28	桥下堆积物及易燃物自燃	部分预应力波纹管暴露，梁体受损严重
辽宁省沈阳市桃仙国际机场 T2 航站楼高架桥	2012.2.21	旅客随意扔弃烟蒂，引燃施工工地围网	查明火情，及时扑灭
重庆市内环快速路高家花园大桥	2012.8.27	拉运泡沫板货车油箱起火	大火导致桥面严重受损，桥下厂房被引燃
广东省沿江高速南岗段高架桥	2012.6.29	货车与油罐车追尾，导致油罐车溶剂油泄漏引发爆燃	该桥结构不同程度烧伤，灾害波及周边货物堆场、工棚，损失惨重
辽宁省沈阳市高速公路金州匝道桥	2013.3.29	货车装载的机油不慎摔落桥下引发火灾	火烧超过半小时，桥面栏杆变形
河南省义昌大桥	2013.2.1	装载烟花爆竹的货车发生爆炸事故	义昌大桥半幅被毁，桥面坍塌，造成 13 人死亡，9 人受伤
北京市海淀区北五环肖家河桥	2014.1.18	桥下违建彩钢板房和电动车、配电柜引起火灾	大火正上方的地面水泥脱落，邻近桥体底面和桥上护栏完全被熏黑
京港澳高速公路刘江黄河特大桥	2016.2.28	两货车追尾引发车载易燃物着火	附属构件未受到明显损伤，主体结构跨中区域顶部混凝土损伤严重
新疆吐和高速公路无名沟 8 号中桥	2016.4.15	一辆原油运输罐车连续下坡，车辆失控侧翻后起火，原油泄漏并燃烧	桥下墩台、板梁底板等多处受到不同程度损伤
G80 广昆高速公路平锁段	2017.6.21	一辆柴油运输罐车车速过快，制动不及发生侧翻燃烧	上行线 K1177+810.39 桥、下行线 K1177+800 桥梁板、墩柱及盖梁、支座均有不同程度损坏

2007年，广东省虎门大桥上发生多辆油罐车碰撞，燃料泄漏至桥面形成大面积火灾、桥梁栏杆被烧成波浪形；过坑高架桥位于沈海(沈阳—海口)高速公路主线，2010年，一辆油罐车途经该桥时翻车起火，大火造成过坑高架桥多跨梁体严重损伤，并导致沈海高速公路泉州段交通中断；2011年，浙江省丽水高架桥上运输硬脂酸的油罐车发生火灾，致使两跨80m梁桥(8片预应力混凝土箱梁)因烧损严重无法评估剩余承载能力而拆除；同年，在G210国道陕西榆林城区过境线草沟大桥，一辆油罐车发生爆燃，事故导致草沟大桥梁体变形严重、腹板开裂、终被拆除；2012年，广东省沿江高速公路南岗段高架桥多跨预应力混凝土连续梁遭遇严重的油罐车火灾，损失惨重；2017年，G80广昆(广州—昆明)高速公路发生油罐车火灾(燃烧物为柴油)，桥梁损坏严重，部分需要更换。

2013年2月1日上午9时许，河南省义昌大桥发生严重垮塌事故。该桥位于连霍高速洛三段K741+900M处，事故发生原因是一辆载满烟花爆竹的货车正由西向东驶过大桥，突然发生爆炸，致使义昌大桥南半幅被毁，北半幅桥出现松动现象，长约80m的桥面垮塌，6辆大车、2辆小车坠落，人员伤亡惨重，总共造成13人死亡，9人受伤。经过调查分析后，义昌大桥事故被定性为涉嫌违法生产、装载和运输引起的重大责任事故。大桥垮塌事故中的肇事车辆司机没有营运烟花爆竹资质，以"百货"名义，拉运非法制造的烟花爆竹拟前往河北省。该车辆在途中曾紧急刹车，致使车内易燃易爆品在摩擦和撞击作用下发生爆炸，直接导致义昌大桥垮塌(图2-86)。同时，河北省石家庄市运输管理部门也存在管理不善的问题。

图2-86 义昌大桥爆破事故

2. 火灾爆炸风险分析

对于桥梁火灾，我国研究主要集中在温度变化对结构与材料的力学性能变化的影响，以及火灾高温条件下，桥梁防火性能参数与灾后桥梁结构的修复加固等方面。桥梁火灾通常有以下几类基本构成要素：重大风险源或运输危险货物车辆位于桥梁结构附近；某些客观因素或主观因素满足使风险源可能进入危险发生状态(如运输危险货物车辆发生碰撞、泄漏、交通事故、明火、气象因素等)；灾害发生地位于开阔空间使得火源迅速传播。以上火灾爆炸事故列举中不难看出，桥梁火灾发生具有以下特征。

(1) 形式多样。桥梁火灾可能是交通事故、爆炸事故、桥梁附近堆积易燃物、附近风险源火灾等原因导致。

(2) 发生突然。桥梁火灾出现的条件复杂，且发生时具有很强的突发性，蔓延速度快，属于发生起因、发生时间、传播方向等均不可预料的灾害。

(3) 受损严重。桥梁工程是为跨越不同障碍而建的建筑物，桥梁火灾事故发生地往往远离消防中心，这就致使灾害发生时可能不会得到及时应对，势必会影响该路段的正常活动。重大火灾事故往往会严重破坏事发地周边环境，给当地环境和经济带来很多难以解决的问题。

(4) 修复困难。由于风向等气象因素造成火势蔓延，危害区域逐渐扩大，灾害处理范围随之增大，后期不光要对桥梁结构进行损伤评估，还要对周边建筑与环境进行修复。

(5) 长期影响。火灾发生地的生态环境会遭到严重破坏，由此产生的后果在很长时间内难以消化，同时也对道路交通造成严重影响。由于事故发生后桥梁的修复很难在短时间完成，无法立即满足承载力的要求，一般需要长时间的维护和修复才能逐渐消除影响。

(6) 不确定性。桥梁火灾的不确定性总结为发生部位的不确定性、原因的不确定性以及危害程度的不确定性。

灾害发生部位的不确定性：通常桥梁火灾发生的部位有桥墩、桥面下方、桥梁塔柱内部、悬索、拉索、拉杆、钢架及桥面与塔柱或钢架结合处等，发生事故的部位决定了火势可能的传播方向，又由于结构等的不同，火势扩散速度也不同。

灾害原因的不确定性：桥梁火灾事故原因通常包括附近环境、附近易燃易爆场所、运输货物等；此外，如危险货物的量、类别，次生危害和环境破坏能力不确定。

灾害危害程度的不确定性：桥梁火灾事故发生致使交通中断或限行，车辆绕行，不仅影响经济发展，也容易造成公共资源的浪费，不同路段的破坏，造成的危害程度也是千差万别。

3. 桥梁结构火灾风险受损分析

把握火灾后桥梁损伤特点，对桥梁火灾风险评估具有重要意义。分析火灾对桥梁结构及其各部件的损伤特点，需综合大型桥梁结构自身特点。以预应力混凝土连续刚构桥和连续梁桥为例,根据火灾发生的位置不同,其对混凝土主梁的损伤随之不同。

1) 火灾对主梁的损伤

若火灾发生于桥面上,则最先烧伤或烧毁桥面铺装层,进而使高温作用于主梁造成损伤。若火灾发生于预应力混凝土连续刚构桥或连续梁桥桥面,则会导致受压区纵向预应力发生损失,锚固竖向预应力钢筋的锚头亦会发生损伤。一般情况下,由于护栏的存在,桥面的火灾不会导致桥梁结构主梁下部发生损伤,且由于桥面铺装层的存在,主梁损伤稍有滞后。

若火灾发生于桥梁(如预应力混凝土连续刚构桥或连续梁桥)结构之下,则随着火灾时温度的升高,受拉区混凝土的抗拉、抗压强度,普通钢筋和预应力钢筋的抗拉强度均会减小,且它们的弹性模量及混凝土和钢筋之间的黏结性都会降低。随之而来的便是桥梁下挠、开裂等问题,严重者会出现混凝土大面积脱落、预应力钢筋应力完全损失、钢筋熔断甚至垮塌。

2) 火灾对桥梁支座的损伤

盆式橡胶支座和板式橡胶支座是目前混凝土桥梁中常用的两种支座类型,火灾时对桥梁支座的损伤主要是因为火焰直接灼烧橡胶支座,或直接灼烧橡胶外层的钢板,使其受高温作用而变形,进而降低支座承载力。而火灾后支座的损伤主要表现在支座橡胶烧熔、支座剪切变形过大以及烧毁支座垫石或垫石下混凝土剥落。

由于连续梁桥支座处负弯矩较大,若火灾烧伤其支座而发生沉降,便会在负弯矩区产生较大的次内力,有可能导致负弯矩区发生开裂。而对于简支梁桥(T梁桥或空心板梁桥),支座过火损伤后会使各片梁产生不同的下沉,进而影响多片梁的横向分布系数,严重时有可能会出现单梁、板受力的现象,从而威胁桥梁结构的正常使用性能。

3) 火灾对桥梁墩柱的损伤

若桥梁墩柱被周围易燃堆积物灼烧,则其有可能发生混凝土压碎破坏。这主要是因为混凝土桥梁墩柱为轴心受压或者偏心受压构件,若遭遇火灾,混凝土抗压强度下降,则极易被压碎。火灾时桥梁墩柱还可能发生混凝土大面积脱落以及钢筋外露破坏。

4) 火灾对桥面铺装及护栏的损伤

若火灾发生在桥面,首先破坏的就是桥面铺装。目前桥梁桥面铺装多采用沥青混凝土铺装层,若火源(一般情况为两车相撞爆炸或易燃易爆车辆翻车所致)直接在桥面铺装上燃烧,便会造成桥面大面积损伤。一般高速公路的沥青铺装层厚约为10cm,火灾致其损伤深度约为4cm。

一般桥梁的护栏分为钢护栏和混凝土护栏。对钢护栏而言,桥梁发生火灾时在高温作用下，极易发生变形而影响其对车辆的保护作用；对混凝土护栏而言，若桥面发生火灾，在高温作用下，混凝土会出现大面积剥落、普通钢筋外露，同时，混凝土护栏亦会出现横向、纵向的裂缝，且主梁与护栏底座的连接容易发生松动。

5) 火灾对伸缩缝的损伤

异形钢齿型伸缩缝、异形锯齿型伸缩缝以及毛肋伸缩缝是目前桥梁中常用的伸缩缝。若桥梁发生火灾，伸缩缝可能出现的损伤有伸缩缝的橡胶条被烧焦、钢板被烧变形，严重者伸缩缝会完全烧毁，桥梁端部混凝土发生破损。

2.2.6 地震风险

地震是地壳快速释放能量过程中造成的震动。据统计，全球每年大约发生500万次地震，但其中绝大部分是小地震，只有1%的地震是人类可以感觉到的。平均每年能造成破坏性灾害的地震大概为十几次。地震与地质构造有密切关系，是地壳运动的一种表现，多分布在地壳不稳定的地方。世界主要地震带集中在环太平洋地震带和欧亚地震带。其中，环太平洋地震带是地球上最活跃的地震带。全球85%以上的地震都发生于此，释放了全世界75%以上的地震能量。近年来，环太平洋地震带活动尤其活跃，如1995年日本阪神大地震，经济损失、人员伤亡惨重，为历史罕见。我国位于世界上两大地震带之间，部分地区就属于两大地震带的组成部分，因此地震活动强烈且频率较高。资料显示，我国大陆地震大约占世界大陆地震的1/3。我国地震主要分布在4个片区：东南部的台湾和福建、广东沿海；青藏高原和四川、云南西部；华北太行山沿线和京津唐地区；西北的新疆、甘肃和宁夏。从地震发生的历史来看，全国除个别省份外，几乎都发生过破坏性地震。

桥梁作为交通线上的枢纽工程，是防灾减灾生命线工程的重要环节。地震对桥梁结构的毁坏将造成城市交通网络的中断，加重次生灾害和抗震救灾工作的难度。根据交通运输部公布的数据得知，2008年汶川地震对公路、桥梁、隧道各类交通基础设施损毁的直接经济损失高达670亿美元，其中桥梁损毁最为严重。同样，1995年日本阪神大地震中桥梁受损严重，部分高架桥倒塌，著名的"新干线"铁路和三条高速公路完全中断，对经济造成重大损失。

地震灾害破坏性极强，给桥梁结构带来的损害也极大。因此，调查与分析过去桥梁震害的基本情况和产生的原因，从中总结经验教训，可以为建立改进的抗震设计、评估方法提供科学依据，进而采取更为有效的抗震措施，减少桥梁震害安全事故。

1. 桥梁上部结构震害现象

桥梁上部结构的震害根据产生的原因不同可以细分为上部结构自身产生的震害、上部结构的碰撞震害和上部结构的移位震害。

桥梁由于上部结构自身产生震害而被毁坏的情况较为少见，这种情况曾出现在少数由地震引发的桥梁安全事故中，主要是钢结构的局部屈曲破坏。1995年日本阪神大地震中就曾出现钢箱梁底板以及侧壁屈曲破坏的例子。

桥梁上部结构产生碰撞震害的主要表现形式包括上部结构与桥台的碰撞、上部结构相邻跨的碰撞和相邻桥梁之间的碰撞。由于地震作用的影响，桥梁结构产生的碰撞可能产生非常巨大的碰撞力，致使结构受到严重破坏。

移位震害作为桥梁上部结构震害的一种，在破坏性地震中非常常见。移位震害具体表现为桥梁上部结构的横向移位、纵向移位和扭转移位。在地震中，桥梁上部结构的纵向移位和落梁情况更为常见。实际情况中，移位震害较常出现在设置了伸缩缝的位置。落梁情况是移位震害造成的更为严重的后果，如果还发生了撞击桥墩的情况，会给下部结构带来巨大的破坏。图2-87为汶川地震中213国道上的桥梁损毁，由于产生较大纵向位移，该桥某跨发生落梁，导致桥梁损毁。

汶川地震中，百花大桥第五联完全倒塌，切断了生命运输线，图2-88为该桥第五联垮塌的情况。该桥第六联桥台设置双向滑动支座，在18号墩后1.73m处设托座(牛腿)，托座上面安放了双向滑动支座，19号墩为固定墩。垮塌的第五联处在半径为66m的圆曲线上，是5×20m连续梁。而第五联的第五跨梁左端设置在托座上，16号墩采用固定支座。掌握的该桥第五联和第六联的墩高数据显示，第五联16号固定墩墩高26.9m，第六联19号固定墩墩高仅为7.1m，两个固足墩的墩高差距非常大，而第五联和第六联的动力特性及整体刚度相差也较大，导致托座处第五联左梁端和第六联梁端发生大于60cm的位移，并且桥梁没有相应的横、纵向连梁构造措施，最终导致落梁事故，并对下部结构形成冲击进而导致整体倒塌。

图2-87 汶川地震中213国道上桥梁损毁

图2-88 汶川地震中百花大桥第五联垮塌

图 2-89 是 1994 年美国加利福尼亚州北岭地震中 Gavin Canyon 跨线桥两跨落梁的情景。这座桥梁始建于 1967 年,两个分离的钢筋混凝土箱梁组成了该桥的上部结构。该桥桥墩为双柱式桥墩,下部支承与桥轴线方向成 24°,斜交臂一端由桥台支承,另一端通过托座安置在中跨梁上。值得注意的是,此处托座宽度只有 20cm,而现行的 Caltrans 规范要求此类托座宽最小值为 76cm。1974 年,Gavin Canyon 跨线桥安装了纵向约束装置。由于桥梁的斜交设计和托座连接处支撑面过窄,在此次地震中,Gavin Canyon 跨线桥的第二跨和第四跨完全倒塌,而其纵向约束装置也受到损坏,未能发挥作用。

图 2-89　1994 年美国北岭地震中 Gavin Canyon 跨线桥落梁震害

1995 年 1 月 17 日,日本关西地区发生了里氏 7.3 级阪神大地震,震中距离神户市中心大约 20km。此次地震的地震动一共持续了将近 20s,对神户地区的所有公路、铁路和快捷交通系统造成严重破坏,整个都市陷入完全瘫痪状态。根据当时日本道路协会(Japan Road Association, JRA)的震害调查结果,地震中共有 320 座桥梁遭受破坏,其中大概 27 座桥梁受到严重破坏(图 2-90)。

图 2-90　1995 年日本阪神大地震中落梁震害

2. 桥梁支座震害现象

支座是用来连接上部结构和下部结构的重要结构构件。桥梁支座对于整个构件非常重要,主要作用包括以下三个方面:一是传递上部结构的载重到下部结构;二是容许上部结构因温度变化产生的桥梁轴向伸缩;三是容许桥梁因固定荷载及活载变位时产生的上部结构转动。

桥梁支座破坏是桥梁体系破坏现象中非常常见的一种(图 2-91),例如,1995年日本阪神大地震的数据调查显示,桥梁的支座破坏比例达到了调查样本总体数目的 28%。一般而言,梁的纵向、横向位移过大,支座本身抗震设计不足或者构造措施不足,综合起来就会致使支座产生破坏。支座破坏的形式主要表现为支座脱空、移位、撕裂以及锚固螺栓变形、拔出或剪断等。

(a) 活动支座脱落　　　　　　　　　(b) 三维铰支座劈裂

图 2-91　桥梁支座震害

3. 桥梁下部结构震害现象

桥梁的下部结构包括桥墩、桥台和基础,其发挥的主要作用是支承上部结构,同时将上部结构传来的荷载及本身的自重传递到基础。而桥梁下部结构的严重震害将会引起桥梁垮塌,而且会给灾后重建带来较大困难。

1) 桥墩破坏

搜集的由地震引起的桥梁安全事故(图 2-92)数据显示,钢筋混凝土结构为桥梁的主要结构类型。钢筋混凝土墩柱的主要破坏形式为剪切破坏、弯曲破坏和弯曲-剪切破坏三种情况。其中剪切破坏为脆性破坏,会出现结构刚度和强度急剧破坏的现象;而弯曲破坏为延性破坏,会出现较大的塑形变形。一般而言,粗矮的桥墩容易出现剪切破坏现象,相对高柔的桥墩容易出现弯曲破坏,而处于两者之间的,会出现弯曲-剪切破坏。并且,桥墩在强震下的破坏模式还可能出现以下几种情况:

(1) 由于纵向钢筋锚接长度不足,产生纵向钢筋被抽出的破坏。

(2) 纵向钢筋搭接长度不足而导致搭接破坏,或者同一断面主筋搭接比率太高而导致破坏。

(3) 桥墩因为约束力不足,造成韧性不足的破坏。

(a) 1994 年美国北岭地震立交桥桥墩弯曲破坏

(b) 1995 年日本阪神大地震墩柱弯曲破坏

(c) 1971 年美国圣菲南多地震立交桥墩柱剪切破坏

(d) 1999 年我国台湾集集地震高架桥实体矮墩剪切破坏

图 2-92　地震引起的桥梁桥墩破坏

2) 桥台破坏

桥台处于桥梁的两端，作用是支承桥梁上部结构，并使桥梁与路堤相连，以抵御路堤土压力，防止路堤填土滑坡和坍落。桥台破坏的情况也时常发生，具体表现形式为桥台倾斜、滑移和开裂(图 2-93)。

(a) 2008 年汶川地震桥台胸墙震害

(b) 2008 年汶川地震桥台护坡垮塌

(c) 2008年汶川地震桥台破坏

(d) 1999年我国台湾集集地震桥台向后倾斜

图 2-93　桥梁桥台震害

3) 基础破坏

桥梁的基础一般是桥墩和桥台中使全部荷载传到地基的底部奠基部分，它起到确保桥梁安全使用的关键作用。震害资料表明，在国内外许多地震中，基础破坏是重要震害现象之一。由于基础往往深埋于土层中，当发现震害情况时一般已经产生较严重的后果。而导致桥梁产生基础震害的主要原因是地基失效，常见的有地基液化和土体滑移。在我国，如 1966 年邢台地震、1975 年海城地震、1976 年唐山地震以及 2008 年汶川地震等，均出现广泛的液化与软土震陷，引起桥梁基础震害。根据中国地震局汶川地震调查小组数据，共发现了 115 个液化点，地震液化范围几乎囊括了所有主震区。在国外，1989 年美国加利福尼亚州洛马·普里埃塔(Loma Prieta)地震和 1995 年日本的阪神大地震(图 2-94)中，也有大量由地基失效引起的桥梁基础震害情况。例如，洛马·普里埃塔地震中，最大的损坏发生在软土地上较旧的桥梁，如 880 号州际公路赛普里斯高架道路路段的高架桥。该路段建在西奥克兰不良土质上，其中，某穿过 Struve 沼泽的公路桥梁桩基破坏从而引发桥梁垮塌。原因是桩基与周围土壤发生了 35~45cm 的脱空，进而导致地基土对桩基的横向约束力偏小。

(a) 美国洛马·普里埃塔地震桩头处剪切破坏

(b) 美国洛马·普里埃塔地震承台破坏

(c) 日本阪神大地震桩基与承台联结失效　　　(d) 日本阪神大地震桩头处剪切破坏

图 2-94　桥梁基础震害

2.2.7　人为破坏及恐怖袭击风险

安全是桥梁设计基本原则中的核心，桥梁的设计不仅要满足正常使用条件下桥梁的整体性和稳定性要求，还必须具有能够承受一定偶然事件的能力。目前，对于正常使用状况下桥梁的结构设计已日趋成熟，越来越多的研究者将注意力转向偶然事件与桥梁风险评估等领域，意在分析和评估桥梁在各个时期可能遇到的风险事件，以便调整相应结构设计以及采取有效的防治措施。

恐怖主义作为桥梁风险评估中需要考虑的一项因素，自其出现之日起，就严重威胁人类社会的和平与发展。恐怖袭击受到社会高度关注是在发生震惊世界的美国 9·11 事件之后，世界各国纷纷针对恐怖袭击事件拟定了一系列的应对措施，而且卓有成效。

目前，恐怖主义在组织形态和活动手法方面，都出现一些新的特征，恐怖分子所选择的袭击目标已不限于政府办公大楼、地铁和机场等人群容易聚集的场所。桥梁作为交通基础设施中的咽喉，且暴露于外界环境中，包括恐怖分子在内的任何人都能轻易进入。2007 年伊拉克首都发生自杀式炸弹袭击桥梁事件，袭击者在桥中央引爆炸弹，桥梁瞬间垮塌，造成至少 10 死 26 伤。更令人震惊的是，2005 年伊拉克阿扎米亚大桥踩踏事故源于一句恐怖谣言"有人体炸弹"，竟造成 841 死 323 伤。因此，无论是何种恐怖袭击方式，都可能造成严重影响，轻则桥面损毁，重则整桥垮塌，带来的不仅是经济损失，还可能会有人员伤亡，更将严重影响今后的交通运输等，给社会造成深远影响。近年来，世界范围内的桥梁受到恐怖袭击的事件数量呈上升趋势，且影响也越来越大，除此之外，针对当今复杂多变的国际局势，为了国家国防安全，尤其是一些具有国防战略意义的桥梁，我们必须要考虑恐怖袭击对桥梁的危害，为避免或尽可能减少恐怖袭击给桥梁和社会带来的损失，非常有必要对重要桥梁进行反恐设计。统计近年来国内外的桥梁所遭受的恐怖袭击事件见表 2-8。

表 2-8 近年来桥梁袭击事件汇总表

时间	地点	桥梁	袭击方式
2002.2.23	哥伦比亚	某公路桥梁	军事行动
2006.7.14	黎巴嫩	贝鲁特桥梁	军事行动
2007.4.12	伊拉克	萨拉非耶大桥、杰迪里亚夫大桥	汽车炸弹
2009.5.26	菲律宾	某公路桥梁	炸弹炸毁
2009.10.17	伊拉克	某公路桥梁	自杀式卡车
2012.5.1	美国	布雷克斯维尔-诺斯菲尔德高架桥	军用炸弹
2014.8.19	乌克兰	某铁路桥	炸弹袭击

一切恐怖袭击活动，都有其目的性，无论从经济价值还是社会影响的角度去考虑，恐怖分子若选择桥梁为袭击目标，首先想到的应是国家标志性桥梁以及交通干线中的控制性桥梁。总结桥梁遭受恐怖袭击的主要特点如下：

(1) 难以实施全面安检。公共交通中的桥梁容易接近，且车、船流量大，若对所有通过人员和车船进行危险品检查，就违反桥梁交通建设便民、为民的初衷，反而增加出行负担。

(2) 空间独立，救援难度大。桥梁作为道路交通中相对独立的空间，跨越山河、沟谷等，如果出现恐怖袭击事件，救援工作难以开展。桥梁出入口相对狭窄，急于逃生的人群可能会发生拥堵或踩踏等事故，更会增加救援工作困难。

(3) 社会影响较大。恐怖分子若选择桥梁为袭击目标，严重时可导致桥梁倒塌、车辆坠毁，不仅会造成严重的人员伤亡，还会影响后期的交通运输，给社会造成深远影响。

我国公路桥梁恐怖袭击情况较少，人为破坏现象相对较多。辽宁省沈阳市浑南区的富民桥是一座双塔式斜拉桥，自 2003 年底正式通车以来，其附属的电力设施时常遭到不法分子的破坏，其中变电箱、大桥两侧的箱式变压器都曾多次被破坏和被盗，造成直接损失近 30 万元。江苏省淮安市黄码大桥在 2011 年 10 月底进行例行检测时，被鉴定为四类桥梁(危桥)，从建成到现在前后仅仅十几年，其主要原因是桥头安全防撞墩遭人为破坏。人为破坏的主要形式还有人为拆除和挖沙取土，这些都给桥梁带来了很大的安全隐患，如挖沙取土造成一些桥梁基础外露，甚至基础倾斜、下沉，严重威胁桥梁安全。

为了遏制和及早控制一些人为破坏的桥梁事件，我们要进一步完善法律对桥梁的监管范围和加大非法破坏桥梁行为的惩罚力度。除此之外，可以利用数字化技术，尤其是对大跨径和所处环境复杂的海湾大桥设置中央监视系统，让大桥的健康状况和紧急情况都在管理人员的实时掌握之中,及时对桥梁的运营状况进行评估,以便能及时做出应对措施。

2.3 桥梁内部风险源

2.3.1 设计风险

在桥梁建设事业不断发展的过程中,其自身设计不足所导致的桥梁坍塌事故时有发生。设计上的细微错误会在实际工程中得到无限放大,导致工程事故发生。我国规范、欧洲规范、美国各州公路及运输协会(American Association of State Highway and Transportation Officials, AASHTO)规范中的桥梁设计使用年限都为100年(其中英国规范(BS5400)中规定桥梁设计使用年限为120年)。近年来部分国外学者指出,对于耗资巨大的大型工程应该将寿命年限提高至150年甚至200年(意大利墨西拿海峡大桥的设计使用年限就为200年)。毫不夸张地说,桥梁设计是"百年大计",并且随着桥梁工程的进一步发展,对于设计这一环节提出更高的要求[45,46]。但是目前的实际情况却不容乐观,根据李亚东教授收集的181座桥梁安全事故的统计分析,从桥梁通车到事故发生的平均时间仅为29年,其中中国25年、美国24年、欧洲39年。当然,这样的情况是多方面的综合因素导致的。

从设计层面来看,一方面,桥梁发展初期,设计理论本身存在不足,如今桥梁发展朝着大跨度、轻柔化等高难度领域迈进,且步伐加快,部分相关领域的认知水平和理论研究还未成熟,因而埋下设计不科学的隐患;另一方面,过快的建设速度导致不合理的设计周期,造成设计缺陷以及设计错误。国内外由设计缺陷导致的典型桥梁风险事故见表2-9。

表2-9 桥梁由设计缺陷导致的风险事故

桥梁	时间	事故原因及后果
加拿大魁北克大桥	1907.8	大跨度设计缺陷,桥体坍塌,75人死亡
加拿大魁北克大桥	1916.9	设计承载力的缺陷,桥体坍塌,20人死亡
英国苏格兰泰河铁路桥	1879	设计缺陷,73人死亡
美国塔科马大桥	1940.11	设计缺陷,导致桥梁风致破坏
中国浙江省宁波市招宝山大桥	1998.9	设计不足,导致桥梁断裂
中国重庆綦江彩虹桥	1999.1	设计建造不规范,40人死亡
中国四川省宜宾南门大桥	2001.4	悬吊设计不合理,桥面断裂,2人死亡,2人受伤
美国利罗伊赛尔蒙桥	2004.4	桩基设计失误,导致桥体倒塌
美国I-35W大桥	2007.8	承载力设计不足,桥梁坍塌,13人死亡,145人受伤

在桥梁建设早期,由于设计体系的不完善,还发生过许多类似的桥梁安全事故。1879年,英国苏格兰泰河铁路桥(Tay Rail Bridge)在暴风雨作用下倒塌,一列火车坠入河中,造成73人死亡。调查分析表明,该事故是由于在设计阶段对静风作用考虑不足,风荷载取值太低。1928年,美国新泽西州的一座敞开式公路桥垮塌,原因是在最初结构设计时,设计者只考虑静荷载而忽略了动荷载对桥梁结构的影响。1940年,美国的塔科马大桥也是由于对风荷载认识不足从而设计存在缺陷,最终导致大桥损毁。

加拿大魁北克大桥(Quebec Bridge)因设计缺陷曾发生两次严重破坏事故(图2-95)。第一次事故发生于1907年8月29日,当时该桥主跨悬臂拼接已经快要完成,由于大桥南侧下弦杆缀条薄弱而发生严重破坏事故,造成75人丧失。第二次事故发生于1916年9月11日,当使用千斤顶提升5000t的悬挂孔时,支承铸件突然破裂、悬挂孔落入河中。两次事故共造成95人丧失。

(a) 1907.8.29　　　　　　　　　(b) 1916.9.11

图 2-95　魁北克大桥破坏事故图

位于美国佛罗里达州坦帕市的利罗伊赛尔蒙桥(Lee Roy Selmon Bridge),桥梁上部结构箱梁采用预制节段拼装施工,原计划于2005年夏天完工。2004年4月13日,位于第50号大道出口附近的第2跨梁突然坍塌。事发时,其中一跨梁还在施工中,用于支撑箱梁节段的下行式桁架还未拆除。起初分析认为,局部地基土不稳定和额外的桁架重量导致桥墩下沉了约4.6m,进而引发上部梁体坍塌。但调查发现,引发事故的真正原因是设计失误。设计单位设计的桩长普遍不够,在地基土条件原本就很差的情况下,桥墩不能承受上部结构传递下来的荷载。

设计理论本身的缺陷引起的桥梁事故经常出现在新型结构或跨度超越等探索性工程中,一些工程设计者盲目创新,追求新颖,缺乏严密的科学试验证明和相应的实践积累,造成了不可挽回的损失。我国1987年施工的四川达县州河大桥,为跨度190m+70m的混凝土斜拉桥,采用独塔构造,另一端拉索按空间布置直接锚在山体上,利用了桥头地形特点,省去一个索塔,结构新颖,但是正当桥梁合龙时，主梁混凝土突然破坏坠落，并造成16人死亡的重大事故。

1998年9月24日晚上7点50分左右，即将合龙的招宝山大桥因设计问题出现重大桥梁安全事故。招宝山大桥主桥采用独塔双索面不对称设计，是单箱双室混凝土斜拉桥，全长2482m，主跨258m，斜拉桥部分主梁高2.5m，桥梁宽度29.5m。招宝山大桥于1995年5月动工，1998年3月主塔封顶，同年8月岸侧合龙，然后开始进行单悬臂现浇施工。事发当日，也就是1998年9月24日凌晨4点25分左右完成23块箱体的灌注工作。据称，当时一主梁连续发出两次沉闷的断裂声，桥面和钢索随即出现剧烈抖动。幸而施工人员及时撤离，没有造成人员伤亡。经过对事故原因的深入调查，最后认定造成此次事故的直接原因是设计问题，大桥主梁设计结构单薄，特别是底板厚度过薄，有效截面不足，最终致使受压区实际应力偏大。

美国明尼苏达州密西西比河流域I-35W大桥，是连接圣保罗和明尼阿波利斯两座城市的高速公路桥。2007年8月1日下午6点左右，大桥发生垮塌事故。短短4s内，大桥断为3截坠入密西西比河中。该起事故共造成13人死亡，145人受伤。美国明尼苏达州I-35W大桥是一座上承式钢桁架拱桥，全长581.3m，最大跨径为139.6m，桥体最高处距离河面20余米，桥梁总宽度为32.9m，桥上共有双向八车道，正常运营期间，大桥上每天通行的车辆超过14000辆。事故发生时，I-35W大桥正在维修，当时只有两条车道允许通车，加之是下班高峰期，交通行驶非常缓慢。大桥垮塌时桥上的车辆约有100辆，其中超过50辆车坠入江中或落至地面(图2-96)。此次事故是从1983年以来，美国史上最严重的非外力或天灾缘由引发的桥梁垮塌事故。

图2-96 美国明尼苏达州I-35W大桥坍塌事故

随后美国当地政府迅速展开事故原因调查，最终美国国家运输安全委员会认定该桥倒塌是由于承载能力不足，并将此归因于桥梁设计缺陷。I-35W大桥始建于1967年，受到当时知识水平的制约，桥梁设计时未将金属疲劳因素考虑在内。该桥通车3年左右，设计缺陷问题就逐步浮出水面，I-35W大桥所承载的压力远大于设想。虽然金属材质具有弹性，但是持续的压力将造成金属疲劳受损。并且受到美国第二次世界大战后桥梁设计以轻巧为宜、尽可能节约材料的理念影响，该桥结构设计没有"冗余"保护。除设计因素的主因之外，桥梁评估体系未能及时发出相应等级的警报也是重要因素之一。虽然自 1993 年起，I-35W 大桥每年都接受检查，但 2001 年明尼苏达州的报告表明，该桥引桥虽出现疲劳现象，但主桥段没有发现疲劳裂纹。而在 2005 年，类似的报告则称该桥不必因疲劳问题而进行更换，然而该桥却最终垮塌。在事故发生的第二天，美国对全国类似 I-35W 大桥结构的桥梁进行全面彻查，以杜绝此类事故的再次发生，其中一座位于密苏里州通车超过 90 年的大桥被立即关闭。

2.3.2 施工风险

设计是施工的依据所在，反过来施工是设计的实现过程，两者相互影响，任何一方面存在缺陷都会导致工程事故的发生。河海大学吉伯海教授等对 2000 年到 2010 年期间我国媒体报道过的 85 起桥梁(地震灾害导致的除外)塌陷事故原因进行统计发现，"施工设计不合理"造成的坍塌事故 35 起，占 41%；其次是撞桥，共计 13 起，超载 11 起。桥梁的施工方法、施工工艺众多，并且施工环境复杂，存在深水、高空、山地作业情况，加之施工细节多，环境控制要求高，决定了保障桥梁施工质量和安全的复杂性和艰巨性[47,48]。引发桥梁安全事故的施工因素组成也是复杂多样的。尤其针对大型桥梁，存在施工阶段力学计算不确定性、大型构件施工、大型施工设备操作、结构体系转换等方面的难度[49,50]。由施工因素引发的桥梁运营期间安全事故根据其原因可为以下三类：

(1) 人力、材料、硬件设备等投入不足导致桥梁施工缺陷，如材料质量缺陷或质量不达标，将不符合标准的材料应用于桥梁工程中，导致桥梁存在先天不足，使得在后期运营期间出现安全事故。

(2) 施工技术、施工工艺不足导致桥梁结构施工缺陷。施工技术匮乏，缺乏理论依据或应用不成熟的理论及技术导致桥梁结构缺陷，进而导致施工期或运营期安全事故的发生。

(3) 施工管理水平精细化不足导致的桥梁结构施工缺陷。施工技术人员的技术水平和责任意识对于桥梁的施工质量起非常关键的作用，可以归纳为以下几点：一是没有严格按照设计方案和施工图纸施工；二是施工组织和施工管理过程混乱，管理者和施工人员安全意识淡薄，缺乏健全的安全保证体系；三是在使用材料上存在偷工减料或以次充好的问题；四是未按照国家规范要求的施工工序和标准施工，存在盲目赶超进度以期缩短工期、降低成本的现象；五是监理单位失职，未能履行其监督作用的行为也是酿成事故的重要诱因。国内外由施工缺陷导致的典型桥梁风险事故见表 2-10。

表 2-10 桥梁施工缺陷的典型风险事故

桥梁风险事件	时间	事故原因及后果
韩国圣水大桥垮塌	1994.10.21	材料及施工缺陷，32 人死亡，17 人受伤
韩国首尔桑苏大桥坍塌	1994.10.21	维护失误、设计缺陷，31 人死亡
韩国首尔桑苏大桥坍塌	1998.9.21	施工缺陷，无人员伤亡
中国广东省白桥坑大桥坍塌	1996.12.20	施工缺陷，32 人死亡，59 人受伤
中国湖南省长沙某铁路桥梁拆除中坍塌	2001.11.29	拆除风险，1 人死亡，3 人受伤
中国贵州省小尖山大桥坍塌	2005.12.14	施工缺陷，8 人死亡，12 人受伤
中国重庆市彭水县彭桑公路在建坍塌	2006.8.24	施工质量，无人员伤亡
中国福建省厦门在建的同安湾大桥坍塌	2006.8.29	施工质量，17 人受伤，3 人重伤
中国陕西省紫阳县公路拱桥垮塌	2006.10.5	施工缺陷，11 人受伤
中国北京市顺义悬索桥坍塌	2006.12.9	施工质量，10 辆测试货车坠桥，2 人死亡
中国安徽省怀宁县跨河大桥坍塌	2007.5.24	施工缺陷
中国湖南省凤凰县堤溪沱江大桥坍塌	2007.8.13	建造不规范，64 人死亡，22 人受伤
越南在建芹苴大桥坍塌	2007.9.5	施工缺陷，60 人死亡，150 人受伤
中国青海省西宁在建高架桥倒塌	2009.1.16	施工缺陷，2 人死亡
中国湖南省株洲红旗路高架桥垮塌	2009.5.17	拆除风险，9 人死亡，16 人受伤
中国浙江省温州绕城高速北线在建高架桥倾塌	2009.11.15	施工缺陷，1 人死亡，7 人受伤
印度在建地铁高架桥坍塌	2009.12.24	施工缺陷，45 人死亡，3 人失踪
中国沪杭铁路特大桥在建桥墩倒塌	2009.11.19	施工缺陷，1 人死亡，5 人受伤
西班牙马塞纳在建大桥倒塌	2009.11.8	施工缺陷，5 人死亡
印度 Kota Chambal 大桥坍塌	2009.11.25	施工缺陷，9 人死亡，45 人失踪
中国云南省昆明新机场配套引桥垮塌	2010.1.3	施工缺陷，7 人死亡，34 人失踪
中国沪杭高铁嘉兴大桥事故	2010.1.21	施工缺陷，3 人受伤，1 人重伤
印度尼西亚 Kutai Kartanegara 大桥坍塌	2011.11.26	主缆施工缺陷，20 人死亡，40 人受伤
挪威 Trondheim 地区在建桥梁倒塌	2013.5.8	施工缺陷，2 人死亡

1. 韩国圣水大桥

1994 年 10 月 21 日上午 7 点左右，位于韩国汉城市(现为首尔市)的圣水大桥(Seongsu Bridge)部分垮塌(图 2-97)。其中一块 48m 长的桥体垮塌坠入汉江中，事故造成包括公共汽车、轿车在内的 6 辆车跌入 20m 以下的汉江中，共有 32 人死亡，17 人受伤。经过长达 5 个月的事故调查，最终认定事故的主要原因为施工质量问题。圣水大桥的施工方东亚建筑公司，没有遵照图纸施工，并且在施工中偷工减料，以次充好，使用抗疲劳性能差的钢材。并且大桥的施工周期较预期缩短。除施工因素起主导作用之外，圣水大桥的交通管理方面也存在疏漏，该桥通车15年来，车流量逐渐加大。该桥的设计荷载限制是32t，倒塌时桥梁荷载达到43.2t。

图 2-97 韩国圣水大桥坍塌事故

2. 广东省白桥坑大桥

1996年12月20日，位于广东省韶关市的白桥坑大桥发生施工架垮塌事故。该桥是一座钢筋混凝土单箱拱桥，主跨跨径为100m。事故发生时，施工人员正在浇灌拱底板，桥面上作业人员共有91名，全部跌入深谷，32人当场死亡，59人受伤，造成直接经济损失360万元。事故调查发现，施工支架垮塌的原因包括几个方面：

(1) 在原定预制吊装方案更改为现场浇筑后，没有针对施工支架的整体设计、计算，直接导致支架结构形式不合理，不具备应有的刚度、强度和稳定性，最终支架承受应力超过材料的屈服极限从而致使施工支架整体破坏。

(2) 施工管理混乱，施工过程存在巨大安全隐患。该桥的大跨径拱圈混凝土的施工过程没有按照要求制定相应施工方案，整个桥梁也缺少相应的施工组织设计，施工过程存在明显的管理问题。加载过程中存在不对称、不均衡的情况，整个支架受力不平衡，曾多次出现钢筋和模板突出的问题，并且当工程出现异常情况时也未能采取及时有效的措施。支架坍塌前就出现了钢筋和模板异常突起的现象，而施工单位没有引起重视，未能及时组织相关人员撤离，最终酿成惨案。

(3) 监理方没有真正履行相关职责。首先，该桥监理公司所持有的是乙级监理证书，但越级承担了白桥坑大桥工程；其次，在明知施工方没有相应施工组织设计和施工方案的情况下没有勒令停工，而在拱底板浇筑过程中曾一度无人在现场监理，导致施工中违章作业没有被及时制止。

3. 贵州省小尖山大桥

2005年12月14日清晨5点30分左右,位于贵州省贵阳市到开阳县的贵开公路第五标段的小尖山大桥发生支架坍塌事故(图2-98),横跨在3个桥墩上的两段正在浇筑的长约155m的桥面轰然坠落。事故导致施工人员从桥面跌入约50m的深谷,其中8人死亡,12人受伤。根据调查将小尖山大桥事故的原因总结如下:

(1) 施工过程中存在质量问题,支架搭设时的基础施工不符合相关规范要求,部分支架主管和枕木之间缺少垫板,部分支架钢管壁厚过薄,支架预压不充分。

(2) 施工单位管理不到位,存在劳务工程以包代管现象。

(3) 施工技术人员素质问题,部分特种作业人员没有特种作业资格证或者资格证过期,并且在支架搭设中大量施工人员未经过培训。

(4) 监理单位失职,在支架搭设过程和完工后的验收工作不严谨,没有文字记录。

图2-98 贵州省小尖山大桥坍塌事故

4. 湖南省凤凰县堤溪沱江大桥

2007年8月13日下午4时40分左右,正在施工阶段的湖南省凤凰县凤大公路堤溪段沱江大桥发生重大垮塌事故(图2-99)。事故造成直接经济损失约3974.7万元,导致64人丧生,22人受伤。堤溪沱江大桥是一座4×65m的石拱桥,全长328.45m,主拱圈是等截面悬链线空腹式无铰拱,腹拱圈是等截面圆弧拱,总投资1200万元。事故当天该桥主体工程已经完工,工人正在拆卸脚手架。根据事故调查认定,堤溪沱江大桥事故的直接原因是:拱桥上部构造施工工序不合理,主拱圈材料未达到规范、设计要求,材料质量差致使拱圈强度和整体性下降,并且在主拱没有达到设计强度的情况下,就开始落架。随后由于施工荷载的不断增加,在1号孔主拱圈靠近0号桥台3~4m范围内,桥梁砌体强度达到破坏极限而垮塌,整个桥梁在连拱效应作用下迅速垮塌。这起事故最后被认定为一起重大责任事故。

其中，施工单位存在违反安全生产、工程建设质量相关法律的情况，大桥施工质量差、材料不合格、现场管理混乱。另外，设计勘察单位存在违规将地质勘察分包的行为，并且对于施工现场设计交底不够、服务不到位。同时，监理方也存在渎职行为。

图 2-99　湖南省凤凰县堤溪沱江大桥垮塌事故

5. 印度尼西亚 Kutai Kartanegara 大桥

2011 年 11 月 26 日下午 4 点 30 分左右，印度尼西亚 Kutai Kartanegara 大桥因施工因素而发生坍塌(图 2-100)，事故发生时工人正在对大桥主缆进行维修。大桥的坍塌事故共造成 20 人死亡，40 人受伤，另外还有 19 人失踪，经济损失高达 1640 万美元。Kutai Kartanegara 大桥是悬索桥，大桥全长为 710m，主跨为 270m，于 1995 年开始施工，2001 年通车，当时是印度尼西亚最长的悬索桥。大桥通车仅十年就发生了严重的坍塌事故，从图 2-100 可以看到，大桥桥面完全坍塌，只有两个桥塔仍然矗立在江中。

图 2-100　印度尼西亚 Kutai Kartanegara 大桥坍塌事故

除上述典型实例外，还有很多施工因素引发的桥梁安全事故。2008 年我国温福铁路某在建高架桥发生严重安全事故，造成 1 人死亡，7 人受伤。2009 年 12

月 25 日，印度 Kota Chambal 大桥在施工阶段发生严重垮塌，造成 9 人死亡，45 人失踪。2010 年 11 月 26 日，我国南京市雨花台区地铁站附近的内环西线四标段桥梁在进行 B17-B18 钢箱梁防撞墙施工时发生钢箱梁倾覆事故，整段桥面垮塌，施工人员从约 10m 高处坠落，造成 7 人死亡，3 人受伤。2013 年 5 月 8 日挪威 Trondheim 地区一座在建桥梁发生垮塌，造成 2 人死亡。

2.3.3 运营期间结构性能劣化风险

大型桥梁结构性能劣化包括材料钢筋腐蚀、钢材疲劳、材料老化、混凝土开裂破损、桥面铺装破损等情况。从混凝土应用于土木工程至今的 150 年间，大量的钢筋混凝土结构由于各种各样的原因而提前失效，达不到预定的服役年限，其中有的是由于结构设计的抗力不足，有的是由于使用荷载的不利变化，但更多的是由于结构的耐久性不足。

特别是沿海及近海地区的混凝土结构，所处的环境非常恶劣，有较高的盐雾浓度、温度和湿度，导致钢筋锈蚀而使结构发生早期损坏，丧失了结构的耐久性能，大大加快了跨海大桥的毁坏速率，这已成为实际工程中的重要问题。跨海大型桥梁、海岸带中的沿海桥梁，常年置身于海水和海洋大气环境中，最普遍的病害就是钢材和钢筋混凝土构件受到腐蚀破坏。因此，腐蚀及其防护已成为决定沿海地区建筑物使用寿命的主要因素。海洋腐蚀就是金属等构件在海洋环境中发生腐蚀，造成的损失十分严重。据有关统计，金属腐蚀损失占世界 GDP 的 3%～5%，全世界每年因腐蚀而造成的直接经济损失约为 7000 亿美元。

19 世纪 30 年代建造的美国俄勒冈州 Alsea 海湾上的多拱大桥，施工质量很好，但因混凝土的水灰比太大，在较短时间内大量氯离子侵入混凝土，导致钢筋严重锈蚀，引起结构损坏。用传统的方法局部修补损坏处，不久就发现修补处的附近钢筋腐蚀又加剧而造成损坏，不得不拆除、更换。19 世纪 60 年代建造的美国旧金山海湾的第二座 San Mateo Hayward 大桥上，处于浪溅区的预制横梁，虽采用优质混凝土拌合物，但由于在混凝土浇筑养护时梁底部产生了微裂缝，给氯离子侵入创造了必要的条件，钢筋发生严重锈蚀，1980 年不得不花巨资给予修补。据调查，美国 1975 年由腐蚀引起的损失达 700 亿美元，1985 年则达 1680 亿美元，目前整个混凝土工程的价值约为 6 万亿美元，而今后每年用于维修或重建的费用预计将高达 300 亿美元。

在日本海沿岸，许多港湾建筑、桥梁等，建成后不到 10 年的时间频频发生损坏，冲绳地区 177 座桥梁和 572 栋房屋调查表明，桥面板肋梁的损伤率已达到 50% 以上。

澳大利亚的 Sharp 对 62 座海岸混凝土结构进行调查，发现海岸混凝土结构的耐久性问题都是与浪溅区的混凝土受冻融破坏和钢筋异常严重腐蚀有关。

印度孟买某河上的第一座桥是后张预应力混凝土桥，由于预应力筋过早地发生严重腐蚀，不得不重修第二座桥。第二座桥也不到 10 年，所有的钢筋、预应力筋及其套管都遭到严重腐蚀破坏。

1962～1964 年挪威检查了海岸 716 座混凝土结构物，20%板梁由于钢筋锈蚀损坏需要修复，潮差区的桩由于混凝土质量不良受到冻融破坏。

20 世纪 60 年代，我国交通部有关单位对华南华北地区 27 座海港混凝土结构进行调查，发现其中因钢筋锈蚀导致的结构破坏占 74%，在工程界引起了巨大反响。调查结果表明，80%以上都发生了严重或较严重的钢筋锈蚀破坏，出现锈蚀破坏的时间有的仅 5～10 年。对上海公路系统的团港桥、内港河桥、医院桥、五灶港桥和六灶港桥等钢筋混凝土桥梁的调查显示，混凝土性能已严重劣化，强度大幅度下降，对钢筋的保护作用已经很薄弱。宜宾南门大桥在使用了仅 11 年就突然垮塌，垮塌后人们发现在桥梁断裂处的承重钢管中处处可见锈迹斑斑的钢缆(图 2-101)。可见，我国海工混凝土结构的腐蚀情况已相当严重。由混凝土的抗腐蚀性不足产生劣化或失效造成的损失大大超过人们的估计。

图 2-101　宜宾南门大桥毁坏事故

本节基于浙江省沿海几座典型跨海桥梁的实地调查结果显示，跨海桥梁结构也均存在凝土破损、钢筋锈蚀等情况(图 2-102～图 2-104)。考虑到跨海桥梁车流量大、昼夜温差大，上部结构部分裂缝为正常的受力裂缝，部分裂缝在收缩徐变、温度应力、车辆荷载作用下产生。考虑到跨海桥梁船舶通行量大，部分混凝土由于受船舶撞击而破损掉落，致使钢筋外露受长期海水潮湿环境侵蚀而产生锈蚀，这是每年定期检查的主要病害之一。

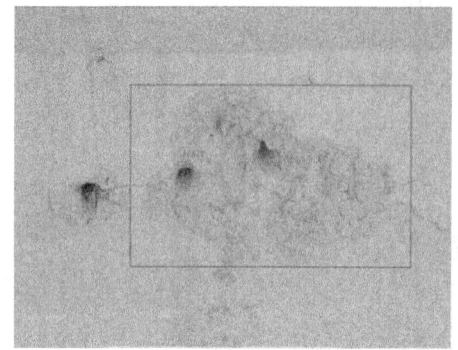 

(a) 箱外右翼板混凝土破损　　　　　　　(b) 箱内顶板纵向裂缝

图 2-102　朱家尖大桥结构劣化图

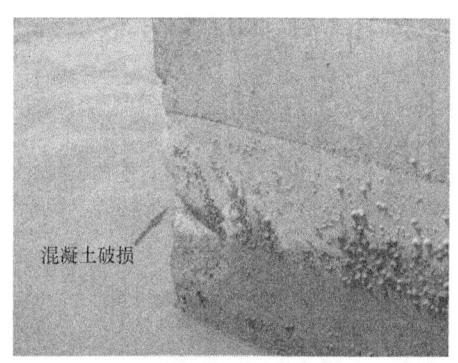 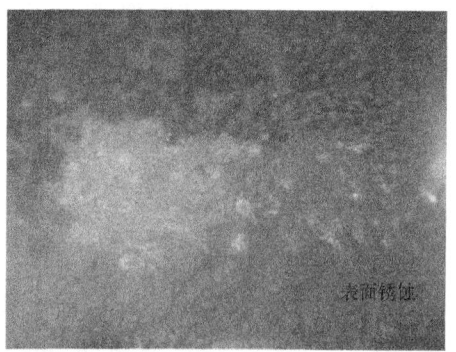

(a) 墩承台破损　　　　　　　　　(b) 桩钢护筒表面锈蚀

图 2-103　观音大桥结构劣化图

(a) 支座上预埋钢板锈蚀　　　　　　　(b) 吊杆锚杯钢材锈蚀

图 2-104　江南大桥结构劣化图

2.3.4 管理养护风险

跨海桥梁的运营管理指的是桥梁在运营使用期间,通过有效的管理和维护,保证桥梁的安全性能[51],具体包括桥梁的养护及维修管理、安全管理和应急管理。引发桥梁安全事故的运营管理风险源主要包括管理、养护、维修不当等。

桥梁的维护工作对于提高桥梁的耐久性和安全性有着至关重要的作用,具体包括对桥梁结构的检查、检测、评估以及维修加固工作。桥梁工程从竣工开始,在环境、荷载和桥梁材料本身特性的综合作用下,结构的材料性能将逐步退化,导致桥梁结构的安全性和使用功能下降。因此,有关部门应该通过上述科学系统的维护工作将桥梁结构维持在可接受的安全范围内,延长桥梁结构的使用寿命。

目前,桥梁耐久性问题凸显,在人为因素范围内,除设计和施工等问题之外,桥梁维护工作的重视度不足、缺乏科学可持续性的管理维护体系也是非常重要的原因。维护因素引发的桥梁安全事故通常是长期作用的结果。

1. 管理养护不足导致的桥梁风险事故

随着我国基础设施建设的飞速发展,我国道路桥梁总数比中华人民共和国成立初期翻了几番,在如此庞大的基数下,如何对现有桥梁结构进行合理的维护进而保证其结构健康是桥梁工作者的重要任务。然而,部分桥梁由于维护监管力度不到位,结构受损严重,存在严重的安全隐患。近年来国内外桥梁老化事故统计见表2-11。

表 2-11 国内外桥梁典型老化事故

桥梁事故	时间	事故原因及后果
美国 Kanauga 吊桥坍塌	1967.12.12	年久失修, 46 人死亡
美国康涅狄格州米勒斯大桥坍塌	1983.6.28	年久失修, 3 人死亡
中国江西省饶市铅山县永平镇跨杨林河桥坍塌	2006.7.1	年久失修
中国江西省景德镇坑口大桥坍塌	2006.7.1	年久失修
印度比哈尔邦帕戈尔布火车站旧桥坍塌	2006.12.2	年久失修, 33 人死亡, 19 人受伤
中国江西省饶市铅山县傍罗大桥坍塌	2007.5.9	年久失修
美国明尼苏达州首府跨河大桥坍塌	2007.8.2	年久失修, 3 人死亡, 100 多人受伤
中国浙江省杭州市钱江三桥(西兴大桥)坍塌	2011.7.15	施工、养护、超载、监管不力
意大利 A10 高速公路莫兰迪大桥坍塌	2018.8.14	年久失修
印度加尔各答市公路高架桥坍塌	2018.9.4	年久失修, 6 人受伤

2018 年 9 月 4 日,印度加尔各答市公路上一高架桥发生坍塌(图 2-105),该地区人口及车流量密集,事故造成 6 人受伤,许多车辆和人员被困。据悉,这座大

桥有约 40 年的历史，由于养护监管不力在 2018 年 8 月原定为期一个月的维修，但实际只用了 3 天，导致高架桥坍塌。

图 2-105　印度加尔各答高架桥坍塌事故

2018 年 8 月 14 日中午，意大利北部热那亚地区 A10 高速公路的一段高架桥(莫兰迪大桥)突然垮塌(图 2-106)。事故发生在当地时间中午 11 点半左右，该地区正在经历暴风雨天气。倒塌的桥梁部分长约 80m，高出地面 50m。起初，热那亚当地政府认为，事发当时正值风暴，恶劣天气可能需要为事故负责。但当地时间 14 日晚，意大利总理孔蒂对外表示，政府正在调查大桥因养护监管不力而出现的"结构性失效"。混凝土中的钢索早已腐蚀了，在暴风雨中遇到水，使得钢索断链，桥梁垮塌。

图 2-106　意大利莫兰迪大桥垮塌事故

钱江三桥(西兴大桥)，位于杭州市钱江四桥(复兴大桥)、庆春过江隧道之间，总长 5700m，主桥 1280m，南北高架引桥 4420m，双向 6 车道。1997 年 1 月 28 日，钱江三桥通车。2011 年 7 月 15 日凌晨，杭州钱江三桥北引桥边突然塌落，一辆重型半挂车从桥面坠落，又将下闸道桥砸塌(图 2-107)。事故是由南引桥桥面上的一道裂缝引发的。而这道裂缝在事故发生前的 3 月份就已经被发现，并进行了修补。但事发前这个裂缝再次开裂，导致事故发生。在公路工程质量检测评定中，由严格的打分制度来评定工程质量达到什么样的标准。根据适用于钱江三桥的 1994 年版公路工程质量检验评定标准，85 分以上为优良，70 分到 85 分为合格。

在钱江三桥交工质量鉴定报告上,虽然被评定为合格,但并没有具体分数。另根据统计,2011 年 2~6 月,共有 3940 辆 55~100t 货车通过,100t 以上货车 993 辆,部分超过 200t。正是施工监管不力、养护维修不足、车辆超载严重的几方面问题导致这次事故的发生。

图 2-107　杭州市钱江三桥引桥坍塌事故

2. 管理养护风险分析

(1) 相关管理部门对桥梁维护的重要性认识不足,对公路桥梁维护加固未投入足够的资金,未按期对桥梁结构进行日常、专业、专项等检测,导致桥梁年久失修丧失承载能力。

(2) 超速超载现象加速了桥梁结构的损伤过程,加上日常检测维修不到位,对大型桥梁结构没有进行及时有效的养护,导致桥梁结构承载力下降,日积月累,形成危桥。

(3) 桥梁结构在不利环境及外界环境如温度、湿度、碳化、冻融及氯离子等因素的侵蚀作用下,结构耐久性劣化、构件疲劳寿命衰减,未能得到及时维修、加固及更换处理,将导致桥梁使用寿命缩减,甚至导致安全事故的发生。

2.4　本章小结

本章针对沿海地区典型大型桥梁结构所面临的风险源,通过现场调研掌握桥梁在长期运营后的整体服役状况,基于桥梁结构检测所获得的图像资料,识别桥梁结构病害和损伤,从上部结构、下部结构、支座及关键附属设施等多方面进行结构易损性分析,采用事故树分析方法等风险源辨识方法对近几年来国内外大型桥梁事故进行分析,识别影响桥梁安全运营、结构正常工作的潜在或已存在的风险源,建立桥梁结构风险源调查表,确定了 15 个外部风险源和 5 个内部风险源,具体见表 2-12。并将风致灾害和船舶撞击风险作为典型外部风险源,将结构性能劣化风险作为典型内部风险源开展深入分析。

表 2-12　大型桥梁结构风险源表

外部风险源	内部风险源
地震风险	结构性能劣化风险
风致灾害风险	
火灾风险	
暴雨灾害风险	材料以及几何尺寸不确定性风险
雷电袭击风险	
海水冲刷风险	
冰雪灾害风险	设计缺陷风险
大雾灾害风险	
恐怖袭击风险	
温度风险	施工缺陷风险
车辆碰撞风险	
车辆超载风险	
船舶撞击风险	
危险品运输风险	管理养护风险
其他风险	

第3章 桥梁风致灾害风险评估

目前，沿海地区大型跨海桥梁工程建设一直向着柔性结构方向发展，使桥梁在跨径设计朝着更长更大方向发展的基础上，结构更为轻型美观。斜拉桥、悬索桥以其大跨径特点广泛应用在大型跨海桥梁建设中，而风致灾害成为大跨度桥梁结构控制和分析的主要风险，尤其针对拉索等易损构件，风致灾害风险突出[52]。跨海桥梁结构随着服役时间的延长，相关结构抗力、刚度等材料性能时效性特点导致桥梁结构风致灾害风险也具有时效性，又基于大型跨海桥梁工程的复杂性，导致在进行结构风致灾害风险评估中存在各类确定以及不确定因素，对风险评估方法提出了更高的要求。风致灾害风险分析是解决桥梁结构不确定性问题的有效工具。对大型桥梁结构进行风致灾害风险评估，从而准确地掌握大型桥梁结构的抗风性能以及风致灾害概率与后果，根据风险致灾情况采取相应的预防控制措施，将风险控制在合理可接受的范围。由前文对国内外风险评估的现状分析可知，目前针对大型跨海桥梁结构在服役期间的风致灾害风险评估的研究并不多，当下没有一个被广大研究人员认可且能广泛应用的跨海桥梁风险评价准则和风险等级划分标准。因此，本章建立适用于跨海桥梁的风致灾害风险评价准则和风险等级标准，开展对跨海桥梁服役期间风致灾害风险的评估。

3.1 工程背景和空间有限元仿真模型

3.1.1 工程背景

本章以浙江省沿海地区某大型跨海桥梁为工程背景，进行风致灾害风险评估。该跨海桥梁主跨620m，为双塔双索面钢箱梁跨海斜拉桥，跨径布置为77m+218m+620m+218m+77m=1210m，如图3-1所示。主梁采用封闭式流线型扁平钢箱梁，箱梁全宽30.1m，中心线处梁高3.0m，如图3-2所示。索塔基础采用群桩基础，单个索塔共设42根钻孔桩，钻孔桩上段直径2.85m，下段直径2.5m。钻石形索塔为C50混凝土结构，总高度204.1m，塔顶尺寸顺桥向7.0m、横桥向6.5m，塔底尺寸顺桥向12.0m、横桥向9.0m，横梁高6m、宽8m。全桥设置拉索84对；桥面以上高152.362m。

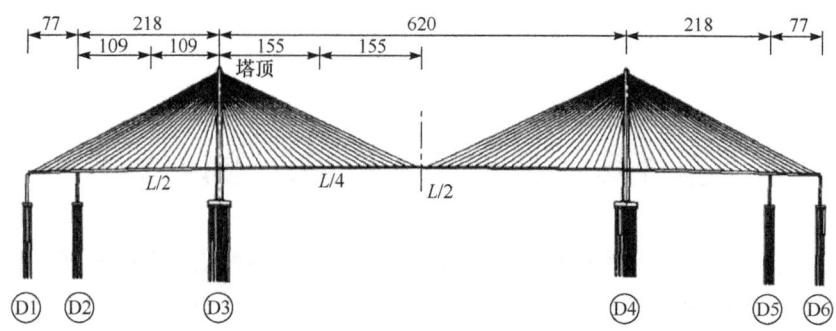

图 3-1 跨海大桥总体布置图(单位: m)

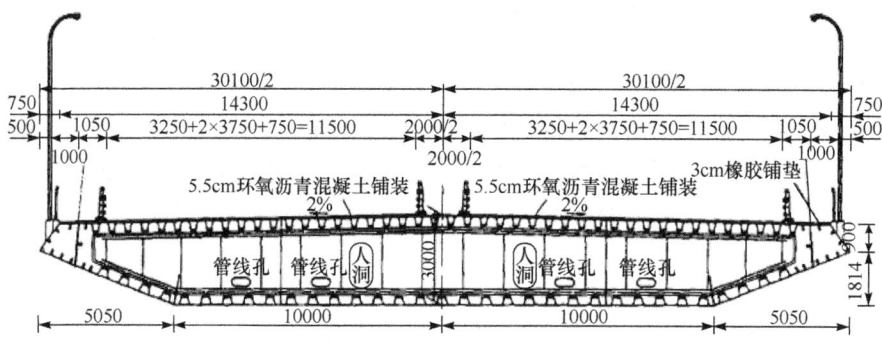

图 3-2 跨海桥梁钢箱梁断面图(单位: mm)

3.1.2　ANSYS 空间有限元仿真模型

本节基于跨海桥梁的特点和模型优化计算的需要，采用 ANSYS 有限元分析软件建立跨海桥梁空间数值仿真模型。其中，采用 Beam4 单元模拟跨海桥梁主梁和桥塔结构，采用 Link10 单元模拟拉索，空间有限元模型如图 3-3 所示。

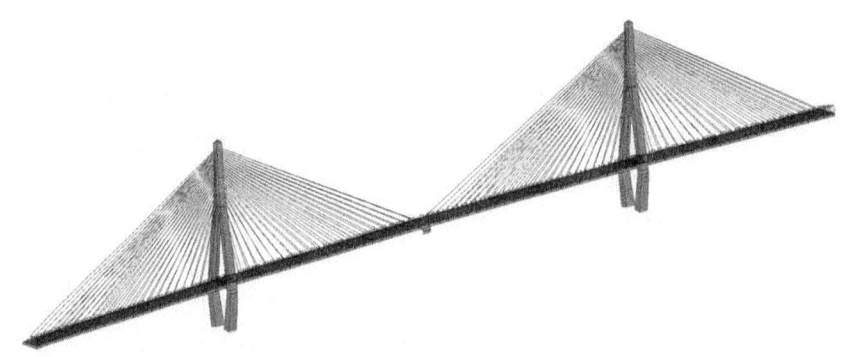

图 3-3 跨海桥梁空间数值仿真模型

3.2 风致灾害风险时效性因素研究

在跨海桥梁结构风险定义中引入时效风险因素这一概念，即假定桥梁风险各个参数随时间变化而发生变化。在跨海桥梁结构实际服役期间，风险参数的变化也确实如此。例如，风荷载、船舶通行量、结构强度等参数在实际运营过程中都因服役时间而发生改变，正是这一系列参数变化的不确定性，导致跨海桥梁结构风险概念是一个随服役时间改变的值，不是恒定值。因此，基于时效因素概念，定义时效风险公式如下。

单个风险事件：
$$R(t) = P_f(t) \times C \tag{3-1}$$

多种风险事件：
$$R(t) = \sum_{i=1}^{n} P_i(t) \times C_i \tag{3-2}$$

该跨海桥梁在整个服役期间长期受沿海地区恶劣环境的影响，混凝土结构因氯离子侵蚀等风险源出现耐久性下降的情况，导致跨海桥梁整体抗力和刚度降低，从而导致风致时效风险随服役时间不断提高。因此，将跨海桥梁分成主梁、桥塔以及拉索三个组成系统，并将抗力退化和刚度退化作为风致灾害风险概率时效性变量进行研究。

3.2.1 结构抗力退化时效性研究

基于工程背景介绍，该跨海桥梁主梁为钢箱梁结构，采用Q345qD钢材。钢材在疲劳荷载作用下，强度退化模型大致可以分为线性、指数、对数、幂函数4类。基于外推法并结合相关研究，本节采用线性退化模型研究钢箱梁主梁结构强度。基于《公路钢结构桥梁设计规范》(JTG D64—2015)，主梁初始强度为设计强度260MPa，保守估计达到设计年限100年后，疲劳极限强度下降为176MPa。

跨海桥梁桥塔采用C50混凝土，《混凝土结构设计规范》(GB 50010—2010)中明确规定混凝土疲劳应力比小于0.5时才会进行对强度的衰减考虑，基于环境影响，可认为混凝土达到设计年限后，强度退化为初始值的90%，桥塔混凝土初始强度为设计强度22.4MPa。参照《公路斜拉桥设计细则》(JTG/T D65-01—2007)，拉索允许应力初始值为运营期拉索允许应力708MPa，50年下降至90%，即637.2MPa，假定在运营50年时更换拉索。

对于跨海桥梁拉索，兰成明通过试验研究指出可将断丝率10%作为拉索寿命终点，可认为达到拉索使用寿命时其强度退化为初始值的90%[53]，故也采用线性退化模式，具体见表3-1。

表 3-1　不同服役时间各构件材料允许应力　　　　(单位：MPa)

构件	成桥	服役 25 年	服役 50 年	服役 75 年	服役 100 年
主梁	260	239	218	197	176
主塔	22.4	21.9	21.3	20.8	20.16
拉索	708	672.6	637.2	672.6	637.2

3.2.2　结构刚度退化时效性研究

关于主梁刚度退化，目前大量学者主要的研究对象为钢筋混凝土梁[54,55]，提出了导致钢混结构主梁刚度退化的主要因素是主梁整体结构材料老化、混凝土构件开裂破损，以及钢筋发生腐蚀后和混凝土之间的黏结性降低等。考虑到跨海桥梁为钢箱梁结构，基本不存在以上问题，故可较保守地认定当跨海桥梁服役 100 年时，主梁整体刚度退化为初始刚度的 90%。

对于跨海桥梁桥塔，桥塔属于小偏心受压构件，相对于钢筋混凝土梁来说，桥塔混凝土结构开裂和钢筋腐蚀发生的可能性较低，受损情况较小。桥梁结构偏心受压构件在长期服役条件下刚度基本呈线性退化，且速率缓慢。因此，假定当跨海桥梁服役到达设计年限时，桥塔处刚度退化为初始刚度的 90%，且为线性退化模式。

对于跨海桥梁拉索，可将断丝率 10% 作为拉索使用寿命的终止，因此假定拉索服役达到 50 年设计使用年限时，跨海桥梁拉索刚度亦只退化 10%。

基于以上对跨海桥梁主梁、主塔以及拉索刚度退化分析，通过调整结构弹性模量来调整构件刚度变化[56]，分别列出跨海桥梁相关构件在成桥阶段、服役 25 年、服役 50 年、服役 75 年以及服役 100 年 5 个时间点时的弹性模量，见表 3-2。

表 3-2　不同服役时间各构件材料弹性模量　　　　(单位：MPa)

构件	成桥阶段	服役 25 年	服役 50 年	服役 75 年	服役 100 年
主梁	2.06×10^5	2.01×10^5	1.96×10^5	1.91×10^5	1.85×10^5
主塔	3.45×10^4	3.36×10^5	3.28×10^5	3.19×10^5	3.11×10^5
拉索	1.95×10^5	1.86×10^5	1.76×10^5	1.86×10^5	1.76×10^5

3.3　风致灾害风险参数不确定性分析

跨海桥梁在强台风作用下，可能发生的典型桥梁风险事故包括结构失稳破坏、强度破坏、变形超限三个方面[57],分别对这三方面开展风致参数不确定性分析。其中跨海桥梁的结构破坏主要表现为静风失稳、颤振破坏和驰振破坏;强度破坏表现为桥梁结构关键截面最大应力超过了材料允许应力;变形超限主要表现为桥梁结构关键位移控制点(跨中、塔顶)处位移变形超过了变形容许值[58]。而桥梁结构发生上述风致灾害风险往往都是参数的不确定性导致的,故本节将进行风致灾害风险参数不确定性分析研究。

3.3.1 风荷载参数不确定性分析

风荷载参数不确定性分析原则上既包括跨海桥梁桥位处风速不确定性,又包括风攻角的不确定性。为便于跨海桥梁风致振动计算,假定风攻角为一确定不变参数,即仅讨论在0°风攻角下的风致振动。基于上述考虑,本节只开展对桥位处风速参数不确定性的分析。

我国桥梁抗风规范中,年极值风速分布类型采用极值Ⅰ型分布来表示,也基于跨海桥梁桥位处年极值风速分布类型进行随机抽样计算,其中极值Ⅰ型分布表达式为

$$F_Y(y) = \exp\left[-\exp\left(-\frac{y-b}{a}\right)\right] \tag{3-3}$$

式中,a 为尺度参数,表示变量的离散程度;b 为位置参数。

年极值风速特征值与极值Ⅰ型概率分布参数之间数学关系表达式如下:

$$\overline{Y} = b + a \cdot \gamma \tag{3-4}$$

$$s = \frac{\pi}{\sqrt{6}} \cdot a \tag{3-5}$$

式中,$\overline{Y}$ 为年极值风速样本的均值(m/s);s 为年极值风速样本标准差(m/s);γ 为欧拉常数,$\gamma = 0.5772$。

参照文献[59]、[60]并结合实测数据,该跨海桥梁桥位不同重现期的基本风速见表3-3。

表3-3 跨海桥梁桥位不同重现期的基本风速

重现期/a	10	30	50	100	120	150	200
风速/(m/s)	33.12	36.53	38.08	40.14	40.66	41.38	43.34

由式(3-3)可得尺度参数 a=2.88,位置参数 b=25.66,由式(3-4)、式(3-5)可得极值风速的均值和标准差为

$$\overline{Y} = b + a \cdot \gamma = 25.66 + 2.88 \times 0.5772 \approx 27.32 \text{(m/s)}$$

$$s = \frac{\pi}{\sqrt{6}} \cdot a = \frac{\pi}{\sqrt{6}} \times 2.88 \approx 3.69 \text{(m/s)}$$

根据计算结果确定跨海桥梁风速概率分布，桥面距水面 115m，设计水位为 3.28m，从而推算出桥面风速概率分布，具体见表 3-4。

表 3-4 跨海桥梁风速概率分布表

位置	均值/(m/s)	标准差/(m/s)	变异系数	分布类型
桥位	27.32	3.69	0.135	极值Ⅰ型分布
桥面	36.35	—	0.135	极值Ⅰ型分布

3.3.2 桥梁结构参数不确定性分析

跨海桥梁结构参数不确定性包括几何特性参数、材料特性参数的不确定性。基于工程结构可靠度相关研究，国内外学者对几何特性参数、材料特性参数的均值及变异系数研究见表 3-5，本节中相关参数的概率分布不做任何说明地均满足正态分布。

表 3-5 几何、材料特性统计参数[61-63]

类别	种类	项目	均值	变异系数
几何特性统计参数	型钢构件	截面面积	1.00	0.05
		截面高度、宽度	1.00	0.05
		截面有效高度	1.00	0.02
	钢筋混凝土构件	纵筋截面面积	1.00	0.03
		混凝土保护层厚度	0.85	0.30
		箍筋平均间距	0.99	0.07
		纵筋锚固长度	1.02	0.09
	拉索	截面面积	1.00	0.05
材料特性统计参数	混凝土	弹性模量	1.00	0.10
		密度	1.00	0.12
	钢材	弹性模量	1.00	0.05
		密度	1.00	0.09

由表 3-5 可知，几何特性参数和材料特性参数数量过多。为简化风险评估、

计算流畅，基于主要敏感因素分析理念，应找出对跨海桥梁风灾风险影响较大的结构参数。根据跨海桥梁敏感度分析，主要考虑主梁刚度和质量、桥塔刚度和质量、拉索刚度和初拉力、结构阻尼比共 7 类结构参数。根据研究[64-66]，阻尼比结构参数变异系数范围为 0.15~0.88，故取 0.40。拉索初拉力参数受人为操作因素影响，差异较大，故取变异系数 0.20。其他参数根据表 3-5 进行取值，得到对跨海桥梁风致灾害风险影响较大的结构参数特性表，见表 3-6。

表 3-6 结构参数变异性

结构构件	参数	均值	变异系数
主梁	刚度	1.00	0.05
	质量	1.00	0.10
桥塔	刚度	1.00	0.10
	质量	1.00	0.10
拉索	刚度	1.00	0.05
	初拉力	1.00	0.20
阻尼比		1.00	0.40

3.3.3 风荷载与桥梁结构相互作用参数不确定性分析

风荷载与桥梁结构相互作用参数的不确定性主要包括静三分力影响系数和气动导数影响系数的不确定性。通过风洞试验可得到静三分力影响系数分布，考虑到试验数据的误差性与随机性，取静三分力影响系数的变异系数为 0.15。根据相关研究取气动导数影响系数的变异系数为 0.20[67]，见表 3-7。

表 3-7 综合影响系数变异性

影响系数	均值	变异系数
静三分力影响系数	1.00	0.15
气动导数影响系数	1.00	0.20

3.3.4 随机参数抽样方法

采用蒙特卡罗模拟方法中的拉丁超立方抽样法(Latin hypercube sampling, LHS)，这种抽样方法改进了蒙特卡罗模拟方法中大面积抽样策略，进行小规模的高精度采样，它是一种以分层抽样、打乱排序为核心的分层快速抽样方法。该抽样方法的基本步骤如下：

(1) 对于 n 个输入的随机变量,分层抽样将每个变量 x_i 等分成 m 个取值区间,每个取值区间的概率均为 $1/m$。在每层中随机选取采样点,并确保每等分一次,便进行一次抽样。若抽样次数大于随机变量的个数,则将取值区间中点当作变量的一个取样值 x_i^k,即

$$F(x_i^m) = (k-1/2)/m, \quad k = 1, 2, \cdots, m \tag{3-6}$$

(2) 对所有变量 x_i 子样本随机编号排列并取样 x_i^m,重组成 N 个随机数列,形成包含样本值 x_i^m 的 $M \times N$ 矩阵,将每列代入函数 $y = f(x_1, x_2, \cdots, x_n)$ 得到 $\{Y\} = \{Y_1, Y_2, \cdots, Y_n\}^T$,通过参数统计得到 Y 的统计特征均值和均方差。

相比蒙特卡罗模拟方法的简单随机采样,LHS 抽样次数少,精度高。基于相关文献对比 10 次与 60 次 LHS 抽样结果误差很小,利用 LHS 小规模高精度采样特点,对上述 9 类桥梁结构风致随机参数进行不确定性分析,LHS 取样 30 次,故可认定精度已经满足风险评价要求。总结前文中跨海桥梁结构不确定性参数及其分布类型,详情见表 3-8。

表 3-8 风致灾害风险随机参数分布类型

随机参数	分布类型	均值	变异系数
桥面风速 X_1	极值Ⅰ型分布	1.00	0.14
主梁刚度 X_2	正态分布	1.00	0.05
主梁质量 X_3	正态分布	1.00	0.10
桥塔刚度 X_4	正态分布	1.00	0.10
拉索刚度 X_5	正态分布	1.00	0.05
拉索初拉力 X_6	正态分布	1.00	0.20
结构阻尼比 X_7	正态分布	1.00	0.40
静三分力影响系数 X_8	正态分布	1.00	0.15
气动导数影响系数 X_9	正态分布	1.00	0.20

基于上述 LHS 抽样步骤,结合 MATLAB 数学软件,进行 30 次分层随机抽样,并将抽样得到的 30 个样本进行随机排序,见表 3-9。在进行跨海桥梁 ANSYS 风致灾害风险响应计算时,将风致灾害风险随机参数乘以 30 个随机样本代入计算即可。

表 3-9 LHS 随机抽样结果

第 j 次取样	X_1	X_2	X_3	X_4	X_5	X_6	X_7	X_8	X_9
1	0.916	1.035	1.003	1.079	1.029	1.015	1.052	0.745	1.104
2	0.983	0.956	1.108	1.128	0.975	1.226	1.094	0.933	0.835

续表

第 j 次取样	X_1	X_2	X_3	X_4	X_5	X_6	X_7	X_8	X_9
3	0.896	0.984	0.901	0.853	1.005	0.785	1.378	0.674	0.896
4	1.239	1.009	0.828	0.887	1.095	1.264	0.602	0.919	1.169
5	1.353	1.041	0.853	1.108	1.041	0.835	0.4	0.89	1.145
6	1.044	0.992	0.924	1.003	1.014	0.998	1.137	1.009	0.914
7	0.875	0.988	0.951	0.969	0.931	0.876	1.676	0.905	0.856
8	0.906	0.951	0.942	1.011	0.966	1.032	0.799	0.856	1.015
9	0.85	0.979	0.779	1.056	1.001	0.568	0.176	1.143	1.264
10	0.994	1.014	1.02	0.986	0.984	1.145	0.886	1.235	1.226
11	1.077	1.058	0.872	0.872	0.909	1.195	0.477	1.305	0.998
12	1.119	1.024	0.913	0.951	0.945	1.316	0.707	0.945	0.876
13	0.925	0.885	1.056	0.924	1.049	1.41	1.503	1.09	1.124
14	0.943	1.005	1.128	1.152	0.885	0.982	0.753	1.035	0.965
15	0.816	0.971	1.2	1.029	1.071	0.932	0.656	1.124	1.195
16	1.096	0.966	1.046	1.038	0.922	0.811	0.544	0.996	0.716
17	1.018	0.975	0.887	1.2	1.019	1.104	0.969	0.873	0.754
18	1.031	0.922	1.093	0.994	0.951	0.965	1.181	0.984	0.948
19	0.863	1.095	0.96	0.977	0.988	0.914	1.436	0.813	0.785
20	0.935	1.029	0.963	0.901	0.992	1.048	0.059	1.075	0.664
21	1.059	1.049	0.969	0.934	0.939	0.856	1.324	0.971	1.316
22	1.147	0.945	0.977	0.96	0.996	1.124	1.011	1.022	0.932
23	0.973	1.001	1.029	0.828	1.009	1.066	0.306	1.061	1.41
24	0.835	0.996	1.038	1.093	0.971	0.716	1.804	0.832	1.084
25	0.953	0.909	0.986	0.779	1.058	0.754	1.227	1.107	0.568
26	0.783	0.961	0.994	0.942	1.024	0.896	0.843	1.167	1.048
27	0.886	0.931	1.011	1.067	0.956	0.664	2.039	0.958	1.066
28	0.963	1.019	1.067	0.913	0.979	0.948	1.273	1.196	1.032
29	1.185	0.939	1.152	1.02	0.961	1.169	0.928	0.785	0.982
30	1.006	1.071	1.079	1.046	1.035	1.084	1.579	1.047	0.811

3.4 桥梁结构风致灾害风险概率计算

3.4.1 时效风致灾害风险概率计算方法

基于上述对跨海桥梁在服役期间风致灾害风险事故破坏的分析,风险指标可分为风速超限、位移超限和应力超限三个方面,本节从这三个方面探究时效风致灾害风险概率。

1. 风速超限

跨海桥梁风速超限即桥面实际风速大于失稳风速时的临界风速，主要包括静风失稳、颤振失稳和驰振失稳的各类桥梁结构风致失稳破坏形式。基于结构可靠度分析法，建立跨海桥梁结构失稳破坏极限方程：

$$Z(t) = g(R, S, t) = R(t) - S(t) \quad (3\text{-}7)$$

式中，$R(t)$为桥梁结构广义抗力，本处为跨海桥梁各类失稳临界时效风速；$S(t)$为环境荷载效应，本处为跨海桥梁桥面处实际风速。

根据式(3-7)可知：

当 $Z \geqslant 0$ 时，跨海桥梁桥面实际风速小于或等于失稳时的临界风速，桥梁结构符合安全要求且不发生失稳破坏。

当 $Z < 0$ 时，跨海桥梁桥面实际风速大于失稳时的临界风速，桥梁结构不满足功能要求，认定结构发生失稳破坏。

跨海桥梁结构风致失稳风险概率表达式为

$$P_f(t) = P \quad (Z(t) > 0) \quad (3\text{-}8)$$

2. 位移超限

同理可知，跨海桥梁位移超限极限状态方程同式(3-7)。式中，广义抗力 $R(t)$表示桥梁结构关键截面容许位移，基于桥梁设计规范及相关文献[68]，跨海桥梁跨中位置处容许位移 $R=L/800$，塔顶位置处容许位移为 $R=H/400$。广义荷载效应 $S(t)$为跨海桥梁关键截面在不同风荷载作用下的时效位移响应。

由于跨海桥梁结构体系位移超限危险概率是多个关键截面综合作用产生的结果，一旦任意关键截面的位移超限都将引起整个跨海桥梁结构体系的超限风险。因此采取风险串联评价模型，建立关键截面失效与结构整体失效的极限方程。假定每个关键截面功能失效函数独立不相关时，整体结构失效极限方程可表示为

$$P_f(t) = 1 - P_s(t) = 1 - \prod_{i=1}^{n}[1 - P_{F_i}(t)] \quad (3\text{-}9)$$

式中，$P_f(t)$为桥梁结构体系整体失效概率；$P_s(t)$为桥梁结构体系整体可靠概率；$P_{F_i}(t)$为第 i 个关键截面的失效概率；n 为桥梁结构体系中定义的关键截面数量。

3. 应力超限

同理可知，跨海桥梁应力超限极限状态方程同式(3-7)。式中，广义抗力 $R(t)$表示关键截面处材料时效强度；广义荷载效应 $S(t)$表示跨海桥梁关键截面在不同

风荷载作用下的时效最大应力。基于串联评价模型，建立桥梁结构体系整体应力超限与关键截面功能失效关系方程，同式(3-9)。

3.4.2 风致失稳破坏概率计算

由前文可知，跨海桥梁在服役期间由风速超限引发的失稳破坏主要为主梁静风失稳、颤振失稳和桥塔驰振失稳，下面分别开展失效概率计算。

1. 静风失稳风险概率计算

基于对跨海桥梁设计使用年限为 100 年进行考虑，将全寿命服役周期分成 5 个时间点进静风失稳计算，分别是成桥阶段、服役 25 年、服役 50 年、服役 75 年、服役 100 年。基于前文 LHS 抽样结果对每个时间点分别进行 30 组静风失稳确定性分析，并将分析结果列于表 3-10。对静风失稳计算结果进行 K-S 假设检验后发现 5 个时间点跨海桥梁静风失稳均服从正态分布，其概率分布特征参数见表 3-11。

表 3-10　跨海桥梁静风失稳分析结果

序号	成桥阶段	服役 25 年	服役 50 年	服役 75 年	服役 100 年
1	186	180	182	178	171
2	155	149	151	146	141
3	168	163	164	160	154
4	197	189	191	188	180
5	184	179	181	176	169
6	209	201	203	201	192
7	177	172	173	169	163
8	134	131	133	127	123
9	190	183	185	182	174
10	199	192	194	191	182
11	179	173	174	171	164
12	183	176	177	175	167
13	181	175	176	173	166
14	166	161	162	158	152
15	176	170	171	168	161
16	161	156	157	153	147
17	188	182	184	180	172
18	192	185	187	184	176
19	150	146	148	142	137

续表

序号	成桥阶段	服役 25 年	服役 50 年	服役 75 年	服役 100 年
20	194	187	189	186	178
21	174	168	169	166	159
22	144	141	143	137	132
23	163	159	160	156	149
24	172	166	167	164	158
25	205	197	199	197	188
26	215	206	208	206	197
27	158	154	155	149	144
28	225	216	218	216	206
29	202	194	196	194	185
30	170	165	166	162	156

表 3-11 跨海桥梁静风失稳风速概率分布

静风失稳	成桥	服役 25 年	服役 50 年	服役 75 年	服役 100 年
均值	180	174	167	172	165
标准差	20.88	19.47	19.63	20.53	19.67

从表 3-11 可知，跨海桥梁前 50 年失稳风速逐渐降低，在服役 50 年后风速上升，是由于在临界风速概率计算时考虑了跨海桥梁拉索 50 年设计年限的因素影响，即在服役 50 年时跨海桥梁就需要进行换索工程，换索后拉索的时效弹性模量又变回初始刚度，直至服役到 100 年时才再次下降为 90%，因此跨海桥梁静风失稳临界风速出现先下降又上升的现象。

根据计算得到的跨海桥梁失稳风速，结合式(3-7)，建立静风失稳极限状态方程：

$$Z = g(R,S) = v_s - u \tag{3-10}$$

式中，v_s 为跨海桥梁静风失稳的临界风速；u 为跨海桥梁高程处实际风速。

由表 3-4 可知，风速概率分布满足均值 36.35m/s，变异系数 0.135 的极值 I 型分布。故由式(3-10)，采用蒙特卡罗模拟方法并基于 MATLAB 软件进行编程计算，按跨海桥梁的 5 个服役时间点，进行静风失稳时效风险概率计算，计算结果见表 3-12。

表 3-12 静风失稳时效风险概率

服役年限	成桥阶段	服役 25 年	服役 50 年	服役 75 年	服役 100 年
静风失稳概率	8.44×10^{-9}	1.03×10^{-8}	2.13×10^{-8}	1.67×10^{-8}	3.12×10^{-8}

2. 颤振失稳风险概率计算

基于前文 LHS 抽样结果对每个时间点分别进行 30 组跨海桥梁颤振失稳确定性分析，并将分析结果列于表 3-13。对颤振失稳计算结果进行 K-S 假设检验后发现 5 个时间点跨海桥梁颤振失稳也均服从正态分布，其概率分布特征参数见表 3-14。

表 3-13 跨海桥梁颤振失稳分析结果

序号	成桥阶段	服役 25 年	服役 50 年	服役 75 年	服役 100 年
1	139	135	133	135	129
2	109	108	103	106	103
3	121	119	116	118	114
4	149	144	142	144	138
5	137	134	131	133	128
6	162	157	155	156	149
7	130	128	125	127	122
8	90	91	85	89	86
9	143	139	136	138	133
10	152	147	145	146	140
11	132	129	126	128	123
12	136	132	129	131	126
13	134	131	128	130	125
14	119	118	114	116	112
15	129	126	123	125	120
16	115	113	109	112	108
17	141	137	135	136	131
18	145	141	138	140	134
19	105	104	100	103	99
20	147	142	140	142	136
21	127	125	121	123	119
22	99	100	94	98	95
23	117	116	112	114	110
24	125	123	119	122	117
25	158	153	152	152	145

序号	成桥阶段	服役 25 年	服役 50 年	服役 75 年	服役 100 年
26	168	161	161	161	154
27	112	111	107	109	105
28	177	170	170	170	163
29	155	149	147	149	143
30	123	121	118	120	115

表 3-14　跨海桥梁颤振失稳风速概率分布

颤振失稳	成桥阶段	服役 25 年	服役 50 年	服役 75 年	服役 100 年
均值	133	130	127	125	124
标准差	20.19	18.46	19.56	18.71	17.57

因为跨海桥梁服役 50 年实施换索工程，颤振失稳临界风速也出现先下降后上升的现象。同理建立跨海桥梁颤振失稳极限状态方程，同式(3-10)，此时 v_s 为跨海颤振失稳的临界风速。参考静风失稳，采用相同的蒙特卡罗模拟方法进行跨海桥梁颤振失稳时效风险概率计算，计算结果见表 3-15。

表 3-15　颤振失稳时效风险概率

服役年限	成桥阶段	服役 25 年	服役 50 年	服役 75 年	服役 100 年
颤振失稳概率	2.57×10^{-7}	3.24×10^{-7}	4.41×10^{-7}	4.37×10^{-7}	5.29×10^{-7}

3. 桥塔驰振风险概率计算

桥塔驰振是由流动分离和漩涡脱落而产生的空气动力负阻尼分量，导致桥塔结构失稳式地振动。驰振产生的机理是升力曲线具有负斜率，使得空气升力具有负阻尼作用，从而使结构能够源源不断地从外界吸收能量，从而形成类似颤振的发散振动现象。相关研究表明，一般桥梁主体结构因为受到两侧墩台的约束而抑制了顺桥向的驰振现象。故主要针对桥台处的横桥向驰振现象进行不确定风险概率计算。

《公路桥梁抗风设计规范》(JTG/T 3360-01—2018)[69]明确给出了对桥梁发生驰振的临界风速计算公式：

$$V_{cg} = -\frac{4m\omega_1 \xi}{\rho H} \cdot \frac{1}{C'_L + C_D} \tag{3-11}$$

式中，m 为桥梁结构单位长度质量；ω_1 为桥梁结构的一阶弯曲圆频率(rad/s)，$\omega_1=2\pi f_1$；ξ 为桥梁结构的阻尼比；ρ 为空气密度，取 1.225kg/m³；$C'_L + C_D$ 为驰振力系数。

对式(3-11)相关参数取值，经调查取证跨海桥梁主塔高为 204m，桥塔截面为矩形，截面宽度 $H=14.65$m；成桥阶段桥塔横桥向基频 $f_1=0.348$Hz，圆频率为 $\omega_1=2.187$rad/s；桥塔单位长度质量 $m=118573$kg/m；阻尼比 $\xi=0.02$；空气密度 $\rho=1.225$kg/m³；驰振力系数基于规范进行插值近似可得 $C'_L + C_D = -1.85$。

将参数实际数据代入驰振临界风速计算公式(3-11)中可得

$$V_{cg} = -\frac{4m\omega_1\xi}{\rho H} \cdot \frac{1}{C'_L + C_D} = -\frac{4 \times 118573 \times 2.187 \times 0.02}{1.225 \times 14.65} \times \frac{1}{-1.85} = 624.8 \text{(m/s)}$$

综合考虑跨海桥梁驰振临界风速时效性影响，进行驰振临界风速参数不确定性分析，确定了单位长度质量等4个参数对临界风速的不确定性影响，结合相关试验研究，给出了其变异系数，见表 3-16。

表 3-16　驰振稳定性影响因素分布参数

参数	分布类型	均值	变异系数
单位长度质量	正态分布	1	0.12
结构基频	正态分布	1	0.05
结构阻尼比	正态分布	1	0.10
驰振力系数	正态分布	1	0.115

基于概率分布相关基础理论，由式(3-11)得出跨海桥梁桥塔驰振临界风速的标准差与变异系数：

$$\delta_{V_{cg}} = \sqrt{\delta_m^2 + \delta_\omega^2 + \delta_\xi^2 + \delta_C^2} = \sqrt{0.12^2 + 0.05^2 + 0.1^2 + 0.15^2} = 0.22$$

$$\sigma_{V_{cg}} = \mu_{V_{cg}} \times \delta_{V_{cg}} = 127.1 \text{m/s}$$

根据计算结果可得，驰振临界风速基本满足均值为 624.8m/s、标准差为 127.1m/s 的正态分布。

不同服役时间驰振临界风速分布如表 3-17 所示。参照跨海桥梁静风失稳和颤振失稳的时效风险概率计算方法，建立桥塔驰振极限状态方程，基于相同蒙特卡罗模拟方法，采用进行跨海桥梁桥塔驰振时效风险概率计算，结果见表 3-18。

表 3-17 不同运营时间驰振失稳临界风速分布

驰振失稳	成桥阶段	服役 25 年	服役 50 年	服役 75 年	服役 100 年
均值	577.8	570.7	563.5	555.3	547.1
标准差	127.1	125.6	124.0	122.2	120.4

表 3-18 驰振失稳时效风险概率

服役年限	成桥阶段	服役 25 年	服役 50 年	服役 75 年	服役 100 年
驰振失稳频率	4.67×10^{-6}	4.78×10^{-6}	5.09×10^{-6}	5.17×10^{-6}	5.27×10^{-6}

3.4.3 风致位移超限概率计算

跨海桥梁风致位移超限可分为静风位移和抖振位移两部分。其中，桥梁结构抖振位移响应为随机振动范畴，本节采用结构可靠度分析法[70]进行桥梁结构风致抖振位移响应计算，得出在规定时间内桥梁结构的失效概率或可靠度[71]。由于跨海桥梁风致位移超限概率计算包含多个随机结构参数，结合相关研究[72,73]，采用前文提出的 LHS，在减少抽样次数的同时保证样本精度，从而降低简化计算流程，进行桥梁结构位移超限概率计算，主要流程如下。

根据位移超限概率计算中的各个随机结构参数 $P_i(i=1, 2, \cdots, m)$的分布类型与统计特征，进行 M 次拉丁超立方分层抽样抽取，从而得到 M 组样本值 $P_i^j(i=1, 2, \cdots, M)$；并将这 M 组样本值分别代入 ANSYS 空间仿真模型中进行跨海桥梁风致位移超限计算，基于 3.4.1 节中提出的时效风险概率法，计算得到 M 个风险概率值，求出其平均风险概率即为跨海桥梁位移超限最终风险概率。

其中跨海桥梁跨中位置处容许位移 $R=L/800=1.51$m，塔顶位置处容许位移为 $R=H/400=0.51$m。将跨海桥梁成桥阶段主梁跨中竖向和塔顶顺桥向静风位移响应、抖振位移响应以及失效概率计算结果列于表 3-19 和表 3-20，主梁跨中侧向和塔顶横桥同理可得，不再列出。

表 3-19 成桥阶段跨中竖向计算结果

编号	容许值/m	静风位移响应/m	抖振位移响应/m	失效概率 P
1	1.51	−0.0458	0.3223	3.49×10^{-5}
2	1.51	−0.0273	0.0449	1.87×10^{-14}
3	1.51	−0.2210	0.2084	1.10×10^{-8}
4	1.51	−0.0172	0.1187	1.08×10^{-13}
5	1.51	−0.1134	0.1376	3.10×10^{-16}

续表

编号	容许值/m	静风位移响应/m	抖振位移响应/m	失效概率 P
6	1.51	−0.2468	0.3927	8.51×10^{-4}
7	1.51	−0.1616	0.3123	2.48×10^{-5}
8	1.51	−0.1222	0.2175	2.99×10^{-9}
9	1.51	0.0339	0.4185	4.42×10^{-4}
10	1.51	0.0788	0.0928	2.42×10^{-15}
11	1.51	−0.1866	0.2431	3.05×10^{-7}
12	1.51	0.1258	0.2348	3.33×10^{-8}
13	1.51	0.0186	0.3582	5.74×10^{-5}
14	1.51	−0.1313	0.3734	2.00×10^{-4}
15	1.51	−0.0546	0.1780	6.70×10^{-14}
16	1.51	−0.2020	0.2598	1.74×10^{-6}
17	1.51	−0.1408	0.2515	2.70×10^{-7}
18	1.51	−0.0064	0.2850	7.66×10^{-7}
19	1.51	−0.0632	0.3332	2.32×10^{-5}
20	1.51	0.0532	0.3450	3.76×10^{-5}
21	1.51	−0.0964	0.1989	5.45×10^{-11}
22	1.51	−0.2947	0.3028	8.51×10^{-5}
23	1.51	−0.0368	0.2937	1.78×10^{-6}
24	1.51	0.0053	0.1662	4.39×10^{-15}
25	1.51	−0.0881	0.1531	2.80×10^{-13}
26	1.51	−0.0716	0.2681	3.47×10^{-7}
27	1.51	−0.7989	0.4655	1.44×10^{-3}
28	1.51	−0.1508	0.2262	2.08×10^{-8}
29	1.51	−0.1048	0.2764	1.19×10^{-6}
30	1.51	−0.1733	0.1889	8.65×10^{-11}

表 3-20 成桥阶段塔顶顺桥向计算结果

编号	容许值/m	静风位移响应/m	抖振位移响应/m	失效概率 P
1	0.51	0.1878	0.0820	2.00×10^{-12}
2	0.51	0.0640	0.0560	3.97×10^{-15}
3	0.51	0.1291	0.2397	4.46×10^{-3}
4	0.51	0.1797	0.3083	3.14×10^{-2}
5	0.51	0.2594	0.3817	9.89×10^{-2}

续表

编号	容许值/m	静风位移响应/m	抖振位移响应/m	失效概率 P
6	0.51	0.3515	0.1295	8.54×10^{-4}
7	0.51	0.1374	0.2570	8.11×10^{-3}
8	0.51	−0.0691	0.2230	1.11×10^{-3}
9	0.51	−0.0213	0.0082	1.61×10^{-16}
10	0.51	0.0748	0.1981	2.94×10^{-4}
11	0.51	0.2441	0.1522	3.67×10^{-4}
12	0.51	0.0522	0.3215	1.98×10^{-2}
13	0.51	0.2192	0.1895	2.24×10^{-3}
14	0.51	0.0236	0.2314	1.12×10^{-3}
15	0.51	0.3044	0.1622	2.58×10^{-3}
16	0.51	0.0943	0.2661	6.98×10^{-3}
17	0.51	0.0047	0.1808	2.77×10^{-5}
18	0.51	0.0687	0.2756	6.44×10^{-3}
19	0.51	0.1710	0.2856	2.04×10^{-2}
20	0.51	0.1208	0.2965	1.72×10^{-2}
21	0.51	0.1035	0.2147	1.18×10^{-3}
22	0.51	0.2310	0.1163	2.96×10^{-6}
23	0.51	0.1624	0.1717	2.61×10^{-4}
24	0.51	0.1457	0.3560	4.80×10^{-2}
25	0.51	0.2787	0.1413	3.49×10^{-4}
26	0.51	0.0848	0.3367	2.88×10^{-2}
27	0.51	0.2083	0.2483	1.35×10^{-2}
28	0.51	0.1983	0.4288	1.08×10^{-1}
29	0.51	0.1122	0.1009	8.00×10^{-11}
30	0.51	0.1540	0.2064	1.72×10^{-3}

每组抽样样本计算结果均汇总成表 3-21，并按式(3-9)计算出体系失效概率。

表 3-21　第 i 组抽样计算结果汇总表

位置	容许值/m	静风位移响应/m	抖振位移响应/m	关键截面时效概率 $P(F_i)$
跨中竖向	1.51	—	—	—
跨中侧向	1.51	—	—	—
塔顶顺桥向	0.51	—	—	—
塔顶横桥向	0.51	—	—	—

最终跨海桥梁 5 个服役时间点均可以得到 30 个结果汇总表，即得到 30 个关键截面的失效概率，对它们求算数平均值即可得到该服役时间点的跨海桥梁体系风险概率，并汇总于表 3-22。

表 3-22 跨海桥梁位移超限风险概率

服役年限	成桥阶段	服役 25 年	服役 50 年	服役 75 年	服役 100 年
风险概率	1.37×10^{-2}	3.25×10^{-2}	6.47×10^{-2}	5.34×10^{-2}	9.26×10^{-2}

3.4.4 风致应力超限概率计算

在风致应力超限风险概率研究中，仅讨论在静风作用下，跨海桥梁结构各个关键截面应力超限情况。根据跨海桥梁结构受力特点，将主梁跨中、主梁桥塔处、桥塔塔底以及拉索最大应力处作为结构关键点进行应力超限研究。按照风致位移超限概率计算流程，采用 LHS 分层抽样结果，进行 30 次 ANSYS 结构确定性分析计算，并提取上述跨海桥梁结构关键点的最大应力。成桥阶段跨海桥梁结构关键截面最大应力计算结果见表 3-23。

表 3-23 成桥阶段部分关键截面最大应力　　　　　（单位：MPa）

编号	主梁跨中	主梁桥塔处	桥塔塔底	拉索最大应力处
1	36.357	101.649	9.283	462.761
2	34.675	98.214	9.091	449.721
3	46.595	122.550	10.450	542.109
4	51.043	131.632	10.957	576.584
5	55.811	141.366	11.501	613.539
6	39.443	107.948	9.635	486.676
7	47.719	124.844	10.578	550.818
8	45.511	120.338	10.327	533.711
9	31.570	91.875	8.737	425.660
10	43.891	117.030	10.142	521.151
11	40.909	110.942	9.802	498.042
12	51.902	133.385	11.055	583.241
13	43.336	115.898	10.079	516.853
14	46.050	121.438	10.388	537.888
15	41.562	112.274	9.876	503.098
16	48.308	126.048	10.645	555.385
17	42.767	114.736	10.014	512.442
18	48.924	127.306	10.716	560.162

续表

编号	主梁跨中	主梁桥塔处	桥塔塔底	拉索最大应力处
19	49.577	128.638	10.790	565.218
20	50.277	130.068	10.870	570.646
21	44.975	119.242	10.265	529.549
22	38.584	106.195	9.537	480.019
23	42.178	113.532	9.947	507.875
24	54.143	137.960	11.311	600.607
25	40.209	109.512	9.722	492.614
26	52.890	135.401	11.168	590.894
27	47.150	123.682	10.513	546.407
28	58.865	147.600	11.849	637.203
29	37.585	104.156	9.423	472.281
30	44.436	118.142	10.204	525.372

经 K-S 检验，确定跨海桥梁在成桥阶段结构关键截面最大应力分布特征，基于表 3-1 中材料强度，得到应力超限风险概率，由式(3-9)计算可得跨海桥梁在成桥阶段整体结构应力超限的风险概率，见表 3-24。

表 3-24 成桥阶段关键截面处应力分布

成桥阶段	主梁跨中	主梁桥塔处	桥塔塔底	最大拉索索力处
分布类型	正态	正态	正态	正态
均值/MPa	45.7	121	10.4	537
标准差/MPa	6.49	11.74	0.73	40.3
强度限值/MPa	295	295	22.4	708
失效概率/%	0	0	0	2.03×10^{-5}

同理，计算可得跨海桥梁在不同服役时间的风致应力超限概率，见表 3-25。

表 3-25 跨海桥梁应力超限风险概率

服役年限	成桥阶段	服役 25 年	服役 50 年	服役 75 年	服役 100 年
风险概率	2.03×10^{-5}	5.47×10^{-5}	4.12×10^{-4}	1.28×10^{-3}	6.01×10^{-3}

3.5 桥梁结构风致灾害风险损失估算

3.5.1 风致灾害风险损失估算方法

跨海桥梁结构风险损失评估涉及范围广泛,不仅要从桥梁局部构件损失、桥梁整体损伤、交通系统损失等多层次进行估计,也要从桥梁使用人员、管理人员、养护人员、业主等多目标进行估计,还要从经济、交通、环境、社会等多层面进行评估,是极为复杂的评估对象[74]。而且在开展桥梁结构风险损失评估过程中,基本上不可能把所有事故产生的风险全部计算进来,通常根据桥梁结构风险评估的总体目标和决策要求,确定进行风险损失评估的整体范围和评估对象,在特定的考虑分析范围内,采用定量的经济损失评估方法进行合理估计。

由第 2 章中对风险的定义可知,桥梁风险损失为桥梁结构发生风险事故后造成不利后果程度的一种度量。基于跨海桥梁作为风险损失的研究对象,本节从桥梁自身直接价值和外在间接价值两个方面进行风险损失估算,故桥梁结构风险损失表达式可以写成

$$D = D_Z + D_J \tag{3-12}$$

式中,D_Z 为自身直接损失,是指桥梁结构破坏导致自身内在价值减少的直接损失,即认定桥梁工程本身具有一定的经济价值,风险事故是对桥梁工程自身价值的过度消费;D_J 为外在间接损失,即桥梁结构破坏导致的人员伤亡、桥梁结构修补、环境破坏等外在价值损失。

基本上人们无法非常精细准确地进行桥梁工程风险损失计算,只能进行大致的风险损伤估算[75-77]。本节根据自身直接损失和外在间接损失的相关定义,提出桥梁结构风险损失的估算方法。

桥梁自身直接损失定义为

$$D_Z = C\beta_i \tag{3-13}$$

式中,C 为桥梁工程自身价值,即桥梁工程造价;β_i 为风险因素 i 对桥梁自身价值过度消费所造成的直接损失系数,见表 3-26。

表 3-26 损失系数表

项目		构件重要性程度			
		一般构件	一般重要构件	重要构件	非常重要构件
β_i		0.0	0.3	0.9	1.0
δ_i	一般工程	0.5	1.0	1.5	3.0
	重要工程	0.5~1.0	1.0~2.0	2.0~6.0	6.0~10.0

外在间接损失是进行桥梁风险损失估算的难点，涉及范围广，既包括人员伤亡以及相应的医护救治，又包括桥梁结构修补加固费用，还有环境、交通、社会影响的经济效应损失，很难给出准确的定量估计，通常依赖主观人为的经验评估。本节采用间接估算法，即假定跨海桥梁结构风险事故致使内在直接风险损失与外在间接风险损失呈某一比例关系，即

$$D_J = \delta_i D_Z \tag{3-14}$$

式中，δ_i 为比例系数，见表 3-26。

结合式(3-12)~式(3-14)即可得到跨海桥梁结构风险损失估算公式：

$$D = D_Z + D_J = C \cdot \beta_i \cdot (1+\delta_i) \tag{3-15}$$

3.5.2 风致失稳破坏损失计算

进行跨海桥梁风致灾害风险损失估算前先对损失系数表进行修正。损失系数表(表 3-26)普遍适用常规风险，本节就跨海桥梁风致灾害风险按照致灾机理的不同，将风险事故划分为位移超限、应力超限、结构失稳三种类型，未进行构件重要性程度的判别。因此，基于损失系数表，重新建立针对跨海桥梁风致灾害风险的损失系数表，见表 3-27。

表 3-27 风致灾害风险损失系数表

项目		风致灾害风险类别		
		位移超限	应力超限	结构失稳
β_i		0.001	0.01	1
δ_i	一般工程	0.5	1.0	3
	重要工程	0.5~1.0	1.0~2.0	6.0~10.0

根据式(3-15)确定各项计算参数的数值，桥梁工程自身价值 C，即桥梁工程造价。基于跨海桥梁相关设计资料，确定跨海桥梁工程主桥实际造价为 20 亿元。

一般情况下，跨海桥梁结构在风荷载作用下一旦发生结构失稳，极易造成桥体整个发生垮塌现象。而跨海桥梁作为浙江省连岛工程中交通关键枢纽的重点桥梁，社会关注度高、投资建设巨大、日常车辆船舶通航量任务繁重，一旦发生事故将会对浙江省沿海地区交通经济发展造成极为恶劣的影响。基于综上考虑，将三种风致破坏形式下的间接损失系数均取最大值 10、2 和 1，从而进行跨海桥梁风致灾害风险损失估算。

进行风致失稳破坏损失计算，其中桥梁工程造价 C=20 亿元，直接损失系数 β_i=1，比例系数 δ_i=10，即失稳破坏损失为

$$D = D_Z + D_J = C \cdot \beta_i \cdot (1+\delta_i) = 20 \times 1 \times (1+10) = 220 \,(亿元)$$

3.5.3 风致位移超限损失计算

进行风致位移超限损失计算,其中桥梁工程造价 $C=20$ 亿元,直接损失系数 β_i =0.001,比例系数 $\delta_i=1$,即位移超限损失为

$$D = D_Z + D_J = C \cdot \beta_i \cdot (1 + \delta_i) = 20 \times 0.001 \times (1 + 1) = 0.04 (亿元)$$

3.5.4 风致应力超限损失计算

进行风致应力超限损失计算,其中桥梁工程造价 $C=20$ 亿元,直接损失系数 β_i =0.01,比例系数 $\delta_i=2$,即应力超限损失为

$$D = D_Z + D_J = C \cdot \beta_i \cdot (1 + \delta_i) = 20 \times 0.01 \times (1 + 2) = 0.6 (亿元)$$

综合上述风致破坏损失计算结果,见表 3-28。

表 3-28 风致灾害风险损失估算表

风致破坏类别	经济损失/亿元
结构失稳	220
位移超限	0.04
应力超限	0.6

3.6 风致灾害风险评价与决策研究

跨海桥梁结构在进行最终风险评价和风险决策之前的关键是建立一个经多方面综合考虑的风险评价准则。风险评价准则是基于一定必要性原则和风险评价总体目标的要求,制定的一套能准确反映跨海桥梁结构风险致灾水平、等级的标准,以便更为准确地进行最终评价和风险决策。

3.6.1 风险评价准则建立标准

原来风险评估研究学者,以风险最低原则进行风险预防控制。然而,在这一原则的束缚下,往往造成跨海桥梁结构在成功降低一方面风险的同时,加剧了其他方面的风险,或增加了生产成本。合理地进行风险评估与决策并不是完全避免或解除各类风险对跨海桥梁结构的影响,而是更希望在不大量增加控制预防成本的前提下,将风险控制在一个可接受、合理正常的水平,确定最优化的风险控制方案。因此,在确定跨海桥梁结构风险评价准则时要从以下几个基本原则出发:

(1) 科学合理性。进行风险评价准则设计的过程中秉持科学合理的原则,了解桥梁结构真实准确的实际情况,做出客观合理的评价,实事求是。

(2) 全面适用性。要对评价结构进行全面的分析和设计,做到不遗漏,不偏颇,建立的风险评估准则要具有非常强的实用性和适用性,具有一定的可操作性,让研究人员能准确基于准则进行风险评价。

(3) 简洁明确性。风险评价准则是为了让风险研究人员更好更快地进行风险等级的辨识和评估,提出的评价指标应简洁明确,不能出现模糊不定的概念或出现相邻指标重叠的现象,这样反而会影响桥梁结构风险评价的准确性。

3.6.2 风致灾害风险准则

基于风险评价准则建立标准中的几项基本原则,结合跨海桥梁结构风险时效概率和结构风险损失估计值,建立风险划分等级标准,以经济效应指标作为划分标准。本节认为风险准则中的风险等级划分标准,应该综合考虑研究对象跨海桥梁结构的造价规模情况,对于不同造价的桥梁结构,风险准则进行相应的调整修正。对于投资规模大的桥梁结构,其他风险可接受水平应根据其造价水平提高。对于投资规模小的桥梁工程,可适当对风险评价准则进行适当折减,以提高桥梁风险评价准则的合理性与适用性。基于以上判断,本节提出将跨海桥梁工程实际造价与设计使用年限的比值,进行风险等级划分,以确定桥梁结构的风险接受水平。

$$L = \alpha \cdot \frac{C}{T} \tag{3-16}$$

式中,C 为跨海桥梁工程实际造价;T 为跨海桥梁工程设计使用寿命;α 为协调系数。

其中协调系数 α 暂取为 0.5,由式(3-16)确定跨海桥梁风致灾害风险接受水平为 10^6 元。将风险接受水平每乘以或除以 10 作为相邻风险等级的划分标准,并设置五个风致灾害风险划分等级,建立适用于跨海桥梁风致灾害风险准则,见表 3-29。

表 3-29 跨海桥梁风致灾害风险准则

风险划分标准/万	风险等级	风险决策
$1000 \leqslant R$	灾难性风险	风险不可接受,更换方案
$100 \leqslant R < 1000$	高风险	风险不可接受,应改进方案,采取措施降低风险
$10 \leqslant R < 100$	中风险	风险可接受,不希望发生,采取措施降低至低风险
$1 \leqslant R < 10$	低风险	风险可接受,注意加强管理与风险监控
$R < 1$	极低风险	可忽略,按正常管理方案进行

3.6.3 风致灾害风险评价与决策

根据跨海桥梁风致灾害风险准则,将本章得出的时效风致风险损失估算值与相应的风致灾害风险概率(其中包括失稳破坏、位移超限、应力超限)相乘,以确定跨海桥梁各类风致灾害风险接受水平和风险等级,并鉴于风致灾害风险等级进行跨海桥梁风险决策,见表 3-30~表 3-34。

表 3-30 静风失稳风险评价

服役年限	成桥阶段	服役 25 年	服役 50 年	服役 75 年	服役 100 年
静风失稳风险(万元/(年·桥))	0.19	0.24	0.55	0.40	0.73
风险等级	极低风险	极低风险	极低风险	极低风险	极低风险

表 3-31 颤振风险评价

服役年限	成桥阶段	服役 25 年	服役 50 年	服役 75 年	服役 100 年
颤振风险(万元/(年·桥))	0.57	0.71	0.97	0.96	1.16
风险等级	极低风险	极低风险	极低风险	极低风险	低风险

表 3-32 驰振风险评价

服役年限	成桥阶段	服役 25 年	服役 50 年	服役 75 年	服役 100 年
驰振风险(万元/(年·桥))	10.27	10.52	11.20	11.37	11.59
风险等级	中风险	中风险	中风险	中风险	中风险

表 3-33 位移超限风险评价

服役年限	成桥阶段	服役 25 年	服役 50 年	服役 75 年	服役 100 年
位移超限风险(万元/(年·桥))	2.74	6.50	12.94	10.68	18.52
风险等级	低风险	低风险	中风险	中风险	中风险

表 3-34 应力超限风险评价

服役年限	成桥阶段	服役 25 年	服役 50 年	服役 75 年	服役 100 年
应力超限风险 (万元/(年·桥))	0.12	0.33	2.47	7.68	36.06
风险等级	极低风险	极低风险	低风险	中风险	中风险

由表 3-30～表 3-34 可知，跨海桥梁在 100 年服役期间受到静风失稳和颤振失稳风险概率较低，属于低或极低风险等级，风险均处在可以接受的范围，注重日常风险监控即可。桥塔在 100 年服役期间驰振风险等级均为中风险，风险处于可以接受的范围，但可以采取相应预防控制风险的措施以降低驰振风险等级。不过本节基于《公路桥梁抗风设计规范》JTG/T 3360-01—2018 来进行跨海桥梁桥塔驰振风险概率计算，参数不确定性分析是否合理准确，还值得进一步研究，因此跨海桥梁桥塔处驰振失稳风险的评估结果仅做参考。位移超限和应力超限在服役前期风险等级较低，随着桥梁构件刚度的时效下降，随后到服役 50 年后，位移超限风险等级升高为中风险。服役到 75 年后，跨海桥梁应力超限风险也升高为中风险，虽然两个风险处于可接受的风险范围，但可以采取相应预防控制风险的措施以降低位移超限与应力超限风险等级，以更好地确保跨海桥梁在服役期间的安全运用。

3.7 风致灾害风险控制研究

3.7.1 抗风设计理论与适用规范研究

建立大跨度海洋桥梁抗风性能的科学评价标准是一个非常复杂的问题，尚需进行大量的研究工作。由于海洋桥梁桥址风场的产生机理、时空特性均与常见季风等良态风场存在很大差异，现行规范中的抗风安全评估主要是针对良态风场中的大跨度桥梁，标准单一，无法直接用于评价大跨度海洋桥梁防风性能，无法说明强台风作用下特大跨度海洋桥梁的气动行为，亟须针对台风环境下主梁气动参数的影响因素进行详细研究，进而确定合理的气动参数模型，提高其精度和适用范围。而大跨度海洋桥梁在交通网络中所处的地位重要、所处风场环境复杂，因此为确保大跨度海洋桥梁的安全性和舒适性，需综合考量各种因素，确定科学、合理的评价标准。

1) 建立适用跨海桥梁的抗风设计理论

针对海洋风场条件和特大跨度海洋桥梁自身结构特性，明确台风对特大跨度海洋桥梁的作用机理，发展更符合实际的三维强台风风场模型，提出适用于特大跨度海洋桥梁的静风稳定、涡振、颤振及抖振等抗风分析方法。

2) 提出适用跨海桥梁的抗风性能评价标准

跨海桥梁的抗风性能评价标准是跨海桥梁抗风性能评估的关键所在，其科学决策涉及面广、过程十分复杂，亟待开展大量基础性研究工作。

3.7.2 风振控制措施研究

为确保大跨度桥梁抗风安全性和舒适性，需对其风致振动进行控制。经过大量试验研究发现，桥梁几何形状、结构自振频率和结构机械阻尼决定了桥梁的气动弹性稳定性。

桥梁的几何形状：通常情况下，流线型主梁横截面要比钝型的气动稳定性好很多。因此，为了显著提高桥梁抗风稳定性，应当选择气动外形好的主梁横断面形式。

桥梁结构自振频率：桥梁结构振动频率越低，其起振风速就越低。因此，通过提高桥梁自振频率也能够在一定程度上提高桥梁抗风稳定性。

桥梁结构机械阻尼：要尽量多地耗散掉外界施加给桥梁结构的能量，桥梁结构的阻尼应适当提高。机械阻尼比越高的桥梁结构，该桥梁的气动稳定性越好。

从以上3种因素出发，桥梁风致振动措施主要有以下几个方面。

1) 气动控制措施

桥梁风致振动的风荷载性质与桥梁结构的几何外形关系紧密。气动力(如自激力、抖振力、涡激力)是导致桥梁结构风致振动的主要动力，它们都是气流在绕过桥梁时与桥梁相互作用产生的，因此气动力和桥梁外形联系密切，同时这也启发桥梁工作者可以通过改变结构截面外形来调整气动力大小。大量的风洞试验研究表明，在满足桥梁使用性能的前提下，附加导流装置或者适当改变结构外形对削弱桥梁结构的风致振动响应很有帮助，这就是气动控制措施。其原理是改变吊杆、拉索、桥塔、主梁等构件的几何外形或者通过较小附属构件的安装来改变桥梁周围的绕流形态，使桥梁上的气动力发生改变。气动控制措施能较好地降低桥梁结构的涡振，有效提高桥梁结构的气动稳定性。人们通过大量的试验，发现能够改善截面气动性能的措施有很多，主要包括：

(1) 通过设置导流板、扰流板、风嘴等改变截面两端的气动外形，改善气流绕流形态。

(2) 主梁中央开槽或者以分离箱断面代替闭口箱断面，这样能够降低主梁上下表面的压力差，增加气动稳定性。

(3) 流线型化主梁截面形式，保证良好的气动性能。

(4) 桁架梁透风性能好，且具有抗扭刚度大的优点，因此桥梁主梁形式可以采用透空的桁架式。气动控制措施能使主梁横截面接近流线型，主梁竖向振动空气阻尼增大，驰振和涡激振动受到抑制。

在桥梁横断面的中央位置处设置与桥面垂直的中央稳定板也能改变桥梁主梁顶底面气动力。该方法能有效地对桥梁颤振加以控制。但是，设置中央稳定板时要严格掌握其高度。有试验表明，两倍横断面厚度以上高度的中央稳定板不仅不能提高桥梁颤振稳定性，还会削弱原截面的颤振稳定性。

通常情况下，不同形式的桥梁风致振动，其振动机理也是不同的。一种气动措施并不能兼顾，某种措施在减弱一种风致振动的同时对其他风致振动作用不明显，可能还会引起反作用。因此，气动控制措施需结合结构断面形状、桥梁周围风环境来综合考虑，并与结构控制措施和机械控制措施结合起来削弱桥梁结构的风致振动效应。

2) 机械控制措施

机械控制措施的基本原理是借助附加阻尼提高桥梁结构气动稳定性，达到降低风致响应的目的。就控制方式而言，机械控制措施可分为主动控制、半主动控制、被动控制以及混合控制等。被动控制措施因其构造简单、造价低廉且不需要外部能源输入等优点而广泛应用于桥梁工程中。

当桥梁结构不便使用气动控制措施或气动控制措施不能满足减振要求时，或者由于受到条件限制不能采用结构控制措施时，机械控制措施为桥梁风致振动控制提供了新思路。机械控制措施的原理是通过加大结构阻尼和刚度或附加质量等对桥梁风致振动予以抑制。其具体方法有以下两种：

(1) 临时附加质量。在桥梁主梁迎风侧增设偏心质量能提高桥梁颤振临界风速，从而提高桥梁颤振稳定性。

(2) 调谐阻尼器。调谐阻尼器通过提供运动的阻力来达到耗散运动能量的目的。目前运用较多的调谐阻尼器为调谐液体阻尼器(tuned liquid damper, TLD)和调谐质量阻尼器(tuned mass damper, TMD)，它们都能有效控制桥梁的风致振动。

目前在结构上安装阻尼器是增大结构阻尼的常用方法。这种方法既可以采用磁流变阻尼器或油阻尼器等单纯的阻尼器，又可以采用动力阻尼器，如调谐质量阻尼器、调频液体阻尼器、悬挂调质阻尼器等。阻尼器的缺点是在使用过程中需要定期进行维护。

3) 结构控制措施

结构控制措施的基本原理是提高桥梁的整体刚度以达到提高桥梁结构气动稳定性的目的。大跨度桥梁可以通过设置辅助索或合理改变主缆体系来提高结构刚度，降低风致振动响应。结构控制措施能有效地加大桥梁结构弯扭模态形状间的差异化以及促使结构弯扭模态频率分离，最终达到提高桥梁颤振稳定性的目的。

从变形的角度来看，在风荷载作用下，由于结构刚度增加，桥梁不会产生较大幅度的变形，桥梁结构趋于稳定，疲劳损伤减少。

从能量的角度来看，桥梁自振频率随着桥梁刚度的增加而增大，由于风的高能量段处于低频区，桥梁结构自振频率的增大避免了其高能量输入。因此桥梁抗风稳定性得到提高。

从位移的角度来看，桥梁结构在长期大风作用下产生大位移，提高桥梁结构刚度对降低结构位移效果显著，同时能满足结构舒适性要求。

通常，结构控制措施被用在悬索桥、斜拉桥等柔性结构上，尤其是它们的索、吊杆等构件上，辅助索、中央扣、抗风缆是几种比较常用的结构措施。

(1) 辅助索。辅助索又称为二次索，是一种结构减振措施。辅助索一般应用在斜拉桥上，通过高强钢绳将各拉索连接起来，这样一来，拉索的有效长度减小了，拉索的固有频率提高了，拉索间相互作用形成索网；还可以借助高阻尼材质辅助索提高整个桥梁结构的阻尼，从而抑制拉索参数共振、风雨激振等。

(2) 中央扣。为了替代桥梁跨中部分最短的吊索，常常设置中央扣来提高桥梁整体刚度，不仅能减小加劲梁因制动力产生的纵向位移，还能减小跨中短吊索的横向和纵向弯折，跨中短吊索的抗弯折能力及其他受力性能得到根本上的改变。中央扣较跨中短吊索而言能增大桥梁结构整体刚度以及相应各阶频率，尤其是以缆索振动为主的频率。

(3) 抗风缆。抗风缆系统通常用在山区、旅游区等通航净空不受限制的悬索桥上，但是一旦悬索桥的跨度太大，采用抗风缆系统来达到控制桥梁振动的目的就不经济了。抗风缆提高桥梁抗风稳定性的原理是：承重绳张力在抗风缆的作用下增大，桥梁整体刚度增大，使得风作用下位移减小，抗风稳定性增强；再者，较小荷载作用会使柔性结构产生较大倾斜，恰巧抗风缆系统能够调整桥梁结构线形，减轻桥梁的倾斜程度。

3.8 本章小结

本章通过跨海桥梁设计图纸等相关材料，建立了 ANSYS 空间数值仿真模型。根据风险时效性理论，进行跨海桥梁不同结构主梁、主塔以及拉索的抗力、刚度退化时效性研究。基于风致灾害风险中各类参数的不确定性，从风荷载参数、跨海桥梁结构自身参数以及相互作用参数 3 类进行不确定性分析，采用 LHS，对风致灾害风险参数中敏感性较强的 9 类参数进行分层随机抽样。基于跨海大桥失稳破坏、位移超限和应力超限 3 种风致灾害破坏模式，结合 ANSYS 空间模型，分别进行各种风致破坏下的时效风险概率计算。从跨海桥梁自身直接损失和外在间接损失两个方面提出了风险估算方法，并对跨海桥梁进行了风致灾害风险损失估算。建立跨海桥梁结构风致灾害风险准则，提出了风险等级确定方法，并结合风致灾害风险概率计算结果和风致损失估算结果，进行跨海桥梁风致灾害风险评价。

结果表明：跨海桥梁在 100 年服役期间受到静风失稳和颤振失稳风险概率较低，属于低或极低风险等级，风险均处在可以接受的范围，注重日常风险监控即可。桥塔在 100 年服役期间驰振风险等级均为中风险，风险处于可以接受的范围，但可以采取相应预防控制风险的措施以降低驰振风险等级。位移超限和应力超限风险在服役前期等级较低，随着桥梁构件刚度的时效下降，到服役 50 年后，位移超限风险等级升高为中风险。到服役 75 年后，跨海桥梁应力超限风险也升高为中风险，虽然两个风险处于可接受的风险范围，但可以采取相应预防控制风险的措施以降低位移超限与应力超限风险等级，以更好地确保跨海桥梁在服役期间的安全运营。

第4章 桥梁船舶撞击风险评估

4.1 概 述

近几年来，我国浙江省沿海地区跨海桥梁发展迅猛，杭州湾跨海大桥、金塘大桥、西堠门大桥等大型跨海桥梁相继建成通车。在海域船舶通航量逐年递增的同时，伴随而来的跨海桥梁船舶撞击事件也时常发生[78,79]，在导致跨海桥梁受损毁坏的同时，也经常会带来巨大的人员伤亡和经济财产损失，影响交通出行。主要表现在以下几个方面：

(1) 桥梁越建越多，越建越大，越建越长。桥梁建设已从跨越内河发展到跨越河口、跨越海峡。近20年来，由于桥梁技术的不断进步，桥梁的建设日益向大跨度深基础发展，桥梁已从跨越大江大河发展到跨越河口、跨越海峡，桥位的选择从内河的中、上游发展到下游，直至沿海地区。

(2) 船型尺度在不断地增大。随着水路运输的发展和船型技术的不断进步，船型也在不断地改进，船舶尺度、吨位在不断增大，随着运输结构调整的不断推进和深入，船型将逐步实现标准化、大型化和现代化。

(3) 船舶逐步高速化。20世纪80年代，一般货船的航速仅在20km/h左右，如今已有很多货船达到30km/h以上，有的更是达到60km/h以上。船舶航速增加，意味着撞桥时碰撞能量增加，无疑会带来更严重的后果。

(4) 危险品运输呈增长趋势。石油及其制品、液体化工品等运输量快速增长。新型专用船舶如化学品船、液化气船等从无到有。

因此，对跨海桥梁进行船舶撞击风险评估，并提出对应的预防措施，保障桥梁安全运营、船只正常通行是十分有必要的[80]。

目前，国内外学者对船舶撞击风险评估方法多数集中在研究船舶撞击概率方向，并且建立了较多运用广泛且可靠性强的概率计算模型，如美国AASHTO规范模型[81,82]、昆兹模型[83]和拉森(Larsen)模型[84]等。国内学者耿波和王君杰考虑了船舶横向分布和水位变化情况，基于昆兹模型提出了船舶撞击三参数概率模型[85]；戴彤宇统计了长江、珠江和黑龙江上的船舶撞击事件，建立了船舶撞击概率分析数据库。基于概率分析的风险评估方法能有效计算出船舶撞击后倒塌概率，具有一定的可靠性和实用性，但也存在一定不足，这类研究多数针对内河桥梁船舶撞击，主要考虑船舶年通航量、偏航概率、撞击概率等指标[86]，而对跨海桥梁船舶撞击风险评估很少涉及，没有充分考虑跨海桥梁复杂的海域环境、水文气象和船员海域驾驶情况等因素。

针对跨海桥梁船舶撞击风险评估研究方面的不足，本章以浙江省舟山朱家尖跨海大桥为工程背景，根据影响船舶撞击风险因素具有多方面、多层次的特点，引用 AHP 法建立风险评估指标模型，并运用主客观赋权得出各评判指标的权重[87]。结合朱家尖跨海大桥桥区通航条件及某年船舶通行统计数据，采用定量分析和定性分析相结合的方式，确定风险评价指标隶属度矩阵，引入模糊数学理论进行风险多级综合评估[88]，形成系统的船舶撞击风险评价体系，对朱家尖跨海大桥进行船舶撞击风险评估，并根据不同影响因素提出预防措施。

4.2 桥梁船舶撞击风险事故分析

对船舶撞击事件开展风险分析是进行风险评估的第一阶段，旨在找出所有可能导致船舶撞击的风险源[89]。采用事故致因理论进行船舶撞击事故风险源分析。事故致因理论是安全原理的主要内容之一，用于揭示事故的成因、过程与结果[90]，一般指轨迹交叉理论(orbit intersecting theory)，认为人、物的两条轨迹并非简单独立运行就会导致事故的发生，事故的发生呈现出的致因关系比较复杂。该理论的基本观点是某些相关联的事件之间彼此互相影响导致突发事件[91]，即在二维空间的一定空间和时间内，当人所做的不安全行为和物潜在的不安全状态在持续发展的过程中它们的轨迹产生交叉或接触时，产生了不良影响，突发事件当即就会发生。该理论的优势在于突破了一维空间的局限，提升为从二维空间的角度分析事故致因，它避开了风险源的具体特点和事故的具体内容与形式，而只是抽象概括地考虑构成系统的人、机、物、环境，因此它更本质、更具普遍意义。当它和具体的风险源、具体的事故结合时，就可以更科学、更实际、更生动地把可能的事故成因、过程、结果展现在人们面前。它是进行危险性分析、安全性评价、对策制定、监控管理，以及事故调查分析的有效方法[92]。

船舶撞击事故作为水上交通事故的一个重要种类，其致因既与其他事故的致因有许多相同之处，又有自己的特点。国际海事组织(International Maritime Organization, IMO)将水上交通事故致因分为三类：第一类为人为的差错，如没有遵守条文规定、疏忽大意、操作不当、保养不当等。第二类为船舶机械或设备故障，如主机或辅机故障、航海及通信设备故障等。第三类为与船舶无关的原因，如风、流、浪的影响，船体设计或结构上的错误，第三方的责任以及助航出差错等。

综合考虑上述三种事故致灾因素以及管理因素对船撞桥事故的影响，建立船-桥系统，由人、机、环境、管理四个方面的因素共同构成。其中，人是指船舶工作人员，即船员；机是指船舶及船上的货物；环境是指船舶的航行条件；管理是指海事机构、企业、港口等相关管理方面。船舶与桥碰撞是一个动态的过程，它们彼此之间相互作用、相互影响，当人在进行不安全行为，其他因素处于不安全状态时，风险系数越高，这些因素越容易耦合。随着效果的叠加，船舶撞击风险越来越高，最终导致船舶撞击事故的发生[93]。

4.2.1 船舶撞击事故特点

船舶、桥梁的自身条件和船舶航行、桥梁服役环境的特殊性，以及船舶撞击事故致因的特定性，决定了船舶撞击事故具有损失大、危害严重、规律性、随机性和偶然性以及小概率性等特点[94]。

1) 危害严重

船舶撞击事故一旦发生，其危害性相当严重，特别是危险品船舶发生事故。船舶撞击事故不但导致桥梁损伤，造成直接经济损失和人员伤亡，还会对环境造成严重的污染，威胁水域内生物的生存，影响水域周围人们的生活。

2) 规律性

船舶撞击事故是由人、环境、船舶、管理等多方面的因素引起的，而引发事故的原因具有一定的规律，因此事故也具有一定的规律。由人的生理条件决定船舶撞击事故多发生在夜间，特别是下半夜。由自然条件决定能见度不良时易发生船舶撞击事故，由于气象是有规律的，所以事故一般集中在一年的某个月份，甚至某几天。由于航道条件具有一定的固定性，事故发生多集中在某个航段。

3) 随机性和偶然性

船舶撞击事故的发生具有随机性和偶然性。对船舶撞击事故而言(以刑事犯罪的手段制造发生的事故除外)，没有一起是人主观上愿意看到其发生的，即使驾驶员冒险操作也是当事人自信可避免发生事故[95]。自然因素和人为因素具有很大的不可预测性，这就决定了船撞事故发生的随机性和偶然性。

4) 小概率性

每年发生的船舶撞击事故的绝对数虽然较大，但同每年全国水上交通事故量相比，仍然只占有极小的百分比；而且同公路等其他运输方式比起来，船舶撞击事故仍属于小概率事件。

4.2.2 船舶因素

影响到船舶航行安全的船舶因素包括船舶结构、货物积载、船舶系统设备、船队等方面。

1) 船舶结构

船舶结构作为影响船舶安全航行的因素之一，当船舶结构存在隐患时，船舶安全将会受到威胁。为了保证船舶适航，船舶的稳定性、抗沉性、操纵性等性能必须满足适航的要求，所有性能都是船舶结构所决定的。船舶结构性能会随船龄的增加而降低，外壳板的磨损程度与船龄呈线性正相关[96]。船体长期浸泡在水中不可避免地受到腐蚀和磨损，随着外壳板厚度减小，剖面模数相应减小，会严重影响船舶安全。船舶大小属于船舶结构里的船型，船舶通过桥梁时，小型船舶能轻松安全地穿过桥孔，大型船舶穿越时需要驾驶员注意力高度集中，一不小心就会导致船撞事故发生。

2) 货物积载

为了避免船舶在通过桥梁时发生风险事故，应防止货物超高、超宽。在货物积载状态下，其装载和系固措施不安全，会威胁船舶及船员的安全。当货物积载不当时，会影响船舶穿越桥区水域时的安全性。

3) 船舶系统设备

船体系统、动力系统、操作系统、导航与通信系统和安全应急系统等组成船舶系统。船舶自动化程度、船舶适航性、可操作性由船舶系统设备决定。船舶自动化能有效避免人为失误行为，但对船员的综合素质要求较高，高素质船员运行船舶自动化设备时能充分发挥其优势，提高船舶航行安全性能。船舶的航行安全与船舶系统设备息息相关，良好的船舶系统及设备有较强的避碰能力，发生事故的可能性低。2007年6月22日，由于"盛发8号"运沙船航行在嘉陵江水域时，主机突然失灵顺水漂流而下，与遂渝铁路草街大桥8号桥墩相撞[97]。

4) 船队

随着国家综合实力的提升，船舶吨位越来越大，船队的数量越多，受到桥的影响越大，船与桥发生碰撞的概率也越大。船队的尺度比单船尺度大，操作性较单船更差，航行至桥区时增大船舶撞击风险。特别是船舶被顶推时系缆绳突然断裂，经常会导致船舶撞击事故发生。

4.2.3 通航环境因素

通航环境是指船舶航行水域的航道条件、水文条件和气象条件等因素。航道条件是指涉及船舶航行和操作的空间范围是否受到限制以及受到限制的程度，一般包括桥梁通航孔尺寸、桥梁选址等因素；水文条件是指水深、水流、潮汐、波浪等对船舶交通有影响的各种因素；气象条件是指能见度、风、气温等对船舶交通安全有影响的因素。通航环境不仅影响船舶航行动态，还影响船员对操纵方法的判断。船舶的安全在恶劣的通航环境下航行时受到严重的影响。

1. 航道条件

桥的原因导致船撞桥事故的发生，其主要因素包括两方面：通航尺度和桥梁选址。

1) 桥梁通航尺度较小，船舶航行困难

桥梁通航孔净空高度和宽度组成桥梁通航尺度。桥梁通航孔跨径的大小考验船员的操作技能和心理素质，通航孔跨径越小对船员操作技能和心理素质的要求越高，船舶在穿越通航孔时未及时摆正船首向，调整过程中稍有不慎会引发船舶撞击事故。桥梁通航尺度较小、桥墩过多过密都会提高船舶撞击事故的发生率。

2) 桥梁位于复杂弯曲河段

国家海事机构制定的《内河通航标准》(GB 50139—2014)等技术规范明确指出[98]：当桥梁作为通航建筑物时应选择稳定的河床、良好的水流条件和充裕的航道水深的平顺河段建设，杜绝建设在变化无常的洲滩。桥梁选择复杂河段，如弯道、不稳定河床、分汇流口及险滩作为建设地址，一方面可能因为穿越桥梁航向与船舶航向线夹角过大，造成船舶转向困难不易操作，稍不注意就容易发生船舶撞击事故；另一方面可能因为河流的变化导致通航桥区条件恶化，特别是主航道桥孔不能通航的情况下，副通航桥孔却能航行，在通过时操作难度增加，发生船舶撞击事故可能性也会增加。桥梁修建时选址问题给船舶与桥的安全带来严重的影响，如黄石长江公路大桥、武汉长江大桥、武汉白沙洲长江大桥、荆州长江大桥、重庆白沙陀大桥等。

2. 水文条件

水流影响航行中船舶的航向和航速。航向会受到水动力的影响发生偏转，若航向发生偏转时，并未采取合适的压舵角甚至不采取任何措施，船舶将不受控制偏离计划航线，增大事故发生的风险。桥区水流是水流的一种，但桥区水流较一般水流更复杂，船舶航行更困难。特别是洪水期和枯水期桥区水流呈现出不一样的流态特征，船舶受洪水期水流影响较大，受枯水期水流影响较小。洪水期水流湍急、流态紊乱，对船员操纵技能要求较高，特别是桥梁通航孔航向与水流主流流向夹角较大时，船首向不易控制，船舶驾驶员一旦操作失误易发生船舶事故。洪水期时错乱的水动力促使船舶航行不够稳定，左右摆动，容易发生岸壁效应而撞向桥墩。

3. 气象条件

1) 风

船舶在航行过程中船舶操作性会受到风的影响，尤其是风力较大时影响更大。风会在桥梁通航孔形成独特的风力场，风力场会有不同方向的力。当船舶航行于桥梁时，在桥孔里受到风力场的影响，船舶受到不同方向的推力，航行的稳定性减弱，操作性能降低，船首向将发生偏转，若船舶驾驶员未来得及压舵或舵角不够，船舶将偏离航道发生船舶撞击事故。

2) 能见度

能见度作为大气透明度的一个指标，受天气情况的影响较大。当出现雾、雨、雪等天气情况时，这些恶劣天气会导致能见度不良，对船员瞭望有特别大的影响。尤其是雾天，不但降低能见度，而且会减弱雷达电磁波的信号，造成雷达回波信号不清晰，影响船员对桥梁环境及安全航行标志的判断，增大事故的发生概率。有学者研究表明，能见距离直接影响船舶事故数，当能见度低于 4km 时，一定程度影响航行安全；当能见度低于 1km 时，事故发生率剧增，将此能见距离视为危险区域[99]。2007 年 6 月 15 日，一艘运沙船航行至广东九江大桥时，受到江面大雾影响，直到桥墩附近才发现该大桥，未来得及采取避碰措施造成了重大的船舶撞击事故。

4.2.4 人为因素

人为因素是导致水上交通事故发生的决定性因素。由 IMO 统计得知，海上交通事故中人为因素占 80%。IMO 在《国际海事调查员示范教程》中提到：事故发生的初始阶段起重要作用的是人为因素，工业及运输事故有 75%～90%与人为因素有关。船舶撞击事故作为交通事故的一种，统计资料表明，人为因素占 78%。人为因素所引发的失误将严重威胁船舶航行安全，尤其是船舶航行至复杂区域，如桥区，事故的发生概率更高。人为因素[100,101]主要分为两类：一类是船员不合格，即船员在技术上不合格，不熟悉船舶的性能，或者不熟悉相关法律法规及国际公约，导致错误操船等，致使发生水上交通事故；另一类是船员工作疏忽或不负责任，如不按规定瞭望，或不按规定操船等，致使发生水上交通事故。

1) 心理素质

我国航海心理学家指出，船员的心理素质在船员驾驶过程中起着重要作用，尤其是在紧急情况下对驾驶员心理素质的考验特别大。心理素质强的驾驶员在遇到紧急情况时，能有条不紊地运用操作技能，将会很大程度上降低船舶撞击事故的发生；心理素质差的驾驶员在遇到紧急情况时，在操作过程中会手忙脚乱、毫无头绪，以至于错误地使用避碰操纵方法，导致船舶撞击事故发生。

2) 精神状态

船员的精神状态由生理因素和心理因素共同决定，船员在驾驶过程中应时刻保持良好的精神状态。其中生理因素可视为生理健康状况和生理疲劳。船舶在航行过程中船员休息不足、身体状况不佳或恶劣的环境都会导致疲劳驾驶的情况出现。船员的疲劳程度直接影响船舶的安全程度，船员在疲劳情况下不能集中注意力、反应迟钝、对实时形势错误判断，以至于发生错误的操船行为。疲劳工作时船员的工作水平会降低，疲劳的驾驶员在驾驶时不安全行为将会增加，船舶撞击事故概率也会增加。生理健康状况，即身体机能的健康程度。身体机能健康的船员不仅有较好的身体素质，还有较好的身体协调性。健康的身体能较好较快地适应船上艰苦的工作环境和气候的变化，还拥有较强的自我调节能力，因此健康的身体能增强船舶通航安全性。

心理因素是指船员在长期的航行下一直处于某种特殊的心理状态，随着时间的推移，周围环境的压力刺激到了船员的心理，形成了船员各自的性格特征。不同性格的船员在处理紧急情况时操作船舶会出现不同的情况，对船舶航向有一定的影响。当船员心情低落受到外界刺激时，判断力会受到干扰，感知能力会降低，可能出现不得当行为。

3) 安全责任意识

部分船员没有形成强烈的安全责任意识，相关培训机构在培训船员时基本上忽略了责任方面的培训，重点培训船员操作技能，导致船员安全责任意识薄弱。尤其是一些私营船舶上的船员没有受到约束管制，不按照规定航行，不按规则中的办法行驶，影响船舶通行安全。

4) 操作技能

船员的操作技能是影响船舶安全通行的因素之一，船员对专业知识的理解不够深入，对先进的关键设备不熟练，这些因素都将成为紧急情况下发生水上交通事故的诱因。在船上工作时间越久船员的经验越丰富，对经常航行的航道水域也会非常熟悉，当船舶上有一位资深的船员时，该船舶发生事故的可能性很低。高资历的船员对航道特点、航标情况了如指掌，他们能提前做出应对之策，降低事故的发生概率。

4.2.5 管理因素

管理因素作为船舶交通安全重要的因素之一，能影响人为因素、船舶因素和通航环境因素三者之间的关系状态。管理因素包括海事管理部门对通航秩序的管理和船舶公司针对船舶的安全管理。

1) 海事管理部门管理

当地水域的海事管理部门熟悉当地的通航情况，并能准确地把握船舶交通安全形势。针对桥区水域，当地海事管理部门能科学合理地制定出桥区通航的安全管理办法和法规政策，有利于改善桥区通航环境，还能制订安全通航方案，这样的方案可以有效地引导船员采取正确的措施安全地通过桥梁。海事管理部门有权对船舶公司、船舶和船员进行检查，不定期检查他们是否符合各方面的要求。助航系统设备作为船员按规定航行的重要引导工具，海事管理部门应及时修正出现错误的助航系统设备。如果桥区助航标志损坏或流失，海事管理部门未能及时处理，将使船员无法识别而不能正确判断，加大船舶撞击事故的风险。

2) 船舶公司管理

船舶公司根据本公司船舶实际情况以海事相关法律法规为基础，有针对性地制定科学合理的管理规章制度，并监督相关人员完成任务情况，能将静态和动态的船舶安全管理有效地结合起来,并将潜在的事故风险挖掘出来消灭在初始状态。停泊在桥梁上游的船舶系固不牢固或抛锚不当时,由于船舶公司对船员的管理不够严格,此时船员乃至船长并未按规章制度仔细检查,很有可能引发船舶缆绳断裂或走锚的情况,船舶撞击事故一触即发。

管理因素是减少和预防水上交通事故发生的一个重要环节,也是诱发水上交通事故的重要因素。

4.2.6 船舶撞击原因总结

根据"人、机、环境、管理"的船-桥系统论,从人为因素、船舶因素、通航环境因素和管理因素四个方面分析船舶撞击事故发生的原因,其中船舶因素主要有船只载重量、设备使用故障、船速、船舶通行量等;人为因素有精神状态、专业技能、操作水平、安全责任意识等;通航环境因素主要有水流、风速、能见度、通航孔尺寸、桥址环境、防撞设施等;管理因素主要有监督管理、海上执法、通信监控等,具体如图 4-1 所示。

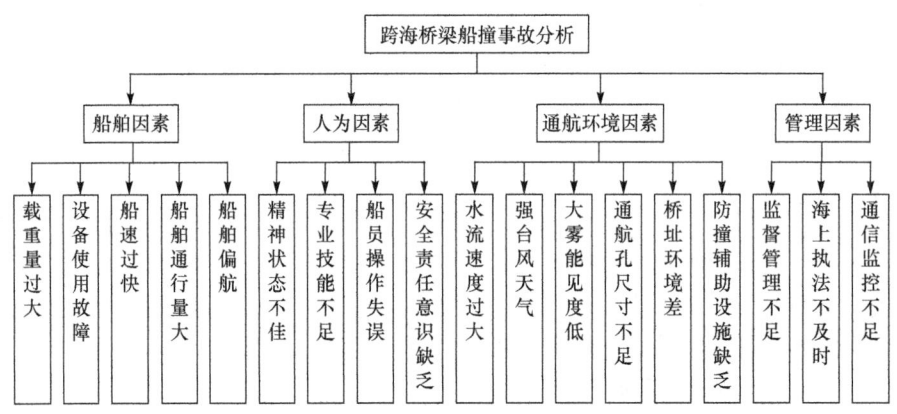

图 4-1 跨海桥梁船舶撞击风险影响因素

4.3 跨海桥梁船舶撞击风险评估

4.3.1 风险层次评价模型

分析跨海桥梁船舶撞击风险因素,建立合适的评估指标体系是进行风险评估的关键。基于上述对跨海桥梁船舶撞击事故风险源分析,确定船舶撞击风险层次评价指标模型[102]。其中,将船舶撞击事故风险的作为一级评判指标 U,确定通行船舶因素、通航环境因素、人为因素、管理因素 4 个二级风险评价指标 $U=(U_1, U_2, U_3, U_4)$ 和 18 个三级风险评价指标 $U_i=(U_{i1}, U_{i2}, U_{i3}, U_{i4})$,形成船舶撞击风险多层次评判指标模型，见表 4-1。

表 4-1 船舶撞击风险层次评判体系

一级评判指标	二级评判指标	三级评判指标	指标分类
跨海桥梁船舶撞击风险 U	船舶因素 U_1	船舶载重量 U_{11}	定量
		船舶行驶中设备使用情况 U_{12}	定性
		船速 U_{13}	定量
		船舶通行量(艘) U_{14}	定量
		船舶通行路线 U_{15}	定性
	通航环境因素 U_2	水流速度(km/h) U_{21}	定量
		风速(m/s) U_{22}	定量
		能见度(m) U_{23}	定量
		桥梁通航孔尺寸(m) U_{24}	定量
		桥梁选址 U_{25}	定性
		防撞及助航设施 U_{26}	定性
	人为因素 U_3	船员精神状态 U_{31}	定性
		船员专业技能 U_{32}	定性
		船员操作情况 U_{33}	定性
		安全责任意识 U_{34}	定性
	管理因素 U_4	监督管理 U_{41}	定性
		海上执法 U_{42}	定性
		通信监控 U_{43}	定性

4.3.2 风险评价指标权重确定

基于模糊综合评价法对船舶撞击风险进行综合评估，首先就要确定各个评价指标的相对权重，采用主客观赋权法(AHP法-熵权法)来确定评判体系中各船舶撞击风险指标的权重，使专家批判结果与信息数据结合，消除 AHP 法中的人为主观性，又避免客观赋权法的机械性，以确保指标权重计算可靠准确。

1. AHP 法主观权重确定

以 AHP 法建立船舶撞击风险评判指标主观权重具体过程如下。

1) 构造判断矩阵

将层次评判模型中处于同一阶的 n 个评价指标进行两两比较来确定相对重要度，并构造重要度判断矩阵 A，如式(4-1)所示。

$$A = (a_{ij})_{n \times n} = \begin{bmatrix} a_{11} & a_{12} & \cdots & a_{1n} \\ a_{21} & a_{22} & \cdots & a_{2n} \\ \vdots & \vdots & & \vdots \\ a_{n1} & a_{n2} & \cdots & a_{nn} \end{bmatrix} \tag{4-1}$$

式中，A 为重要度判断矩阵；a_{ij} 表示指标 i 相对指标 j 的重要度量值，采取三标度法进行赋值，如式(4-2)所示。

$$a_{ij} = \begin{cases} 1.0, & t(i) > t(j) \\ 0.5, & t(i) = t(j) \\ 0, & t(i) < t(j) \\ 1/a_{ji} & \end{cases} \quad (i, j = 1, 2, \cdots, n) \tag{4-2}$$

2) 计算权重集

为确保重要度判断矩阵的准确性，需进行一致性检验并通过后，采用方根法得到评价指标权重集 $W' = [w_1, w_2, \cdots, w_n]^T$，如式(4-3)所示。

$$W'_i = \frac{m'_i}{\sum_{i=1}^{n} m'_i} = \frac{\sqrt[n]{\prod_{j=1}^{n} a_{ij}}}{\sum_{j=1}^{n} \sqrt[n]{\prod_{j=1}^{n} a_{ij}}} \quad (i = 1, 2, \cdots, n) \tag{4-3}$$

2. 熵权法客观权重确定

1) 无量纲化处理

建立船舶撞击风险评价指标判断矩阵 $B' = (B_{ij})_{m \times n}$（$B_{ij}$ 为第 i 个级别的第 j 个指标的属性值），对数据进行无量纲化处理后得 $B = (b_{ij})_{m \times n}$。

2) 计算评价指标信息熵

$$H_j = -(\ln m)^{-1} \sum_{i=1}^{m} P_{ij} \ln P_{ij} \quad (i = 1, 2, \cdots, m; j = 1, 2, \cdots, n) \tag{4-4}$$

式中，$P_{ij} = (1 + b_{ij}) / \sum_{i=1}^{m}(1 + b_{ij})$；$H_j$ 为第 j 项指标的信息熵。

3) 计算客观权重

$$W''_i = [w_1, w_2, \cdots, w_n]^T = (1 - H_j) / \sum_{j=1}^{m}(1 - H_j) \tag{4-5}$$

式中，W'' 为三级指标的客观权重。

3. 主客观组合权重计算

W 为组合权重；W' 为 AHP 法确定的指标权重；W'' 为熵权法确定的指标权重，故 W 为

$$W = \beta W' + (1-\beta)W'' \tag{4-6}$$

式中，β 为偏好系数，且 $0 \leqslant \beta \leqslant 1$。

本节考虑对 AHP 法确定的指标权重和熵权法确定的指标权重的偏好系数各为 0.5，故组合权重为

$$W_j = 0.5W_j' + 0.5W_j'' \tag{4-7}$$

4.3.3 风险等级及指标隶属度确定

建立指标评价集 $V=(V_1, V_2, \cdots, V_K)$，以确定船舶撞击风险指标因素集中每个指标情况。根据前人研究成果及风险评估相关规范[103]，将桥梁船舶撞击风险等级分为极低、低、中等、高、极高的 5 个等级，以Ⅰ～Ⅴ级表示并对不同风险等级进行区间赋值[104]，见表 4-2。

表 4-2 船舶撞击风险评估准则

等级	概率	分值区间	控制准则
Ⅴ	风险概率极高	(8, 10]	不可接受，极高风险水平，必须高度重视并立即采取应对措施降低风险至不期望水平
Ⅳ	风险概率高	(6, 8]	不期望，高风险水平，需重视，必须采取应对措施降低风险至可接受水平
Ⅲ	风险概率中等	(4, 6]	可接受，中风险水平，需采取预防措施降低风险至低风险水平
Ⅱ	风险概率低	(2, 4]	可接受，低风险水平，可采取相应预防控制措施
Ⅰ	风险概率极低	(0, 2]	可忽略，极低风险水平，不需要采用应对预防措施

评价指标隶属度矩阵是描述各个指标对于评价等级的赋值矩阵，根据朱家尖跨海大桥实际工程概况，并参照表 4-2 所示的三级评判指标等级范围建立指标隶属度矩阵。

$$M_{ij} = \begin{bmatrix} r_{11} & r_{12} & \cdots & r_{1n} \\ r_{21} & r_{22} & \cdots & r_{2n} \\ \vdots & \vdots & & \vdots \\ r_{m1} & r_{m2} & \cdots & r_{mn} \end{bmatrix} \tag{4-8}$$

式中，$r_{ij}(i=1,2,\cdots,m; j=1,2,\cdots,n)$ 为第 i 个指标在第 j 个指标的评价隶属度。

对于定性评价指标，可直接采用德尔菲法(Delphi method)确定；对于定量评价指标，可由隶属度函数确定。

评价指标对于 V_K 的隶属函数为

$$r(x) = \begin{cases} \dfrac{x - V_{K+1}}{V_K - V_{K+1}} & (V_{K+1} \leqslant x \leqslant V_K) \\ 0 & (x > V_K \text{ 或 } x < V_{K+1}) \end{cases} \quad (4-9)$$

评价指标对于 V_{K+1} 的隶属函数为

$$r(x) = \begin{cases} \dfrac{V_K - x}{V_K - V_{K+1}} & (V_{K+1} \leqslant x \leqslant V_K) \\ 0 & (x > V_K \text{ 或 } x < V_{K+1}) \end{cases} \quad (4-10)$$

式中，x 为评价指标分值。

4.3.4 船舶撞击风险模糊综合评价

1. 二级指标综合评定

由式(4-8)确定的三级指标隶属度矩阵 M_{ij} 和相对应的三级指标的组合权重 W_i 可得二级评价矩阵 X_i。

$$\begin{aligned} X_i = W_i \circ M_i &= (w_{i1}, w_{i2}, \cdots, w_{im}) \circ \begin{bmatrix} r_{11} & r_{12} & \cdots & r_{1n} \\ r_{21} & r_{22} & \cdots & r_{2n} \\ \vdots & \vdots & & \vdots \\ r_{m1} & r_{m2} & \cdots & r_{mn} \end{bmatrix} \\ &= (x_{i1}, x_{i2}, \cdots, x_{im}) \quad (i = 1, 2, \cdots, m) \end{aligned} \quad (4-11)$$

式中，"∘"为模糊运算符号。基于主成分分析法，采用扎德(Zadeh)算法 $M(\wedge, \vee)$，如式(4-12)所示，突出船舶撞击主要风险因素而忽略其他次要风险因素的影响[105]。

$$x_{ix} = \bigvee_{j=1}^{n} (w_{ij} \wedge v_{je}) \quad (i = 1, 2, \cdots, m; j = 1, 2, \cdots, n; e = 1, 2, \cdots, k) \quad (4-12)$$

2. 一级指标综合评定

由式(4-11)确定的二级评价矩阵 X 和相对应二级指标的组合权重 W 可得一级船撞风险评价矩阵 P。对于存在多个中间层的评估模型，可由下而上逐层评价。

$$P = W^{\mathrm{T}} \circ X = (W_1, W_2, \cdots, W_m) \circ \begin{bmatrix} w_1^{\mathrm{T}} \cdot M_1 \\ w_2^{\mathrm{T}} \cdot M_2 \\ \vdots \\ w_m^{\mathrm{T}} \cdot M_m \end{bmatrix} = (P_1, P_2, \cdots, P_m) \qquad (4\text{-}13)$$

3. 综合评判

由式(4-13)确定的一级指标综合评定 $P = (P_1, P_2, \cdots, P_m)$ 并结合风险等级评分区间中值 $V = (1, 3, 5, 7, 9)$，对桥梁船舶撞击风险进行综合评估。

$$D = P \cdot V = (P_1, P_2, \cdots, P_m) \cdot (V_1, V_2, \cdots, V_m)^{\mathrm{T}} \qquad (4\text{-}14)$$

基于综合评价结果，参照表 4-2 确定船舶撞击风险等级，依据控制准则采取相应的风险控制对策及措施，以降低跨海桥梁船舶撞击风险。

4.3.5 跨海桥梁船舶撞击风险对策

对于评估得到的不符合可接受风险标准的跨海桥梁，将采取进一步的降低风险的对策，主要包括主动防撞设计、被动防撞设计和更改桥梁设计[106]。

1. 主动防撞

主动防撞是指为了避免船舶在航行过程中撞击桥梁而采取的一系列人为改善措施，如对桥下通航船舶的引导和警告等。当然，采取主动防撞措施也许并不能完全杜绝船舶撞击事故的发生，因此对于一些特别重要的桥梁就需要考虑被动防撞，即加设防撞装置。对于拟建的桥梁，如有必要可对其设计方案进行更改，如桥型的选择、跨径的布置、基础型式的改变等。

目前，主动防撞采取的防船舶撞击措施主要包括：
(1) 设置导航标。
(2) 施行船舶航行定线制。
(3) 设置船舶航行警戒区。
(4) 加强船员的培训工作。
(5) 对特殊船舶实行引航措施。
(6) 船舶安装船舶自动识别系统(automatic identification system, AIS)导航系统。
(7) 桥区设置船舶交通管理系统(vessle traffic service, VTS)等。

2. 被动防撞

对于遭受船舶撞击有较大风险的桥梁，也可考虑采用被动防撞系统。当前国内外有多种桥墩防撞设施,大部分是利用结构的弹塑性变形而吸收船舶能量和延长碰撞作用时间,达到大幅降低碰撞作用力的目的,小部分是在桥墩前设置障碍阻止船舶撞击。主要形式有以下几种。

1) 胶囊沙袋防撞系统

这种系统采用木材、橡胶、沙袋等材料,形成桥墩周围的缓冲保护层,主要由木材、橡胶变形消能,适用于小型船舶撞击情况,或在其他防撞方式设施中配套使用,如日本的岩黑岛大桥的缓冲材料设施,设计防撞船舶 200t 以 1.4m/s 或 100t 以 1.7m/s 速度撞击。

2) 缓冲设施工程防撞系统

这种系统采用钢结构、钢筋混凝土等形成的防撞结构体系,防撞设施与碰撞船舶的钢板、骨材变形破裂崩溃,吸收消能。这种系统适应性强,用途较广,规模可大可小,主要用于中型、大型防撞设施工程,但维修更换复杂,造价较高,如澳大利亚的新鲍恩桥,设计碰撞船舶 5000t,速度 3.5m/s。

3) 重力摆式防撞系统

这种系统由重物及其支撑结构组成,通过重物的移动,把船舶的撞击能量转化为重物的热能、重物周围水动能。这种系统需要重物的支撑结构,维护管理较复杂,碰撞损坏后维修较困难,如澳大利亚的塔斯曼桥。

4) 薄壳筑沙围堰防撞系统(或沉箱方式)

这种系统在钢板桩构成的圆筒中装满沙或混凝土,顶部加盖板,置于桥墩易受撞击部位的周围。设施整体质量通常很大,通过钢板桩变形破损和内部的填充物消能,能避免船舶与桥墩的直接撞击,但沉箱的工程量较大,特别是在深水情形下。通常不能封闭所有的碰撞角度,如美国的 Outer 桥,沉箱设计抗撞船舶 40000t,速度 1.54m/s。

5) 人工岛防撞系统

这种系统在坚实的岩石层上由砂、石块构砌而成。岛发生变形损伤的同时,船舶的势能变化吸能,并可使碰撞船舶搁浅。人工岛使用寿命长,无须保养,但建造工程量大。这种系统特别适用于大型船舶的高能量碰撞情形,如法国的 Verdon 桥,设计抗撞船舶 80000t,速度 7.5m/s。

6) 集群式护墩桩系统

这类系统分为两种:一种由群桩组成,群桩间用缓冲梁连接,主要靠群桩联合变形缓冲吸能,预防小能量碰撞时较为合理,碰撞损伤后维修较困难,如挪威 Troms 桥。另一种由一排桩和固定于桩顶部的锚链组成,仅能起到警示作用。

7) 浮体系泊防撞系统

这种系统由浮体、钢丝绳、锚碇物组成,碰撞时浮体移动、钢丝绳变形、锚碇物在碰撞力作用下移动等。这种系统即使在深水情况下,造价也相对较低,缓冲变形量大，对碰撞船舶也有很好的保护作用，如意大利 Taranto 桥的边墩，设计抗撞能力 15000t 船舶，速度 3.1m/s；中国黄石长江公路大桥的浮式消能防撞设施，设计抗撞船舶 5000t，速度 6m/s。但对于部分吃水量小的船舶可能会把浮体压入船底而失效。

8) 钢围堰防撞系统

在桥墩基础建造中采用钢围堰施工时，可利用原施工平台，作为防撞的支承结构，进行改建，并可在钢围堰布置缓冲构件。利用钢围堰结构保护桥墩可减少防撞项目的投资。

实际中，具体采用哪种防撞措施需根据桥梁所处的风险水平、经济代价以及各种主动防撞措施对于减小事故发生概率的作用大小而定。

4.4 案例分析

4.4.1 工程背景

朱家尖跨海大桥横跨浙江省舟山本岛与朱家尖岛之间的舟山海域普陀水道，按照二级公路标准设计并建设，位于 G329 国道上，接线公路全长 10.21km，桥长 2907m，主桥长 290m。通航法向净空 114.0m，净高 23.0m，如图 4-2 所示。朱家尖跨海大桥所处海域气象、浪流及航船环境复杂，船舶撞击风险突出。

图 4-2 朱家尖跨海大桥桥位图

4.4.2 风险评价指标权重结果

本次选定 5 位船舶撞击风险评估相关领域有经验的技术专家以及 5 位长期在舟山海域驾驶的船长、船员，结合朱家尖跨海大桥实际工程及海域船舶通行、环境等情况，对船舶撞击风险评价指标进行相互比较，确定相对重要度。根据 4.3.2 节风险因素主观、客观权重相结合的计算方法，得到船舶撞击风险评价指标的权重，见表 4-3。

表 4-3 指标权重表

二级指标	主观权重	客观权重	组合权重	三级指标	主观权重	客观权重	组合权重
U_1	0.257	0.285	0.2710	U_{11}	0.165	0.113	0.1390
				U_{12}	0.219	0.235	0.2270
				U_{13}	0.194	0.135	0.1645
				U_{14}	0.183	0.244	0.2135
				U_{15}	0.239	0.273	0.2560
U_2	0.304	0.328	0.3160	U_{21}	0.174	0.208	0.1910
				U_{22}	0.253	0.211	0.2320
				U_{23}	0.257	0.246	0.2515
				U_{24}	0.133	0.114	0.1235
				U_{25}	0.071	0.103	0.0870
				U_{26}	0.112	0.118	0.1150
U_3	0.295	0.280	0.2875	U_{31}	0.285	0.314	0.2995
				U_{32}	0.152	0.253	0.2025
				U_{33}	0.34	0.298	0.3190
				U_{34}	0.223	0.135	0.1790
U_4	0.144	0.107	0.1255	U_{41}	0.343	0.364	0.3535
				U_{42}	0.284	0.326	0.3050
				U_{43}	0.373	0.310	0.3415

将表 4-3 中各三级船舶撞击风险评判指标组合权重与相对应二级船舶撞击风险评价指标组合权重相乘,得到三级评判指标在船舶撞击风险评价体系中的综合权重,如图 4-3 所示。计算结果表明,船员驾驶过程中操作失误(9.2%)、精神状态不足(8.6%)是影响船舶撞击跨海大桥事故的主要危险因素,其次是能见度(7.9%)、风速(7.4%)等环境因素和船舶偏航(6.9%)的影响。

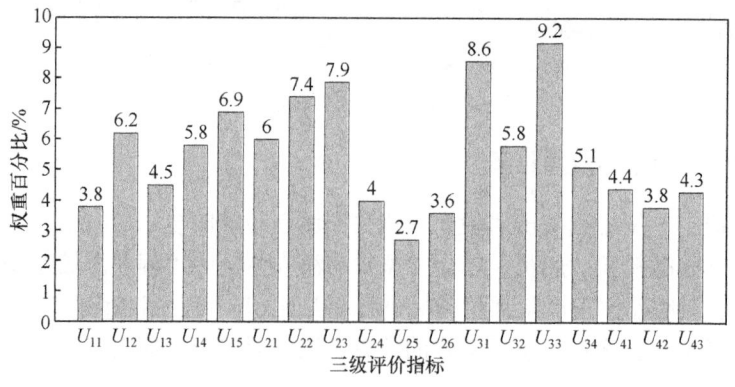

图 4-3 三级评价指标权重

4.4.3 多层次综合评价结果

本节结合定量评价指标与定性评价指标建立船舶撞击风险层次评估模型。由图 4-3 可得，其中定量指标权重占 39.2%，定性指标权重占 60.8%。对于定性评价指标，根据专家问卷调查方式可一次确定指标隶属度集。对于定量评价指标，船舶通行量、能见度、风速、水流速度等定量指标周期性波动幅度较大，且占权重比例较大，因此确立定量指标分级及量值范围，见表 4-4，并按式(4-9)、式(4-10)建立定量指标隶属度函数。

表 4-4 定量指标等级标准

指标	Ⅰ级	Ⅱ级	Ⅲ级	Ⅳ级	Ⅴ级
船舶载重量/t	<100	500	1000	5000	>10000
船速/(km/h)	<20	30	40	50	>60
船舶通行数量/(年·艘)	<1000	5000	10000	30000	>50000
水流速度/(km/h)	<1	2	4	8	>10
风速/(m/s)	<5.5	8	10.7	13.9	>17.1
能见度/m	>20000	10000	5000	2500	<1000
通航净空/m	>1000×50	600×50～1000×50	250×30～600×50	50×10～250×30	<50×10

1. 二级评价

根据对朱家尖跨海大桥相关船舶通航数据的统计，以某一天统计数据为例，当天船舶通行量约为 57 艘，推算年船舶通行量为 20805 艘，按式(4-11)计算该指标隶属度为 $p_{14}=(0, 0, 0.4598, 0.5402, 0)$；日平均风速为 5.8m/s，隶属度为 $p_{21}=(0.88, 0.12, 0, 0, 0)$；日平均能见度 1224m，指标隶属度为 $p_{31}=(0, 0, 0, 0.8507, 0.1493)$。

其余定量指标隶属度同理可得，按式(4-13)所示计算得出二级评判结果。如船舶因素 U_1 指标二级评价结果：

$$P_1' = (0.1390, 0.2270, 0.1645, 0.2135, 0.2560) \circ \begin{bmatrix} 0 & 0.5 & 0.5 & 0 & 0 \\ 0 & 1 & 0 & 0 & 0 \\ 0.46 & 0.54 & 0 & 0 & 0 \\ 0 & 0 & 0.4598 & 0.5402 & 0 \\ 0 & 1 & 0 & 0 & 0 \end{bmatrix}$$

$$= (0.0757, 0.6413, 0.1677, 0.1154, 0)$$

其他指标 U_2～U_4 二级评价结果同理可得：

$$P_2' = (0.3432, 0.2243, 0.0575, 0.3375, 0.0375)$$

$$P_3' = (0, 0.3190, 0.4418, 0.2393, 0)$$

$$P_4' = (0.1708, 0.3475, 0.3292, 0.1525, 0)$$

2. 一级评价

由上述计算得到的二级评判结果和对应的组合权重,按式(4-13)得出一级评判结果。

$$P = (0.2710, 0.3160, 0.2875, 0.1255) \circ \begin{bmatrix} 0.0757 & 0.6413 & 0.1677 & 0.1154 & 0 \\ 0.3432 & 0.2243 & 0.0575 & 0.3375 & 0.0375 \\ 0 & 0.3190 & 0.4418 & 0.2393 & 0 \\ 0.1708 & 0.3475 & 0.3293 & 0.1525 & 0 \end{bmatrix}$$

$$= (0.1504, 0.3800, 0.2319, 0.2258, 0.0119)$$

3. 综合评价

由上述计算得到一级评判结果和风险等级赋值向量,按式(4-14)得出朱家尖跨海大桥船撞风险综合评价分值。

$$D = P \cdot V^{\mathrm{T}} = (0.1504, 0.3800, 0.2319, 0.2258, 0.0119) \cdot (1,3,5,7,9)^{\mathrm{T}} = 4.1376$$

同理,对朱家尖跨海大桥全年通航数据同上述处理,得到全年船舶撞击风险评价曲线,如图4-4所示。

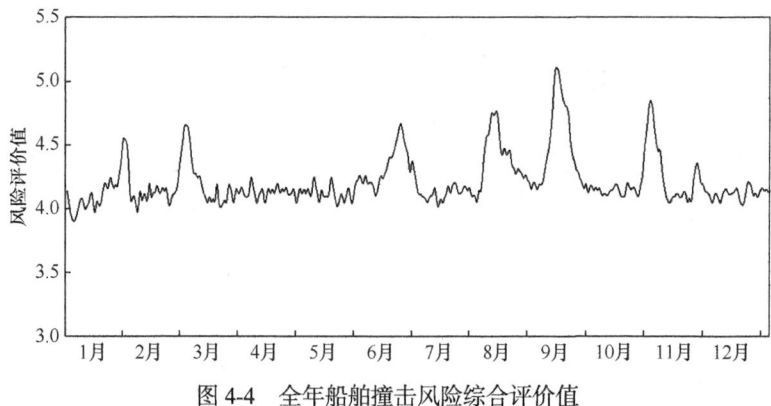

图4-4 全年船舶撞击风险综合评价值

由朱家尖跨海大桥全年船舶撞击风险评价曲线可得,风险评价值基本稳定在4.0～4.5,平均值为4.22,风险评价值随时间波动较大,出现7次波峰。由统计数据可得,2月初,桥区海域出现恶劣大雾天气,严重影响船舶通航;6月海域连续降雨，水位上涨严重，导致风险值增大。夏季 3 个月为沿海台风频繁期，达到最大风险评价值为 5.12。依据表 4-3 中船舶撞击风险等级划分标准，确定朱家尖跨海大桥船舶撞击风险等级为Ⅲ级，风险概率一般，属于可接受中风险水平，需采取对应的预防措施以降低朱家尖跨海大桥船舶撞击风险。

4.4.4 风险控制与对策

根据前文的分析可得，人为因素是导致船撞桥事故发生最危险的因素，船舶因素、通航环境因素和管理因素会影响船舶撞击事故的发生，与人为因素相比，影响效果较小。三者都一定程度上会影响船-桥安全，影响程度都差不多，并没有更为突出的。为了预防和减少船舶撞击事故及险情的发生，主要围绕人为因素展开讨论，从人、船、通航环境、管理四个角度提出以下几点安全措施建议。

1) 加强船员的安全责任意识

安全责任意识的培养尤为重要，船舶管理公司和航运企业应定期对船员进行安全责任意识培训，建立健全的船员培训机制以及责任制度，提升船员的安全责任意识以及他们的知识和技能。船员自身对安全的认识更为重要，当船员认识到自身安全和船舶安全紧密联系在一起时，就会主动学习，有意识地培养自己的安全责任意识。船员自觉按规定休息调整自身的精神状态，避免因自身出现思维缓慢、心情暴躁、注意力不集中、反应迟钝等不良精神状况，确保船舶航行安全。

2) 加强对船舶设备安全检查

船舶在航行期间或停港期间船员都应该不定期地对船舶各个系统设备进行检查，发现存在故障隐患时应及时排除，避免船舶在航期间系统设备发生故障导致事故的发生，尤其是老龄化船舶的安全性更应受到关注。

3) 加强桥区环境变化监控力度

船员应熟悉航行段中各个桥区的地理位置、桥梁通航孔的尺度及航道情况。相关部门应及时发布桥区自然环境的情况，如能见度、风、流等，在环境极端恶劣的情况下制定特定的安保措施，确保船舶安全。加强桥区助航标志的维护，及时更换损坏的助航标志。

4) 加强船舶及船员的监督管理

海事管理部门应实时掌控船舶的运行状态，不定期与船员进行信息交流沟通，发现安全隐患及时处理。桥区所属的海事管理部门应制定船舶航行管理规定，不定期抽检船员对桥区航行管理规定的熟悉及掌握程度，有利于船舶高效安全地通过桥区。海事管理部门加强监管船员培训考核的过程，确保他们有熟练的操作能力。船舶管理公司和航运企业制定岗位考核制度强化船员的业务能力，还可制定船舶安全管理制度并引入奖励机制，对船舶安全管理较好的船舶及船员从物质与精神方面进行奖励，公开进行表扬。

4.5　本章小结

本章综合考虑影响桥梁船舶撞击风险的通航环境因素、船舶因素、人为因素、管理因素4个方面，提出了18项风险评价指标。基于数学模糊理论，采用定量、定性分析方法，提出了跨海桥梁船舶撞击模糊综合评估模型。对浙江省舟山市朱家尖跨海大桥进行了船舶撞击风险评估，根据主观权重法和熵权客观权重法(AHP-EWM)得出，船舶撞击风险的影响因素重要程度依次是船员驾驶过程中操作失误、精神状态不佳、能见度、风速以及船舶偏航情况等因素。根据朱家尖跨海大桥某年通航统计数据，建立船舶撞击风险评价曲线，得出全年最大风险评价值为5.12，平均风险评价值为4.22，属于可接受中风险水平，提出了对应的风险处置对策，为桥区海事部门明确船舶撞击风险控制重点提供了相应依据。

第 5 章 海域桥梁腐蚀失效风险评估

5.1 概 述

桥梁结构性能劣化一直是造成桥梁工程未达到设计年限,提前进行维修、加固甚至改建工程的关键性危险因素,也是国际桥梁学术研究人员进行结构耐久性分析的重要研究目标和方向。近些年来,国内外因为桥梁工程中某一局部构件性能劣化或部分构件功能失效,导致桥梁整体系统承受力下降,从而致使桥梁破坏倒塌的事例不胜枚举。跨海桥梁结构性能劣化的原因多种多样,有局部混凝土结构破损开裂、钢筋钢索腐蚀破坏、结构保护层剥落、相关材料老化、部分主要构件承载力下降或失效等,各类因素都能造成桥梁整体或局部结构性能劣化(图 5-1)。其中钢筋钢材腐蚀破坏现象最为严重,尤其是针对沿海地区钢筋混凝土结构。在化学方面、物理方面、力学方面等多重影响下,各种因素相互交叉耦合作用,钢筋混凝土极容易发生钢筋腐蚀、结构性能下降的情况。在众多影响因素中,海洋环境下氯离子在混凝土表面的不断侵蚀是钢筋锈蚀最主要的原因之一。因此,本章就氯离子侵蚀作用下钢筋锈蚀风险开展对大型跨海桥梁结构性能劣化的研究,对混凝土结构的耐久性进行预测评估。

图 5-1 跨海桥梁腐蚀破坏图

目前，国内外学者围绕着钢混结构在氯离子服役环境下的腐蚀情况进行了一些颇有建树的研究。其中 Prezzi 等[107]在 1996 年进行了钢筋混凝土结构的使用寿命预测，在进行预测分析过程中，假定氯离子在混凝土结构内的扩散方式为随机离散型，且扩散系数等相关参数指标为随机分布。

马亚丽等[108]基于混凝土结构氯离子侵蚀的确定性研究方法，确定影响混凝土耐久性的参数指标，分析了这些随机参数指标的概率分布特征，基于可靠度理论，对某一桥梁结构进行了耐久性预测。之后于 2012 年，他们基于氯离子环境下钢筋腐蚀数据，进行了概率分析和局部腐蚀可靠性研究。

Kwon 等[109]进行混凝土使用寿命研究时引入了时效性概念，分析了结构的时效特征，考虑了龄期衰减系数对氯离子扩散系数的影响，分析了参数的变异性，并提出氯离子扩散系数衰减公式，预测了不同宽度裂缝对混凝土耐久性的影响。

孙彬等[110]充分考虑钢筋锈蚀程度的不确定性对使用寿命预测结构的影响，采用区间分析方法，通过一座已经服役 33 年的某露天栈桥，对已经发生钢筋锈蚀的混凝土结构进行耐久性分析，预测了其剩余使用年限。

Nogueira 等[111]在 2013 年研究了不同水灰比混凝土的氯离子扩散系数，拟合了水灰比和扩散系数的关系公式，并对混凝土寿命预测模型进行了参数修正，统计了氯离子表面浓度、临界浓度、保护层厚度等敏感性较大的参数概率分布特征。

杜梓鹏等[112]基于热传导理论，利用 ANSYS 热传导模块，模拟氯离子在混凝土结构中的扩散形式，进行数值试验，来确定混凝土结构中氯离子的分布情况。

总体来说，国内外研究学者采用相应方法对氯离子服役环境下的混凝土结构耐久性进行了定量分析。海洋环境中氯离子在实际侵蚀混凝土结构层的过程中，混凝土本身在生产、设计、施工过程中配合比、单位质量、人为操作等的不确定性，以及服役状态下的外部环境，如稳定效应等的变异性，导致氯离子随时间推移的侵蚀过程的不确定性，即侵蚀是受各不确定因素影响而随机发生的，以至于侵蚀时间具有不确定性。针对这种多参数的氯离子侵蚀不确定性问题，通过数学概率理论，并将金塘大桥作为实际工程背景，结合海工混凝土氯离子渗透试验数据，确定相关参数及结构耐久性的概率分布特征，以解决参数差异性问题。同时，基于可靠度指标分析方法，设定可靠度指标，进行金塘大桥混凝土结构使用寿命的预测。

5.2 氯离子对混凝土侵蚀作用

5.2.1 氯离子在混凝土中的传输机理

作为一种非均质材料，混凝土内部不可避免地存在不同类型、不同尺寸的孔隙及微裂缝，而海洋中的氯离子可通过这些孔隙和微裂缝从外部环境缓慢地向混凝土内部迁徙。实际上，氯离子在混凝土中的传输过程非常复杂，受多种因素的影响。暴露条件不同，氯离子入侵机理也不相同。表 5-1 给出了海洋环境中不同暴露条件下混凝土中氯离子的主要传输机理。

表 5-1　海洋环境中混凝土的暴露条件及氯离子主要传输机理

暴露条件	结构构件	主要传输机理
水下区	最低潮位下的结构部分	扩散
	基础外墙低于低潮位的部分，液体筒壁结构	渗透、扩散和对流
潮汐区	处于潮汐区的下部或上部结构部分	毛细管吸附和扩散
浪溅区	处于高潮位的上部结构的部分	毛细管吸附、扩散和碳化
海上盐雾区	沿海区的陆地结构，高潮位以上的结构	毛细管吸附，碳化

目前公认的氯离子入侵混凝土的方式包括扩散作用、毛细管吸附作用、渗透作用、电化学迁移、离子吸附、结合等[113]。其中，前三种方式是氯离子入侵混凝土内部的主要方式[108]。

1) 扩散作用

由于混凝土内部与表面氯离子浓度的差异，氯离子自浓度高的地方向浓度低的地方移动称为扩散。在干湿交替环境，如海洋环境下的浪溅区，当干燥的混凝土表层接触海水时，靠毛细管吸收海水，一直吸到饱和的程度。如果外界环境又变得很干燥，则混凝土中水流方向会逆转，纯水从毛细孔对大气开放的那些端头向外蒸发，使混凝土表层孔隙液中的盐分靠扩散机理向混凝土内部扩散，只要混凝土具有足够的湿度，就可以进行这种扩散。可见，除混凝土结构特征外，湿度也是影响氯离子向混凝土内部扩散的一个重要因素。视外界环境相对湿度、风干持续时间的不同，在混凝土表层中大部分孔隙水有可能蒸发掉，而在混凝土内部，剩余水分将为盐分所饱和，多余盐分就会结晶析出。

由此可见，风干时水分向外迁移，盐分则向内迁移，在下一次再被海水润湿时，又有更多的盐分以溶液的形式带进混凝土的毛细管空隙中。此时，在混凝土表层内有一个向外降低的浓度差，而在离表面一定深度处氯化物浓度有一个峰值。这样，可能有一些盐分会向外表面扩散，但是接着的风干又将纯水向外蒸发，将盐分遗留于混凝土内，将更多的盐分带进混凝土内。干湿交替下，盐分会逐渐侵入混凝土内部。盐分向内迁移的程度取决于风干和润湿交替期的长短。随着时间的推移，将有足以使钢筋去钝化的氯化物达到其表面。

混凝土表面的干湿交替，不仅影响氯化物的侵入，而且较深的风干以后再润湿可以更多更深地带进氯化物，也就是使氯离子更充分地侵入。因此，在潮差区(风干期较短)混凝土对锈蚀的敏感性就不如在浪溅区(风干期较长,只在水位高、风浪大时才可能被海水溅湿)。

2) 毛细管吸附作用

毛细管吸附作用即混凝土表层含氯离子的盐水向混凝土内部干燥部分移动。即当固液接触时,液体内部对表面分子的吸引力和固体对表面分子的吸引力之差会使接触表面形成界面能,该界面能可以将孔隙中的水吸取到一定的高度并在孔隙中形成弯月面,氯离子会通过连通毛细孔随水一起进入混凝土内部,这便是毛细管吸附作用。毛细管吸附作用是一种常见的氯离子传输方法,它会快速地将氯离子供应到混凝土某些厚度处并降低氯离子到达钢筋的扩散距离,一般发生在非饱和的多孔介质系统中。例如,混凝土桥墩水位以上区域发生的氯离子侵蚀就属于毛细作用。此外,处于干湿循环环境中的混凝土结构,也会发生毛细作用。也就是说,在非饱和状态下,毛细管吸附作用是氯离子在混凝土中发生的主要传输过程。

3) 渗透作用

渗透作用是指液体或气体在压力差的作用下从高压力处向低压力处传输的现象。渗透作用的驱动力是压力梯度。水下部分或潮差区的饱水部分—直接触海水,主要是饱水混凝土内外氯离子浓度差引起的氯离子扩散,扩散取决于混凝土孔隙水的含量及其盐含量,在某种程度上也取决于有水头压力作用下氯化物溶液的渗透,这种渗透只有在相当大的水头压力下才显著。在深海区,即使氯化物渗透到钢筋表面,因缺氧,钢筋也难以锈蚀。海水中氯化物以外的其他成分可能与水泥石发生离子置换反应,在表层孔隙中沉积出氢氧化镁和碳酸钙,使混凝土表面层的渗透性降低。而室内混凝土的氯化物渗透性试验不具备这种条件,往往试验结果比实际结构高得多。

4) 电化学迁移作用

电化学迁移是指混凝土孔隙液中的氯离子在电场加速条件下快速向电位较高的正极定向迁移的过程,即氯离子向电位高的方向移动。氯离子在混凝土中的电化学迁移是氯离子传输机理的重要组成部分,在加速氯离子试验中,多采用电化学迁移方法。

5) 离子吸附作用

离子吸附是指氯离子在混凝土孔隙壁内与其他化学成分结合或释放的过程。混凝土中氯离子结合能力在电化学迁移过程中不容忽视,它会使电化学迁移过程中部分氯离子被固定而发生"渗漏"现象。

总之,氯离子在混凝土中的侵入过程通常是几种作用共同存在的,但和速度最快的毛细管吸附相比,渗透和电化学迁移产生的侵蚀可以忽略。但对于特定的条件,其中的一种侵蚀方式是主要的。另外,混凝土中氯离子浓度还受到温度、保护层厚度以及氯离子和混凝土材料之间产生化学结合及物理吸附的影响。虽然氯离子在混凝土材料中的侵入迁移过程非常复杂，但是在许多情况下，尤其是在海洋环境下，扩散被认为是最主要的侵入方式。

5.2.2 氯离子引起钢筋锈蚀机理

混凝土孔隙中水分通常以饱和 $Ca(OH)_2$ 溶液形式存在，其中还含有一些 NaOH 和 KOH，pH 在 12.5 左右，在这样的强碱性环境中，钢筋表面被氧化而形成一层厚度为 2~6nm 的水化氧化物($nFe_2O_3 \cdot mH_2O$)，俗称钝化膜。钝化膜很致密，能牢固地吸附在钢筋表面，使钢筋处于钝化状态，即使在有 H_2O 和 O_2 的条件下钢筋也不会发生锈蚀。但是，当 pH<11.5 时，钝化膜开始不稳定并逐步破坏成为活化态，使钢筋开始锈蚀。

混凝土中 Cl^- 含量对钢筋锈蚀的影响极大。Cl^- 可能是随混凝土组成材料(水泥、砂、石、外加剂)进入混凝土的，也可能是在混凝土硬化后经其孔隙由外界渗入的。当钢筋混凝土长期处于 Cl^- 侵蚀环境时，Cl^- 就会随水进入混凝土内部，最终会接触钢筋并开始积累，导致钢筋锈蚀。

1) 破坏钝化膜

当 Cl^- 达到临界浓度后，在有足够 H_2O 和 O_2 的条件下，即使混凝土的碱度较高，pH＞11.5 时，Cl^- 也能破坏钝化膜。临界 Cl^- 浓度与钢筋周围混凝土的碱度有关，碱度越高，临界 Cl^- 浓度越大。通常用 Cl^- 与 OH^- 的浓度比来表示临界 Cl^- 浓度，当 Cl^-/OH^- 的摩尔比大于 0.6 时，钢筋钝化膜破坏，使钢筋开始锈蚀，生成 $Fe(OH)_3$，即为铁锈。Cl^- 能破坏钝化膜主要是由于 Cl^- 半径小，活性大，容易吸附在位错区、晶界区等，Cl^- 有很强的穿透钝化膜的能力，可使该处的 pH 迅速降低(Cl^- 被称为"酸根")，Cl^- 的局部酸化作用，可使钢筋表面 pH 降低到 4 以下(酸性)，在钝化膜内层(铁与氧化物界面)形成易溶的 $FeCl_2$，使钝化膜局部溶解，形成坑蚀现象。

2) 形成腐蚀电池

Cl^- 对钢筋表面钝化膜的破坏首先发生在局部(点)，使这些部位(点)露出了铁基体，与尚完好的钝化膜区域之间构成电位差(作为电解质，混凝土内一般有水或潮气存在)。铁基体作为阳极而受腐蚀，大面积的钝化膜区作为阴极(发生氧的还原反应)。腐蚀电池作用的结果是在钢筋表面产生点蚀(坑蚀)，由于大阴极(钝化膜区)对应于小阳极(钝化膜的破坏点)，坑蚀发展十分迅速，这就是 Cl^- 对钢筋表面产生"坑蚀"的原因所在。

3) Cl^- 的阳极去极化作用

Cl^- 不仅促成了钢筋表面的腐蚀电池，而且加速电池作用的过程。腐蚀电池的阳极反应生成 Fe^{2+}，如果生成的 Fe^{2+} 不能及时搬走而积累于阳极表面，则阳极反应就会因此受阻，称为阳极极化作用。相反，如果生成的 Fe^{2+} 与 Cl^- 反应生成 $FeCl_2$

及时搬运走，使得阳极腐蚀过程顺利进行甚至加速进行，则称为阳极去极化作用，Cl^-正是发挥了阳极去极化作用。

在氯盐存在的混凝土中，通常的锈蚀产物中很难找到 $FeCl_2$ 的存在，这是由于 $FeCl_2$ 是可溶的，在向混凝土内扩散时与水反应生成的中间产物 $FeCl_2 \cdot 4H_2O$。由于 $FeCl_2 \cdot 4H_2O$ 不稳定，会迅速分解生成 $Fe(OH)_2$(沉淀)和 Cl^-，$Fe(OH)_2$ 又进一步氧化成铁的氧化物 $Fe(OH)_3$，即铁锈。生成的 Cl^- 又将重新参与钢筋的腐蚀反应，Cl^-在造成钢筋锈蚀的过程中只起到"迁移"作用而未被"消耗"，进入混凝土中的 Cl^- 会周而复始地起破坏作用，从而加速了钢筋锈蚀过程。Cl^-侵蚀钢筋混凝土造成钢筋锈蚀的主要反应式如下：

$$Fe \longrightarrow Fe^{2+} + 2e^-$$

$$Fe^{2+} + 2Cl^- + 4H_2O \longrightarrow FeCl_2 \cdot 4H_2O$$

$$FeCl_2 \cdot 4H_2O \longrightarrow Fe(OH)_2 \downarrow + 2H^+ + 2Cl^- + 2H_2O$$

$$4Fe(OH)_2 + O_2 + 2H_2O \longrightarrow 4Fe(OH)_3$$

4) 导电作用

腐蚀电池的要素之一是要有离子通路。混凝土中 Cl^-的存在，强化了离子通路，降低了阴、阳极之间的电阻，提高了腐蚀电池的效率，从而加速了电化学腐蚀过程。同时，氯盐中的阳离子(Na^+、Ca^{2+}等)也降低阴、阳极之间的欧姆电阻，但不参与阴、阳极反应。氯盐对钢筋腐蚀的强弱，与钢筋表面的氯离子浓度有关。氯盐对混凝土也有一定破坏作用，如结晶膨胀和增加冻融破坏等，但氯盐引起的钢筋锈蚀破坏通常起主导作用。

5.2.3 氯离子侵蚀下混凝土使用寿命

在海洋腐蚀服役环境下，跨海桥梁海工混凝土结构钢筋锈蚀破坏主要经历三个阶段，具体可见图 5-2。

第一阶段为钢筋诱导期(T_1)，是指海工混凝土结构开始接触海洋氯离子环境，海水中氯离子开始向混凝土结构构件内部迁徙并逐步到达钢筋表面，直至钢筋表面氯离子浓度积聚达到引起钢筋脱钝的临界氯离子浓度所需的时间。T_1 的长短与海洋环境中氯离子浓度分布情况、海洋环境条件及混凝土材料自身抗氯离子侵蚀性能等因素有关。该阶段主要是处于暴露面的表面氯离子浓度不断向混凝土内部扩散和积聚的过程。

第二阶段为钢筋锈蚀发展期(T_2)，是指钢筋脱钝后开始发生锈蚀，海洋环境中充足的氧气、水分等物质利于钢筋锈蚀电化学反应的进行，锈蚀产物的增多与累积使得钢筋锈蚀产生的膨胀拉应力大于混凝土材料抗拉强度，导致混凝土保护层开裂。这段时间称为腐蚀阶段，又称发展期，T_2 的长短与混凝土类型、混凝土中钢筋直径、氧气、水分及氯离子扩散速率等因素有关。该阶段主要是钢筋表面电化学腐蚀反应生成的腐蚀产物使钢筋体积不断膨胀，最终导致保护层开裂的过程。

第三阶段是混凝土结构失效期(T_3)，是指包裹钢筋的混凝土保护层发生开裂破坏后，钢筋直接裸露在氯离子环境中，钢筋锈蚀急剧加快、混凝土保护层因锈蚀产物体积进一步膨胀而脱落，钢筋及混凝土构件截面面积大大降低，结构承载力随之降低，直到混凝土结构无法满足构件的安全使用功能而失效。这段时间即为腐蚀破坏阶段，T_3 的长短与结构承载力降低速率及结构所受荷载等有关。

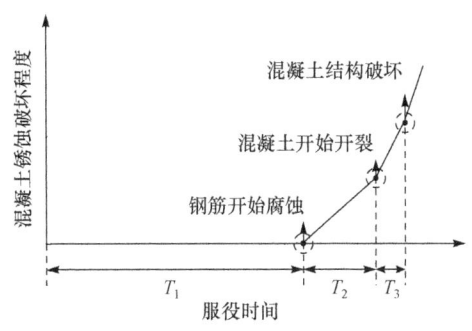

图 5-2 混凝土使用寿命图

混凝土结构的耐久使用寿命一般指从混凝土的结构开始投入使用直到结构全部破坏的总时间，即 $T = T_1 + T_2 + T_3$。然而，如果混凝土结构在没有任何预兆时突然破坏，会造成巨大的经济损失。目前，对普通混凝土结构耐久使用寿命终结以混凝土结构达到某种不能忍受的耐久极限状态为标志。从图 5-2 可以看出，在氯离子入侵混凝土结构的三阶段中，钢筋锈蚀发展期 T_2 和混凝土结构失效期 T_3 相对钢筋诱导期 T_1 来说，时间较为短暂[114]。T_1 阶段占据整个混凝土结构耐久使用寿命的绝大部分，混凝土结构中钢筋一旦进入锈蚀发展阶段，将会在很短时间致使钢混结构整体失效。

对于跨海桥梁等重要混凝土结构，一方面要考虑结构构件因设计尺寸偏差、混凝土制备及养护时的人为因素、荷载变化及使用过程中的损伤等不确定性因素会提前导致混凝土结构的破坏；另一方面也要考虑钢筋一旦发生锈蚀，由于锈蚀速度很快，会给结构带来很大的安全风险，同时也会显著增加维修、维护费用。因此，在进行混凝土结构使用寿命预测时，为保守预测，将 T_2、T_3 两个阶段作为钢筋混凝土结构安全储备阶段而不计入预测范围，通常将钢筋和混凝土接触面处的氯离子浓度达到临界浓度时刻(T_1)作为混凝土结构使用寿命的终点。

5.3 混凝土结构耐久性模型和参数分析

5.3.1 氯离子扩散模型

如果将氯离子在混凝土中的传输过程简化为扩散传输,则实际上可采用质量平衡方程 Fick 第二定律对其进行描述[115,116]。假定混凝土结构内部孔隙分布均匀,混凝土中氯离子扩散方式为一维扩散,氯离子浓度梯度仅沿暴露表面到钢筋表面方向变化时,根据前面对扩散作用的描述,Fick 第二定律可以表示为

$$\frac{\partial C(x,t)}{\partial t} = D\frac{\partial^2 C(x,t)}{\partial x^2} \quad (5\text{-}1)$$

式中,$C(x,t)$ 为在 t 时刻,距离混凝土外表面 x(m)处氯离子实时浓度;D 为氯离子扩散系数;x 为距混凝土表面深度取值;t 为混凝土结构暴露时间。

式(5-1)的数学模型取决于初始条件及边界条件。当假定混凝土构件为半无限空间体时,只有一侧暴露在氯离子环境中,氯离子扩散系数在暴露时间内为定值,混凝土结构暴露面的表面氯离子浓度取恒定值,任一时刻,相对于混凝土结构暴露表面无限远处的氯离子浓度为初始氯离子浓度时,有

初始条件: $C(x, t=0) = C_0$

边界条件: $C(x=0, t) = C_s$

$C(x=\infty, t) = C_0$

则(5-1)解析解可用误差函数来表达,即

$$C(x,t) = C_0 + (C_s - C_0)\left[1 - \mathrm{erf}\left(\frac{x}{2\sqrt{Dt}}\right)\right] \quad (5\text{-}2)$$

式中,C_s 为混凝土表面处的氯离子浓度;C_0 为混凝土结构中初始氯离子浓度;$\mathrm{erf}(Z)$ 为误差函数[117]。

如果忽略混凝土中初始氯离子浓度 C_0 的影响,式(5-2)可表示为

$$C(x,t) = C_s \cdot \left[1 - \mathrm{erf}\left(\frac{x}{2\sqrt{Dt}}\right)\right] \quad (5\text{-}3)$$

5.3.2 混凝土耐久性模型

从式(5-2)可知,当混凝土与钢筋接触面的氯离子浓度达到临界浓度 C_c 时,x 为混凝土保护层厚度 X,t 为混凝土结构的使用寿命 T,故可得到寿命预测公式为[118]

$$T = \frac{X^2}{4D}\left[\mathrm{erf}^{-1}\left(1 - \frac{C_c}{C_s}\right)\right]^{-2} \quad (5\text{-}4)$$

然而，在实际混凝土结构中，温度、微观结构等因素时效性变化，导致氯离子扩散系数也具有时效性。随时间进程满足一定的函数规律[119]，如式(5-5)所示。

$$D(t) = D_0 \left(\frac{t_0}{t} \right)^m \tag{5-5}$$

式中，$D(t)$为t时刻氯离子扩散系数(m^2/s)；D_0为t_0时刻测出的初始氯离子扩散系数(m^2/s)；m为龄期衰减系数(m^{-1})。

5.3.3 氯离子扩散模型参数分析

在氯离子不断渗透侵蚀作用下，本章对跨海桥梁混凝土结构使用寿命进行确定性预测，从而了解钢筋混凝土腐蚀破坏程度，进行结构劣化性风险评估。由式(5-3)可知，混凝土结构使用寿命的概率分布特征主要受混凝土保护层厚度、氯离子扩散系数、混凝土表面氯离子浓度、临界氯离子浓度四个参数概率分布特征的影响。因此，可以通过统计四个参数的概率分布特性，确定使用寿命的概率分布特征，基于可靠度指标分析法，计算得出钢筋混凝土结构在不同时间节点上的使用寿命可靠度指标，并建立可靠度时间变化曲线。因此可以通过限定可靠度指标取值，确定钢筋混凝土结构的耐久使用寿命，进行结构性能劣化评价。

1. 混凝土保护层厚度

混凝土的高碱度可使钢筋表面形成钝化膜，对钢筋有保护作用，混凝土的保护层可以阻止外界腐蚀介质、氧气和水分的渗入，保护作用的效果与混凝土的密实性和保护层的厚度有关，适当加大混凝土保护层厚度是提高混凝土结构耐久性、延长混凝土结构使用寿命的重要措施。

各国规范中有关最小保护层厚度的规定相差较大。其中，有关海水环境中混凝土保护层厚度，我国《水运工程混凝土质量控制标准》(JTS 202-2—2011)、《水运工程混凝土施工规范》(JTS 202—2011)对最小混凝土保护层厚度做出规定，按港口设计水位将海水环境划分为4个区域，见表5-2。

表5-2 我国海水环境混凝土保护层最小厚度

环境类别	使用环境	混凝土/mm	预应力混凝土/mm
大气层	设计高水位加1.5m以上	50	75
浪溅层	大气区下界到设计高水位减1.0m之间	50	90
水位变动区	浪溅区下界到设计低水位减1.0m之间	50	75
水下区	水位变动区以下	50	75

我国对海水环境下的混凝土保护层的规定，对处于腐蚀严重部位浪溅区的构件与美国及国际预应力协会的规定相同，但是在大气区、水位变动区比国外相关规定偏小，见表5-3。

表 5-3　各国规范规定的混凝土保护层最小厚度　　　　　　(单位: mm)

混凝土所处部位	中国JTS 150—2007	FIP 1986	ACI357 1989	BS6235 1982	BS8110 1985	DNV 1977	ASI481 1983
大气区	50(75)	65(90)	65(90)	75(100)	60(60)	40(80)	75(100)
浪溅区	65(90)	65(90)	65(90)	75(100)	60(60)	50(100)	75(100)
水下区	30(75)	50(75)	50(75)	60(75)	60(60)	50(100)	60(75)

注：括号内指预应力混凝土最小保护层厚度。

对结构的耐久性而言，国内外大量研究均表明混凝土保护层厚度是影响结构耐久性的重要因素。虽然我国《混凝土结构设计规范》(GB 50010—2010)对混凝土最小保护层厚度的要求比原规范(GB J10—1989)有很多改进，扩展了对不同使用环境的要求，使用环境划分等级也与欧洲规范相似，但相对而言，我国设计规范对环境恶劣情况下混凝土保护层厚度的要求比较低。此外，由于设计及施工技术水平等因素的影响，实际服役结构的混凝土保护层厚度并不一定能够达到规范要求，再加上我国缺少大量详细的混凝土保护层厚度的统计资料，要对实际服役进行耐久性评估与寿命预测，必须实测待估实际构件的保护层厚度。

2. 混凝土表面氯离子浓度

混凝土表面氯离子浓度是逐步增加的，表面氯离子浓度与构件所处环境的氯离子浓度、混凝土温度、混凝土的氯离子结合能力(包括水泥用量、水灰比、胶凝材料的氯离子结合能力等)、混凝土孔结构、密实性、环境湿度及结构构件所处位置方向等因素有关。处于海水中的混凝土结构，其表面氯离子浓度一般与海水中氯离子浓度接近。而对于浪溅区，构件所处位置、朝向、相对最高潮位的高度不同，混凝土表面氯离子含量也不同，英国海岸浪溅区混凝土表面氯离子浓度通常为0.3%~0.7%(质量分数)。我国港口使用9~16年浪溅区的混凝土表面氯离子浓度为混凝土质量的0.07%~0.56%(1.7~13kg/m³)，其中水灰比(质量比)$W/C = 0.39$，平均表面氯离子浓度为0.16%(3.65kg/m³)，水灰比$W/C = 0.55$，平均表面氯离子浓度为0.36%(8.2kg/m³)。近海大气区混凝土表面氯离子浓度受各种不确定性因素的影响，其累积速率可在 0.004%/a~0.1%/a(混凝土质量)范围内变化，应优先采用实测值确定氯离子聚集系数或确定混凝土表面氯离子浓度最终稳定值。

参考国外相关资料和我国实测数据，《混凝土结构耐久性评定标准》(CECS

220：2007)给出偏安全的潮汐区、浪溅区混凝土表面氯离子浓度参考值，见表 5-4。

表 5-4　潮汐区、浪溅区混凝土表面氯离子浓度参考值

混凝土抗压强度评定值/MPa	40	30	25	20
混凝土表面氯离子浓度/(kg/m³)	8.1	10.8	12.9	15.0

欧洲 Duracrete 对硅酸盐水泥给出混凝土表面氯离子浓度 M_s：$7.76\times W/C\times$胶凝材料质量(潮汐、浪溅区)，$2.57\times W/C\times$胶凝材料质量(大气区)。取胶凝材料 $350\mathrm{kg/m^3}$，则不同水灰比氯离子含量见表 5-5。

表 5-5　混凝土表面氯离子浓度取值(欧洲 Duracrete)

W/C	潮汐、浪溅区				大气区			
	0.3	0.4	0.5	0.6	0.3	0.4	0.5	0.6
M_s/(kg/m³)	8.2	10.9	13.6	16.3	2.7	3.6	4.5	5.4

美国 Life-365 报告认为表面氯离子浓度是氯离子在混凝土中传输的主驱动力，不同地区和不同暴露条件的结构构件表面氯离子累积速率和最大浓度不同，对于海工混凝土结构，给出四种暴露条件下的混凝土表面氯离子累积速率和表面最大氯离子浓度，见表 5-6。

表 5-6　海工混凝土表面氯离子浓度(美国 Life365)

结构部位	表面氯离子累积速率	表面最大氯离子浓度/(kg/m³)
潮差区	—	0.80
浪溅区	0.1	1.00
海岸 800m 以内	0.04	0.60
海岸 1000m 以内	0.02	0.50

日本土木学会标准给出了随海岸距离变化的混凝土表面氯离子浓度，见表 5-7。

表 5-7　混凝土表面氯离子浓度取值(日本土木协会)

海岸距离	浪溅区	离海岸线距离/km				
		海岸线附近	0.1	0.25	0.5	1.0
每立方混凝土百分比/%	0.65	0.45	0.226	0.15	0.10	0.075
M_s/(kg/m³)	14.54	10.35	5.2	3.45	2.3	1.73

在缺乏有效实测数据时，《混凝土结构耐久性评定标准》(CECS 220：2007)

给出大气区混凝土表面氯离子浓度参考值，距海岸 0.1km 处混凝土表面氯离子浓度按表 5-8 取用，其他位置乘以表 5-9 中的修正系数。

表 5-8　距海岸线 0.1km 处混凝土表面氯离子浓度

混凝土抗压强度评定值/MPa	40	30	25	20
混凝土表面氯离子浓度/(kg/m^3)	3.2	4.0	4.6	5.2

表 5-9　表面氯离子浓度修正系数

离开海岸线距离/km	海岸线附近	0.1	0.25	0.5	1.0
修正系数	1.96	1.0	0.66	0.44	0.33

3. 氯离子扩散系数

氯离子扩散系数 D 是用来反映混凝土对氯化物侵蚀抵抗能力的参数。混凝土是一种多孔材料，有固体和液体成分，氯离子在混凝土中扩散较为复杂，一般认为氯离子通过固体的扩散可以忽略不计，而实际上氯离子不是通过均匀介质扩散的，主要通过孔结构中的溶液扩散，扩散速率不仅受制于孔隙溶液，还受到孔隙结构的影响，即氯离子在混凝土中的扩散受混凝土材料的组成、内部孔结构的特征等因素的影响，如水灰比、水泥品种、骨料级配、外加剂种类和掺量，还受到外界因素包括养护条件、暴露时间、环境温湿度等的影响。

氯离子从混凝土表面渗透到钢筋表面，氯离子扩散模型可由 Fick 第二定律得出。扩散方程中的氯离子扩散系数具有时间依赖性。氯离子在传输过程中不断与水化产物反应生成费氏盐、与水化产物产生物理吸附，形成结合氯离子，仅孔隙水中的自由氯离子继续向内扩散，使氯离子扩散系数减小；随着水化程度不断充分，混凝土的密实性有所提高，也使扩散系数减小。但实测数据表明，对于高水灰比（$W/C > 0.55$）的混凝土，由于毛细孔隙不随表面深度增加而明显减小，氯离子扩散系数并不随时间减小；另外，当结构使用年限较长，扩散系数已趋于稳定或偏保守估算时，可不考虑扩散系数的时间依赖性。此时，氯离子扩散系数取值可参照 Life-365 的程序说明，时间超过 30 年后即可不再考虑氯离子扩散系数的时间依赖性。

由于影响氯离子扩散系数的因素很多，氯离子渗透过程十分复杂，氯离子扩散系数随时间减小的规律尚未十分清楚，实际上难以准确确定氯离子扩散系数，因此通过实测服役结构构件混凝土内部氯离子浓度分布，用扩散方程反推氯离子扩散系数是最有效的途径。

4. 临界氯离子浓度

氯离子穿过保护层侵入钢筋并积累到一定浓度时就会引起钢筋锈蚀,这个引起钢筋锈蚀的氯离子浓度称为临界氯离子浓度。影响钢筋锈蚀氯离子临界浓度的因素有混凝土的成分、水泥类型、胶凝材料品种与掺量、温度、混凝土含水量(混凝土内部相对湿度)、钢筋表面条件(孔隙率、孔结构等)以及环境条件等。一般水灰比小、混凝土碱度高、钝化膜厚,则钢筋锈蚀氯离子临界浓度大;水泥中 C_3A 含量高,钢筋锈蚀氯离子临界浓度也大;干湿交替环境钢筋钝化膜易遭受破坏,氯离子临界浓度相对较低。

氯离子浓度一般有以下四种表示方法:

(1) 以混凝土质量表示的总氯离子含量。
(2) 以水泥质量表示的总氯离子含量。
(3) 以水泥质量表示的自由(水溶性)氯离子含量。
(4) 孔隙溶液 CL^-/OH^- 摩尔比。

国内外对氯离子临界浓度进行了大量研究。

欧盟《耐久性设计与再设计指南》规定临界氯离子浓度见表 5-10。

表 5-10 临界氯离子浓度特征值(欧洲 Duracrete)

水下区		浪溅、潮差区	
条件	特征值	条件	特征值
普通混凝土 $W/C=0.5$	1.6	普通混凝土 $W/C=0.5$	0.5
普通混凝土 $W/C=0.4$	2.1	普通混凝土 $W/C=0.4$	0.8
普通混凝土 $W/C=0.3$	2.3	普通混凝土 $W/C=0.3$	0.9

注:特征值单位为胶凝材料质量分数(%)。

表 5-10 中特征值尚应根据减少危险所需费用(修复费用高、相等、低)乘以相应分项系数。分项系数见表 5-11。

表 5-11 海洋环境临界氯离子浓度特征值的分项系数(欧洲 Duracrete)

减少危险所需费用(相当于修复费)	高	相等	低
分项系数	1.2	1.06	1.03

美国 Life-365 "氯盐环境钢筋混凝土试验寿命和寿命周期价格计算程序"认为:若简单认为临界氯离子浓度是一个单值,低于此值钢筋就不会锈蚀,高于此值就极有可能概念是不正确的,增加氯离子含量的确会增加钢筋锈蚀的危险,但是氯离子量和锈蚀之间的关系受到一系列因素的影响,目前尚不能将这种关系应用到寿命模

型上。根据研究及分析得出，临界氯离子浓度为水泥质量的 0.2%～0.4%，相当于一般混凝土质量的 0.03%～0.07%(水泥用量为 350～400kg/m³)，Life-365 采用的临界氯离子浓度为混凝土质量的 0.05%。对于高性能混凝土，同样规定临界氯离子浓度为混凝土质量的 0.05%，对掺杂亚硝酸钙阻锈剂 20L/m³ 的混凝土为 0.32%。

我国中港第四航务工程局对临界氯离子浓度的确定做了大量工作，先后从浪溅区、水位变动区、水下区取得 5～10 年龄期暴露试件共 74 块，破型观察钢筋锈蚀情况，钻取锈蚀钢筋周围 0～10mm 的混凝土粉样，测定氯离子浓量。试验确定的钢筋锈蚀临界氯离子浓度见表 5-12。

表 5-12 暴露试件钢筋锈蚀临界氯离子浓度(中港第四航务工程局)

参数	浪溅区	水位变动区	水下区
钢筋锈蚀	少量锈斑	少量锈斑	少量锈斑
氯离子浓度范围/%	0.154～0.193	0.250～0.379	0.292～0.483
平均氯离子浓度/%	0.178	0.322	0.345

《混凝土结构耐久性评定标准》(CECS 220：2007)依据工程验证结果以及国内外相关资料给出钢筋锈蚀临界氯离子浓度取值，见表 5-13。同时，该标准指出，由于临界氯离子浓度受众多随机因素影响，并非一个确定值，在评估时也可按材料性能和具体环境条件适当调整。

表 5-13 钢筋锈蚀临界氯离子浓度

混凝土抗压强度评定值/MPa	40	30	≤25
混凝土表面氯离子浓度/(kg/m³)	1.4(0.4%)	1.3(0.37%)	1.2(0.34%)

注：①括号内数字为占胶凝材料质量分数；②钢筋锈蚀临界氯离子浓度可视环境条件、混凝土材料性能在 0.3%～0.5%(胶凝材料质量分数)内适当调整；③混凝土强度等级高于 C40 时，混凝土强度每增加 10MPa，临界氯离子浓度增加 0.1kg/m³。

5.4 混凝土结构耐久性预测方法

传统的基于确定性方法的钢筋混凝土结构耐久性寿命预测，其预测模型中的每一个参数一次只输入一个确定的值，然后根据预测模型进行计算，没有考虑到参数随机性的影响，因此确定性方法具有很大的局限性，其预测的寿命年限往往要长于实际情况，导致混凝土会提前出现一定的裂缝或脱落，这时人们不得不耗费巨额资金进行维护。基于可靠度的钢筋混凝土结构耐久性寿命预测方法考虑了结构各影响参数的随机性，设定参数变量的具体概率分布情况，通过参数变量的平均值及标准差来反映其随机性对计算结果的影响。

基于可靠性的钢筋混凝土结构耐久性寿命预测方法可以根据工程中的实际需要来调整结构可接受的失效概率，选取的参数值可以对应工程需要的不同可靠度指标。因此，基于概率的计算方法更加科学，现在有不少国家开始使用基于概率的钢筋混凝土寿命预测方法。

5.4.1 混凝土结构耐久寿命预测流程

混凝土结构耐久寿命预测流程如图 5-3 所示。

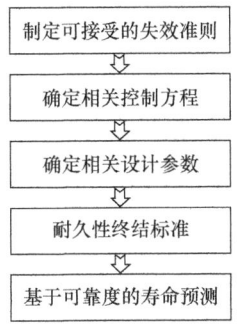

图 5-3 混凝土结构耐久寿命预测流程

5.4.2 混凝土结构耐久性失效准则

基于可靠度的钢筋混凝土结构耐久寿命预测的第一个步骤是确定结构耐久性极限状态，制定可接受的耐久性失效准则。对于任何钢筋混凝土结构，结构的安全性以及适用性的功能需求都要同时满足，但不同的结构会有不同的侧重点，因此每一个结构都对应各自的安全性系数或可靠度指标。在海洋环境下受到氯离子侵蚀作用的钢筋混凝土结构，随着钢筋表面钝化膜的破坏和钢筋的不断锈蚀，混凝土会产生钢筋锈胀导致的裂缝，保护层出现胀裂，此时结构进入与适用性相对应的耐久性极限状态；随着钢筋的进一步锈蚀，其力学性能遭到严重破坏，此时结构逐渐进入与安全性相对应的耐久性极限状态。

通常所说的结构"失效"，并不是指结构完全破坏倒塌，而是在使用了一定时间后结构的性能达到了所制定的极限状态，而这个状态是指结构能够安全正常使用的某一个临界状态，一旦结构达到并超过这个临界状态，结构就很有可能发生安全性或适用性问题。对基于概率的钢筋混凝土结构寿命预测方法来说，首先就是定义这个极限状态，即失效准则，而定义这个失效准则时必须基于工程实际可接受的目标状态或期望。本章将钢筋表面的氯离子浓度达到临界氯离子浓度，导致钢筋开始锈蚀作为失效准则，即可认为氯离子侵蚀深度达到保护层厚度。

5.4.3 混凝土结构耐久性极限状态方程

影响氯离子侵蚀混凝土过程的结构参数具有很大的随机性，人们不能完全保证结构达到设计的使用要求，因此需要研究其在使用一段时间后依旧能够达到设计功能的可能性，即建立一种基于概率的钢筋混凝土结构耐久性预测模型。通过收集的大量参数变量的统计数据特征，将可靠度理论引入结构耐久性寿命预测的过程中，建立结构的耐久性极限状态方程，控制耐久性指标，计算结构耐久性失效概率，预测结构的使用寿命。

氯离子侵蚀过程中各影响参数均存在很大的随机性，因此人们不能完全保证在侵蚀环境下达到预期的功能要求，故必须研究氯离子在侵蚀环境下结构能达到其预期功能的可能性大小，建立一种基于概率的模型来预测结构的使用寿命。这种思想即将可靠度理论的方法引入耐久性研究阶段，明确结构的极限状态，建立结构的耐久性失效方程，依据收集的大量统计数据的特征，计算耐久可靠度指标，分析结构的耐久可靠度的发展规律，有效地预测结构的使用寿命。

基于对混凝土结构钢筋锈蚀破坏过程的分析，钢筋诱导期的结束就是钢筋发生锈蚀的开始，将其作为混凝土结构耐久性失效的关键节点，基于可靠度分析方法，建立混凝土结构耐久性破坏极限状态模型：

$$Z = R - S \tag{5-6}$$

若极限状态函数 $Z<0$，则混凝土结构达到失效状态。

由第 3 章相关定义可知：R 为广义的桥梁结构抗力，在本节中为海工混凝土保护层厚度，由式(5-3)可得，环境荷载效应为 $S = 2\sqrt{D_0 \cdot t_0^m \cdot t^{1-m}} \times \mathrm{erf}^{-1}\left(1 - \dfrac{C_c}{C_s}\right)$；$S$ 为广义环境荷载效应，在本章中为氯离子侵蚀深度，即 $R=d_x$；因此，金塘大桥海工混凝土结构耐久性破坏极限状态模型可表示为

$$Z = R - S = d_x - 2\sqrt{D_0 \cdot t_0^m \cdot t^{1-m}} \times \mathrm{erf}^{-1}\left(1 - \dfrac{C_{cr}}{C_s}\right) \tag{5-7}$$

基于可靠度理论，将混凝土结构的失效概率 P_f 定义成目标概率 P_t，故有

$$P_f = P\{Z \leqslant 0\} = P\left\{d - 2\sqrt{D_0 \cdot t_0^m \cdot t^{1-m}} \times \mathrm{erf}^{-1}\left(1 - \dfrac{C_{cr}}{C_s}\right) \leqslant 0\right\} \leqslant P_t \tag{5-8}$$

对于 R 和 S 均服从正态分布的情况，可以利用验算点法计算可靠度指标，故失效概率可以表示为

$$P_f = \varPhi\{-\mu_z / \sigma_z\} = \varPhi\{-\beta\} \tag{5-9}$$

式中，β 为可靠度指标；μ_z 和 σ_z 为平均值和标准差，可表示为

$$\mu_z = \mu_R - \mu_S \tag{5-10}$$

$$\sigma_z = \sqrt{\sigma_R^2 + \sigma_S^2} \tag{5-11}$$

可靠度指标是进行金塘大桥混凝土结构耐久性预测的评价指标。在进行结构使用寿命预测时会受到可靠度指标取值的影响[120]，因此对可靠度指标进行合理取值，是保证耐久性预测结果准确的关键。

5.4.4 参数随机抽样方法

氯离子侵蚀混凝土极限状态函数复杂，参数随机变量多，为解决氯离子的实际耐久性问题，通过直接积分进行计算的方法难以应用。为此，通过 MATLAB 软件实现基于蒙特卡罗算法的失效概率数值模拟。蒙特卡罗算法不仅计算收敛速度快，而且因其算法与随机变量的数量及相关性无关，其计算过程与函数的复杂程度也无关，数值计算的误差容易确定，便于确定达到要求精度所需的具体模拟次数。基于以上优点蒙特卡罗算法能够很好地适用于海洋氯盐下氯离子侵蚀混凝土导致的结构耐久性失效问题。但这种方法也有一定的缺点，如抽样计算次数少，计算得到的结果精确度就不高；抽样计算次数多，计算效率却不高。但目前对抽样方法和计算流程的改进以及计算机计算速度的飞速提高为基于蒙特卡罗算法预测结构失效概率提供了支持。

本节利用 MATLAB 软件进行编程，基于蒙特卡罗算法计算海洋氯盐环境下氯离子侵蚀混凝土导致结构耐久性失效的概率。其计算流程如图 5-4 所示。

进行参数的抽样时通过随机数进行实现，将使用 MATLAB 程序内相应的随机数产生函数，根据给定的概率分布情况进行参数抽样，但为了满足一定的精度，具体的抽样数量需要进行确定。

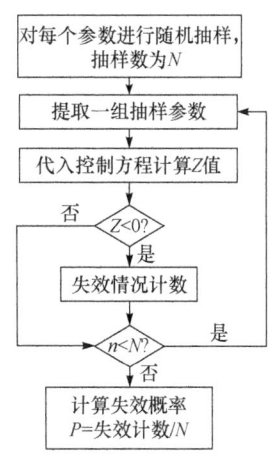

图 5-4 MATLAB 编程模拟流程

$$P_f = P[Z(X) \leqslant 0] = \int_{D_f} f(X) \mathrm{d}X \tag{5-12}$$

采用蒙特卡罗算法，式(5-12)可表示为

$$\hat{P}_f = \frac{1}{N} \sum_{i=1}^{N} I[G(\hat{X})_i] \tag{5-13}$$

式中，N 为抽样总数；冠标"^"表示抽样值。当 $G(\hat{X})_i < 0$ 时，$I[G(\hat{X})_i]=1$，而

其他情况下，$I[G(\hat{X})_i]=0$，则式(5-13)的抽样方差为

$$\hat{\sigma}^2 = \frac{1}{N}\hat{P}_f(1-\hat{P}_f) \tag{5-14}$$

为了保证蒙特卡罗算法的精度，本书取95%的置信度，则

$$\left|\hat{P}_f - P_f\right| \leq z_{\frac{\alpha}{2}} \cdot \hat{\sigma} = 2\sqrt{\frac{\hat{P}_f(1-\hat{P}_f)}{N}} \tag{5-15}$$

式(5-15)以相对误差ε表示时，有

$$\varepsilon = 2\sqrt{\frac{1}{N\hat{P}_f}} \tag{5-16}$$

式(5-16)中的$\hat{P}_f$通常是一个极小量，则式(6-14)可化为

$$N = \frac{4}{\hat{P}_f \cdot \varepsilon^2} \tag{5-17}$$

本节给定的相对误差为$\varepsilon=0.2$，则抽样数N为

$$N = \frac{100}{\hat{P}_f} \tag{5-18}$$

一般工程上设计的可靠度指标为 1～2，与此相对应的失效概率为 0.1587～0.0226，则根据式(5-18)，抽样数不应小于 650～4500。

5.5 案例分析

5.5.1 工程背景及混凝土试验

金塘大桥桥址处极端最高温度 38.5℃，极端最低温度-6.6℃。桥址潮汐属不规则半日潮，最大潮差约 3.6m。金塘大桥服役环境为近海海洋环境(图 5-5)，根据《混凝土结构耐久性设计与施工指南》中对环境分类的定义，海水环境腐蚀等级为Ⅲ类，即氯化物环境；环境作用等级为 D，即会引起钢筋的严重腐蚀。

金塘大桥工程设有 478 个承台，其中有 27 个大承台，大承台尺寸均超过 1000m³，最大承台的尺寸设计为 56.78m×34.02m×6.5m，海工混凝土体积为 12555.76m³；最小承台的尺寸设计为ϕ8.9m×3m，海工混凝土体积为 186.54m³。为掌握金塘大桥中不同承台处海工混凝土结构在实际海洋环境服役过程中，氯

图 5-5 金塘大桥桥位图

离子渗透侵蚀情况和混凝土结构的工作性能,对若干承台处的海工混凝土进行了现场钻芯取样检测和雷达检测,以进行结构保护层厚度的测量,确定海工混凝土内部密实程度,如图 5-6、图 5-7 所示。由于金塘大桥在施工期间,混凝土拌和用水为当地自来水,故可认定 $C_0=0$。

图 5-6 金塘大桥现场试验　　　　图 5-7 海工混凝土取样试块

5.5.2 混凝土保护层厚度概率分布特征

由式(5-4)可知,保护层厚度是影响海工混凝土结构使用寿命的重要参数之一,且在实际工程中,也起到保护钢筋的作用,防止钢筋直接接触空气、海水,降低钢筋腐蚀速率。Trevor 曾对混凝土保护层厚度概率分布进行统计分析,认定其服从正态分布[111]。本节也基于金塘大桥承台钻芯取样检测和雷达检测数据结果,对海工混凝土保护层厚度进行统计分析,假设其符合正态分布,K-S 检验表明保护层厚度概率分布基本服从正态分布的假设,具体如图 5-8、图 5-9 所示。

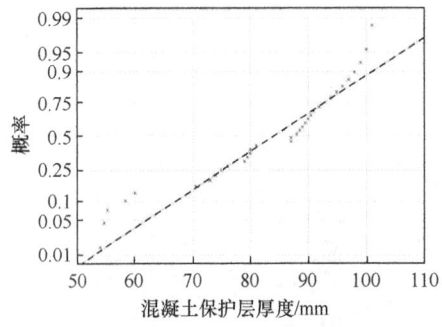
图 5-8 混凝土保护层厚度正态概率分布图

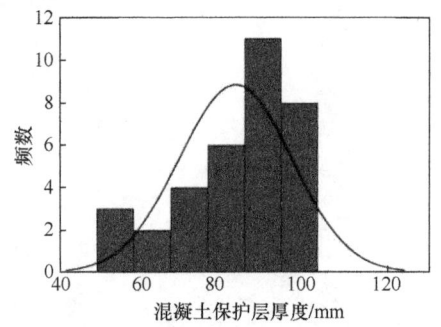
图 5-9 混凝土保护层厚度频数分布图

5.5.3 表面氯离子浓度概率分布特征

将从金塘大桥承台钻芯取得的海工混凝土样本,基于北欧混凝土规范中的 NT Build 443 试验方法[121]进行规范处理(图 5-10)。该方法首先将样品底部切平,从接触海水的混凝土表面开始,以每层约 1mm 的深度磨削,采用水溶法以排除结合氯离子的影响,分别滴定各样品中不同深度处氯离子浓度,最终绘制出海工混凝土随深度变化的氯离子浓度曲线[122],如图 5-11 所示。

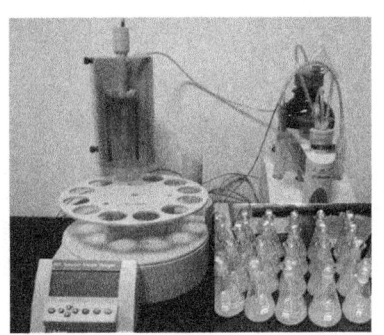
图 5-10 海工混凝土氯离子浓度试验

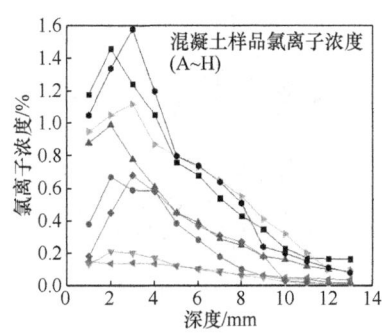
图 5-11 氯离子浓度变化曲线

相关研究表明[123],当经过较长时间的服役工作后,服役环境稳定且不发生突变,混凝土结构的表面氯离子浓度会达到一个饱和程度,基本上不再发生大幅度变化。基于上述考虑,本节假定金塘大桥海工混凝土结构表面氯离子浓度为一定值,因此可以通过氯离子浓度变化曲线图进行线性反推,来确定混凝土结构表面的氯离子浓度。取某一组数据为例,绘制混凝土结构芯样的氯离子含量分布图,如图 5-12 所示。承台下部芯样表面氯离子浓度约为 1.067%;承台上部芯样表面氯离子浓度约为 0.236%。

国内外学者也曾对表面氯离子浓度概率分布特征进行过统计。例如，Song 等[124]针对水胶比相同的一系列混凝土，进行表面氯离子浓度概率分布统计，结果表明服从广义极值分布；郝晓丽[125]以对日照港务局码头上部结构混凝土为研究对象，进行表面氯离子浓度概率分布统计，结果表明服从正态分布。本节基于氯离子浓度滴定试验数据结果，并进行线性反推得到表面氯离子浓度，进行统计分析，假设其符合正态分布，经过 K-S 检验，其概率分布基本服从正态分布(图 5-13)。

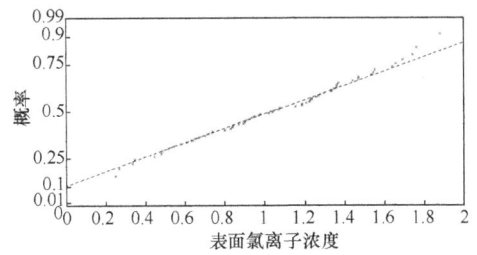

图 5-12　表面氯离子浓度正态分布图

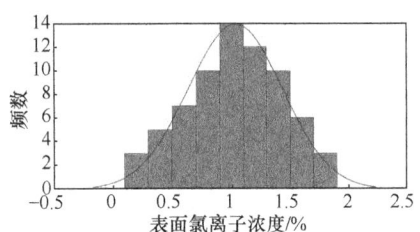

图 5-13　表面氯离子浓度频数分布图

5.5.4　氯离子扩散系数概率分布特征

根据上述海工混凝土试样测得的自由氯离子浓度，将每个混凝土试样在不同深度处的坐标值(x_i, $C_{x,t}$)代入方程(5-2)，求出不同承台试样氯离子扩散系数。氯离子扩散系数也是影响海工混凝土结构使用寿命重要参数之一。目前，国内外学者对氯离子扩散系数的概率分布还未达成共识。Song 等认为氯离子扩散系数布服从 Weibull 分布，Lounis 和 Amleh[126]则认为其满足对数正态分布，Kwon 等认定其服从对数正态分布，Lindvall[127]则认定氯离子扩散系数服从正态分布(图 5-14)，没有形成对氯离子扩散系数概率分布的统一意见。本节对金塘大桥海工混凝土氯离子扩散系数计算结果进行统计分析，假设其符合正态分布，经过 K-S 检验后认定其基本服从正态分布(图 5-15)。

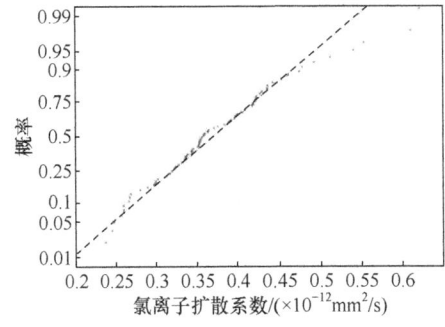

图 5-14　氯离子扩散系数正态分布图

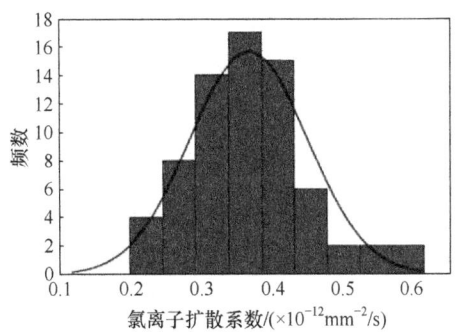

图 5-15　氯离子扩散系数频数分布图

5.5.5 临界氯离子浓度概率分布特征

临界氯离子浓度也是影响海工混凝土结构使用寿命的重要参数之一。基于 5.2 节中对混凝土结构钢筋锈蚀破坏过程的分析可知,临界氯离子浓度一般是指在钢筋诱导期内,氯离子不断扩散渗透进混凝土结构使得钢筋表面的氯离子积累到一定阈值从而达到引起钢筋锈蚀的浓度[128],即为钢筋诱导期结束时混凝土与钢筋接触面的氯离子浓度。不同地区的临界氯离子浓度不同,受钢筋混凝土结构各种外界或内在因素的影响,如温度、湿度、配合比、钢筋表面状况等。目前国内外学者对于临界氯离子浓度的概率分布也还未达成共识。Enright 和 Frangopol[129]认为临界氯离子浓度服从对数正态分布;Vu 和 Stewart[130]则认定其服从均匀分布;Song 等则表示临界氯离子浓度应服从极值分布。由于各学者对临界氯离子浓度定义的差异性,以及缺少大量实际试验测量数据,目前还没有形成对临界氯离子浓度概率分布的统一意见。综上考虑,本节根据对现有的临界氯离子浓度的研究分析,并结合欧洲 Duracrete 对临界氯离子浓度统计结果[131,132],假定其服从正态分布。

5.5.6 混凝土结构耐久性评价

基于上述对混凝土保护层厚度、临界氯离子浓度、表面氯离子浓度、氯离子扩散系数等使用寿命影响因素的概率分布特征分析,由式(5-3)进行氯离子侵蚀环境下金塘大桥海工混凝土结构耐久性寿命 T 的概率分布特征分析。相关影响参数概率分布统计特征见表 5-14。

表 5-14 相关参数概率分布统计特征

参数	平均值	标准差	分布类型
d/mm	85	6.4	$N(85, 40.96)$
C_{cr}	0.067	0.05	$N(0.067, 2.5\times10^{-4})$
C_s	0.954	0.02	$N(0.953, 4\times10^{-4})$
D	84.5	17.3	$N(84.5, 126.29)$
m	0.4[132]	—	—

基于式(5-3)并采用蒙特卡罗模拟方法,为保证足够的计算精度,本节抽样数 $N=2000$。结合 MATLAB 进行概率随机抽样,即可得到在氯离子侵蚀下,混凝土结构的使用寿命概率分布特征,建立蒙特卡罗随机抽样结果频率直方图,如图 5-16 所示,金塘大桥钢筋混凝土使用寿命呈现出偏态分布特征,假设其符合正

态分布，采用 Weibull 概率试纸法得到模拟曲线，如图 5-17 所示，钢筋混凝土结构使用寿命符合 Weibull 分布。

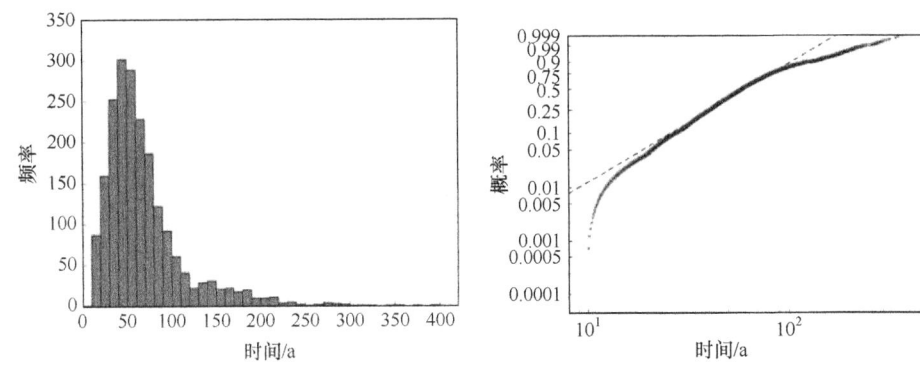

图 5-16　混凝土使用寿命频率分布图　　　图 5-17　混凝土使用寿命 Weibull 分布图

基于上述金塘大桥钢筋混凝土结构耐久性计算相关参数的概率分布特征，分别对环境桥梁结构抗力和荷载进行计算。由 5.5.5 节可知，在本节中桥梁结构抗力由海工混凝土保护层厚度表示，环境荷载效应由氯离子侵蚀深度表示，图 5-18 为金塘大桥服役 40 年的抗力与环境荷载概率分布图。

根据相关研究中可靠度指标取值标准[133,134]，本节取可靠度指标为 1.6，作为限定金塘大桥混凝土结构耐久性极限的最小可靠度指标，计算得到可靠度指标随时间的变化曲线，如图 5-19 所示，金塘大桥混凝土结构耐久性满足设计要求的使用年限。

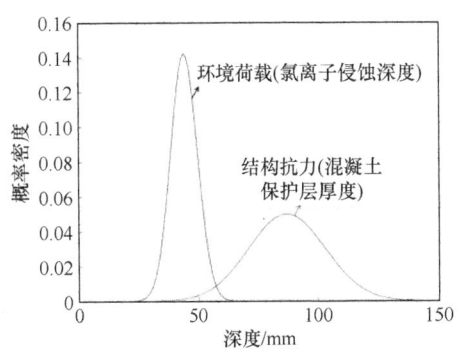
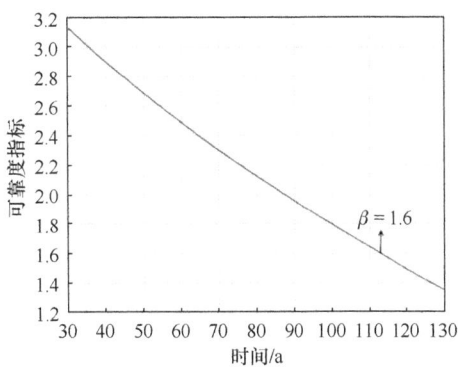

图 5-18　金塘大桥抗力与环境荷载分布图　　　图 5-19　可靠度指标与时间关系图

5.5.7 混凝土腐蚀预防控制措施

1) 科学选择混凝土材料

科学选择合理的混凝土材料，提升混凝土的耐劣化能力与抗破坏能力对提高混凝土结构的耐久性有重要作用。第一，应正确选择水泥品种，以确保钢筋混凝土桥梁的耐久性；第二，合理选择粗、细集料，并加强对活性集料的控制；第三，严格把控石骨料、砂石等混凝土材料，并进行合理的集配，以最大限度地减少骨料的孔隙率，以提高混凝土结构的耐久性。第四，科学添加外加剂。当前我国市面上已有过百种外加剂，包括膨胀剂、密实剂、阻锈剂、减水剂、缓凝剂、速凝剂、加气剂等，因此正确选用外加剂很关键。

2) 优化混凝土配合比

第一，在确保混凝土质量满足施工或使用要求的前提下，尽可能地减少水泥用量，在降低混凝土中 $Ca(OH)_2$ 等容易受到侵蚀的水化产物含量的同时，减少混凝土的成本；第二，降低混凝土的水灰比，减小混凝土的坍落度，并降低塑性变形导致的混凝土收缩裂缝的发生概率；第三，可适当添加高效减水剂，以充分降低混凝土的单位用水量，从而提高混凝土和易性与密实度；第四，加入适当的减水剂与膨胀剂，以提高混凝土的强度与抗渗性，增强混凝土的工作性能。

3) 在钢筋表面添加环氧树脂涂层

优质的涂层对预防钢筋锈蚀、提升结构的使用性能有重要的作用。第一，对钢筋表面进行喷射钢砂处理，将其表面的氧化膜与污迹清理干净；第二，将钢筋加热到 232℃时，再把环氧树脂粉末静电喷涂到钢筋的表面，让其在钢筋表面熔化，从而生成一道薄膜与钢筋紧密黏结，以阻止水和带电离子与钢筋表面直接接触。以上过程是一个不可逆的过程，即形成涂层后，即便再对钢筋进行加压或加温也不会导致涂层发生流失或熔化，因此，在钢筋表面添加环氧树脂涂层可以有效发挥保护钢筋的作用。

4) 增加钢筋保护层的厚度

根据相关工程施工及试验数据可知，钢筋混凝土结构混凝土保护层的厚度与钢筋混凝土构件的耐久性息息相关。如果混凝土的保护层足够厚，如桥梁为 35mm，则钢筋的腐蚀情况少之又少。如果沿海地区的钢筋混凝土保护层厚度与其他地区的保护层厚度相同，如梁柱为 25mm 时，则其钢筋腐蚀情况将会明显大于其他地区，并且其混凝土的保护层会出现剥落或顺筋裂缝的现象。由此可见，适当增加混凝土保护层的厚度可以有效提高钢筋混凝土结构的防腐能力。然而，值得注意的是，在增加保护层厚度时，禁止使用原构件断面高度，否则不但不利于混凝土构件抗裂刚度的提高，反而会加速混凝土裂缝的发生。

5) 采用电化学防护方法

在原电池中,阳极的活性较强,极易在原电池液中失去电子并逐渐溶解,而阴极的活性较弱,在原电池液中不发生反应。电化学防护方法就是应用这一原理来避免钢筋的锈蚀现象的。在实际防腐工作中,可引入活性较强的金属来充当阳极,与钢筋混凝土形成电池。在发生电化学反应时,活性比钢筋混凝土高的金属会发生腐蚀,而钢筋混凝土中的钢筋则会维持原状。较为典型的电化学防护方式是用电弧法将锌喷涂在梁腹混凝土表面作为外加阳极对钢筋进行保护。这一方法在防止钢筋锈蚀上取得了显著的成效。

6) 及时修复钢筋混凝土桥梁的锈蚀部位

钢筋锈蚀可以发生在桥梁的任何一个部位,尤其是暴露或经常受到水浸润的地方,如桥面、伸缩缝附近以及混凝土开裂处等。而钢筋的锈蚀程度直接影响桥梁的承载能力,因此应对钢筋混凝土桥梁的锈蚀部分进行及时的修复。首先,应清除剥落、松脱的混凝土,将钢筋暴露出来。其次,采用喷砂法或高压水枪喷射法来对钢筋进行除锈处理。再次,对做过除锈处理的钢筋涂上环氧胶液等黏结剂。最后,采用环氧混凝土、环氧砂浆或者其他防腐材料来进行混凝土浇筑,及时做好新混凝土的表面处理工作。

5.6 本章小结

本章首先针对大型跨海桥梁结构进行了性能劣化风险评估研究工作,主要开展钢筋混凝土结构在氯离子不断渗透进程下,致使钢筋发生锈蚀破坏的风险预测评估。首先对混凝土结构钢筋锈蚀破坏过程阶段进行分析,基于 Fick 第二定律,确定了混凝土结构耐久性定量预测方法,根据金塘大桥海工混凝土相关试验结果并结合现有的研究成果,确定了影响氯离子渗透性的相关参数概率分布特性,基于可靠度理论,建立了混凝土结构耐久性破坏极限状态模型,并对金塘大桥钢筋混凝土结构进行了耐久性定量预测评估,建立了耐久可靠度指标与腐蚀时间的关系曲线,基于假定可靠度指标,确定混凝土结构耐久性。结果表明,当假定可靠度指标为 1.6 时,金塘大桥混凝土结构耐久性满足设计要求的使用年限。

本章研究还存在以下不足:提出的氯离子耐久性预测方法中只分析了几项最基本参数的概率分布特征,在氯离子环境下影响结构耐久性的影响因素还有很多,如温度、湿度等,不同参数间也有相互耦合作用,在下一阶段研究中应综合分析这些因素之间的相关性,对混凝土结构耐久性的影响特征以及参数本身统计特征进行分析。

第6章 桥梁碳化失效风险评估

6.1 概　　述

碳化引起的钢筋锈蚀是造成一般大气环境下混凝土结构耐久性失效的最主要因素。混凝土结构建成后，由于材料本身的高碱性可以形成对其内部钢筋的保护(钝化膜)，不会轻易发生锈蚀。随着混凝土结构的使用，大气中的 CO_2 逐步向混凝土内部渗透，与混凝土材料中的碱性成分发生化学反应，致使保护钢筋的钝化膜被破坏，从而导致钢筋锈蚀[135]。因此，混凝土碳化分析是评估混凝土结构长期性能的重要内容。

混凝土结构碳化现象受混凝土材料质量、环境因素等的影响，具有很大的随机性。现代工程概率设计也要求结构分析中应当尽可能地考虑各方面的不确定性。现有研究对混凝土结构的碳化概率分析主要分为两种情况：一种如 Marques 等[136]、Teply[137]，直接采用规范中的碳化深度半经验公式，对混凝土结构进行碳化失效概率分析；另一种则如牛荻涛[138]、Kwon 和 Na[139]，通过实测数据建立混凝土碳化深度回归模型，对混凝土结构碳化寿命进行概率分析。然而，现有研究两种情况所采用或建立的碳化分析模型大多为确定性模型，无法充分反映各方面的不确定性，尤其是模型构建过程本身的不确定性。同时，现有研究对所使用模型的适用性亦缺乏足够的关注。

本章在总结归纳现有混凝土结构碳化模型的基础上，利用现有实际工程混凝土结构碳化深度检测数据，建立混凝土结构碳化概率模型，并建立相应的混凝土结构碳化时变失效概率的分析方法。最后将该方法应用于钢筋混凝土简支板的碳化失效风险概率分析中，并针对主要参数进行敏感性和重要性分析。

6.2 混凝土结构碳化模型

6.2.1 混凝土结构碳化理论模型

混凝土碳化是环境中 CO_2 向混凝土内部扩散并与混凝土内部的可碳化物质发生化学反应的过程。很多学者利用 Fick 扩散定律分析混凝土的碳化过程，由此得到理论上计算混凝土碳化深度的公式[140]：

$$X = \sqrt{\frac{2Dc_0}{m_0}} \cdot \sqrt{t} \qquad (6\text{-}1)$$

式中，X 为碳化深度；D 为 CO_2 在混凝土中的扩散系数；c_0 为 CO_2 的浓度；m_0 为单位体积混凝土吸收 CO_2 的能力；t 为碳化时间。

希腊学者 Papadakis 等[141]根据各可碳化物质在碳化过程中的质量平衡条件得到碳化深度的解析式：

$$X = \sqrt{\frac{2Dc_0}{[Ca(OH)_2]^0 + 3[CSH]^0 + 3[C_3S]^0 + 3[C_2S]^0}} \cdot \sqrt{t} \qquad (6\text{-}2)$$

式中，$[Ca(OH)_2]^0$、$[CSH]^0$、$[C_3S]^0$、$[C_2S]^0$ 为混凝土中可碳化物质的初始浓度。

6.2.2 混凝土结构碳化经验模型

大量碳化试验与实际检测结果均表明，混凝土碳化深度与碳化时间的平方根成正比，可表达为如下简单形式：

$$X = k\sqrt{t} \qquad (6\text{-}3)$$

式中，k 为混凝土碳化系数，是反映混凝土碳化快慢的综合参数。

现有碳化经验模型大多通过碳化试验和实际工程检测数据来确定影响碳化系数的因素和表达式，根据所考虑主要影响因素不同分为两类：水灰比-碳化模型和混凝土强度-碳化模型。表 6-1 给出了国内外典型的混凝土碳化经验模型。

表 6-1 国内外典型碳化经验模型

类别	公式	备注
水灰比-碳化模型	$W/C > 0.6$ $X = r_c r_a r_s \sqrt{\dfrac{W/C - 0.25}{0.3(1.15 + 3W/C)}} \sqrt{t}$ $W/C \leqslant 0.6$ $X = r_c r_a r_s \dfrac{4.6W/C - 1.76}{\sqrt{7.2}} \sqrt{t}$	日本岸谷孝一模型[142]： W/C 为水灰比； r_c 为水泥品种影响系数； r_a 为骨料品种影响系数； r_s 为混凝土掺加剂影响系数
	$X = \gamma_1 \gamma_2 \gamma_3 (1.21 \times W/C - 3.2)\sqrt{t}$	山东建科院碳化模型[143]： γ_1 为水泥品种影响系数； γ_2 为粉煤灰影响系数； γ_3 为气象条件影响系数

续表

类别	公式	备注
混凝土强度-碳化模型	$X = 3K_{k1}K_{kt}K_{ks}K_{F}K_{CO_2}T^{1/4}RH^{1.5}$ $\cdot (1-RH)\left(\dfrac{58}{f_{cuk}} - 0.76\right)\sqrt{t}$	耐久性评定标准模型[144]: K_{k1} 为位置影响系数; K_{kt} 为养护浇筑影响系数; K_{ks} 为工作应力影响系数; K_{F} 为粉煤灰影响系数; K_{CO_2} 为 CO_2 浓度影响系数(%); T 为环境温度(℃); RH 为环境相对湿度; f_{cuk} 为混凝土强度评定值(MPa)
	$X = 250\left(\dfrac{1}{\sqrt{F_c}} - \dfrac{1}{\sqrt{F_g}}\right)\sqrt{t}$	Smolczyk 模型[145]: F_c 为混凝土抗压强度(kg/cm^2); F_g 为假定不碳化的强度($625 kg/cm^2$)

6.2.3 混凝土结构碳化模型评价

理论模型因为有理论基础，物理意义明确，但是其中的模型参数不易确定，很难在工程中应用推广。经验模型较为简单，模型中的参数均较容易获得，因此现有的工程实践中大多采用经验模型。然而，碳化过程存在太多的不确定性和随机性，经验模型为确定性模型，无法考虑结构尺寸、材料参数等客观存在的不确定性；同时，现有碳化经验模型有很多，对于同一混凝土结构，由这些模型得到的碳化深度结果差异很大，这恰恰说明碳化模型本身就存在很大程度上的不确定性(主观不确定性)。因此，为了适应现有概率设计分析程序，建立新的碳化概率模型，并使该模型能够充分考虑各方面不确定性(客观不确定性和主观不确定性)，是十分必要的。

6.3 混凝土碳化概率模型

6.3.1 混凝土碳化概率模型概述

工程结构概率模型一般形式可以表达为确定性模型和附加修正项的组合形式[146]:

$$C(x,\Theta) = \hat{c}(x) + \gamma(x,\Theta) + \sigma\varepsilon \tag{6-4}$$

式中, x 为同模型目标值相关的一系列设计变量; $C(x,\Theta)$ 为模型目标值，其中 $\Theta=(\theta,\sigma)$、$\theta=(\theta_1,\theta_2,\cdots)$ 为模型参数; $\hat{c}(x)$ 为确定性模型; $\gamma(x,\Theta)$ 为模型修正项; σ 为模

型误差的标准差；ε为正态分布的随机变量(均值为 0，方差为 1)。

概率模型中的确定性模型部分$\hat{c}(x)$的选择应基于以下两个原则：

(1) 模型应当被广泛使用，这从最大限度上保证了概率模型的适用性。

(2) 模型应当具有理论依据，如能够从一定程度上反映物理与力学原理。

而对于模型修正项$\gamma(x,\theta)$，应当选择可能影响确定性模型精确度的因素，对模型进行修正以获得更为精确和无偏的预测结果。线性的模型修正项可表达为如下形式：

$$\gamma(x,\theta)=\sum_{i=1}^{p}\theta_i h_i(x) \tag{6-5}$$

式中，$h_i(x)$为一系列可能的修正函数，为设计变量的函数，反映结构某种可能影响模型精度的性质，如几何尺寸、材料特性等。通过对模型参数统计特征的估计，可以确定最为敏感的修正函数，确保在不损失模型精度的情况下优化修正函数的数量。

模型参数Θ的统计分布特征可以通过以下贝叶斯更新过程获得：

$$f(\Theta)=\kappa \cdot L(\Theta) \cdot p(\Theta) \tag{6-6}$$

式中，$f(\Theta)$为模型参数的后验分布，反映引入试验或检测数据后对参数分布的认知；$\kappa=\left[\int L(\Theta)p(\Theta)\mathrm{d}\Theta\right]^{-1}$为标准化参数；$L(\Theta)$为似然函数，反映试验或检测数据所要传递的信息；$p(\Theta)$为模型参数的先验分布，反映引入试验或检测数据之前对参数分布的认知。

本章用来估计碳化概率模型参数统计分布的检测数据采用牛荻涛收集的各地工程实测碳化数据。数据收集了各工程的建筑类型、使用年限、实测碳化深度及工程结构设计变量，表 6-2 列出了这些重要设计变量的范围。

表 6-2 碳化概率模型设计变量范围

设计变量	符号	范围
设计年限/a	t	3~56
混凝土抗压强度/MPa	f_c	13~48
环境年平均温度/℃	T	1.14~21.3
环境年平均相对湿度	RH	0.46~0.8
环境 CO_2 浓度/(g/m³)	c_0	0.043~0.120

从现有碳化概率模型综述可以看出，混凝土碳化深度与碳化时间的平方根成正比，同理论分析在形式上保持一致，并且被大量试验数据和工程实践所验证。因此，基于确定性模型的选取原则，采用 $\hat{c}(x)=k\sqrt{t}$ 作为碳化概率模型的确定性模型部分，并通过添加模型修正项 $\gamma(x,\theta)$ 来考虑不同设计要素对碳化深度的影响。考虑到碳化深度总是非负的，可应用对数变换，同时注意到在对数变换下，碳化系数 k 可以由修正项中的一个常数影响因子函数代替($h_1(x)=1$)，因此最终的碳化概率模型可以表达为

$$\ln[X(x,\Theta)] = \ln(\sqrt{t}) + \gamma(x,\theta) + \sigma\varepsilon \tag{6-7}$$

式中，各符号的意义同前。

注意在原设计变量空间(应用对数变换之前)，修正函数为乘积形式，这与大量现有经验模型在形式上保持一致。

6.3.2 混凝土碳化模型修正

模型修正项 $\gamma(x,\theta)$ 应尽可能地捕捉影响混凝土碳化深度的各方面因素。首先，为了考虑可能存在的与所有设计变量均不相关的影响，选择 $h_1(x)=1$。该修正函数亦相当于碳化速率系数中的常数项部分。其次，金伟良和鄢飞[147]提出碳化深度与时间的关系可能是更加广义的指数形式，因此选择 $h_2(x)=\ln(t)$ 来考虑这种可能的影响因素。其余的修正函数参考现有碳化经验模型中关于各影响因素的取值形式，主要影响因素来源于两个方面：一方面是混凝土本身的质量，相较于水灰比，混凝土强度更容易通过检测手段获得，更加为工程技术人员所熟悉。

因此，本章选择混凝土强度来反映混凝土质量，选择修正函数 $h_3(x)=f_c/f_{30}$、$h_4(x)=f_{30}/f_c$ 和 $h_5(x)=(f_c/f_{30})^2$，其中 $f_{30}=20\text{MPa}$ 为 C30 混凝土立方体抗压强度标准值。

另一方面为环境条件，选择 $h_6(x)=c_0/0.03$、$h_7(x)=\sqrt{c_0/0.03}$ 和 $h_8(x)=\ln(c_0/0.03)$ 反映环境 CO_2 浓度可能存在的影响；选择 $h_9(x)=T/T_0$、$h_{10}(x)=\sqrt[4]{T/T_0}$ 和 $h_{11}(x)=T_0/T$ 反映环境温度可能存在的影响；选择 $h_{12}(x)=RH/RH_0$、$h_{13}(x)=(RH/RH_0)^2$ 和 $h_{14}(x)=RH_0/RH$ 反映环境湿度可能存在的影响，其中 $T_0=13℃$ 为标准环境温度，$RH=0.7$ 为标准环境相对湿度。

6.3.3 混凝土碳化模型优化

模型优化过程可以区分混凝土碳化深度对不同影响因素函数的敏感程度，使得次要的影响因素可以从模型中剔除，以达到简化模型的目的。图 6-1 示出了碳化概率模型的优化过程。图中示出了每一个优化步各模型参数 θ_i 的变异系数和模

型误差标准差 σ 的后验均值。在每一步中，变异系数最大的模型参数所对应的修正函数将在下一步中从修正项中移除，并重新计算各模型参数的后验分布。

以第 1 步为例，$\sigma = 0.346$，最大的变异系数为 1.67，对应 $\theta_2 h_2(x)$，将其移除后重新计算各参数后验分布，得到第 2 个优化步的 $\sigma = 0.325$，说明模型精度未受到影响。重复上述步骤直至第 9 个优化步，所有剩余参数的变异系数均小于模型误差标准差的后验均值，同时进一步优化会造成模型误差的提升，因此第 9 个优化步的结果为最优。

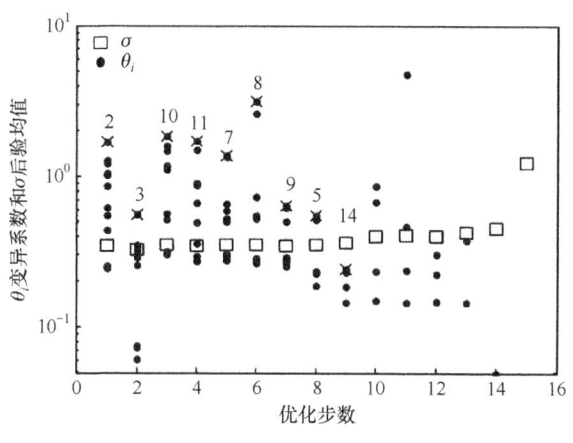

图 6-1　模型优化过程

在第 9 个优化步 $\sigma = 0.351$，$\Theta = (\theta_1, \theta_4, \theta_6, \theta_{12}, \theta_{13}, \theta_{14}, \sigma)$，通过观察模型参数的相关系数矩阵可以发现，参数 θ_{12}、θ_{13}、θ_{14} 和 θ_1 之间存在强烈的相关性（$\rho_{1,12} = -1.0$、$\rho_{1,13} = 1.0$、$\rho_{1,14} = -1.0$）。对于存在强烈相关性的两个参数 θ_i 和 θ_j，可以通过 θ_i 的最佳线性估计来替代 θ_i 以进一步简化修正项：

$$\hat{\theta}_i = \mu_{\theta_i} + \rho_{\theta_i \theta_j} \frac{\sigma_{\theta_i}}{\sigma_{\theta_j}} (\theta_j - \mu_{\theta_j}) \tag{6-8}$$

式中，μ_{θ_i} 和 σ_{θ_i} 分别为 θ_i 的后验均值和标准差。最终的修正项形式为

$$\gamma(x,\theta) = \theta_1 + \theta_4 \frac{f_{30}}{f_c} + \theta_6 \frac{c_0}{0.03} + (2.550 - 1.119\theta_1) \frac{\mathrm{RH}}{\mathrm{RH}_0}$$

$$+ (-2.043 + 0.409\theta_1) \left(\frac{\mathrm{RH}}{\mathrm{RH}_0}\right)^2 + (-1.201 - 0.291\theta_1) \frac{\mathrm{RH}_0}{\mathrm{RH}} \tag{6-9}$$

6.3.4　混凝土碳化概率模型参数分布

表 6-3 列出了碳化概率模型的参数 $\Theta = (\theta_1, \theta_4, \theta_6, \sigma)$ 的后验分布统计特征，包

括各参数后验均值、标准差和相关系数矩阵。从表中所列数据及式(6-9)可以看出，碳化深度对混凝土强度、环境 CO_2 浓度及环境相对湿度影响较为敏感，对环境温度影响则不够显著。

表 6-3　碳化模型参数后验分布统计特征

参数	均值	标准差	相关系数			
			θ_1	θ_4	θ_6	σ
θ_1	−184	43.6	1.0			
θ_4	0.863	0.126	0.14	1.0		
θ_6	0.348	0.065	−0.22	0.06	1.0	
σ	0.351	0.032	0.01	−0.07	−0.07	1.0

图 6-2 示出了碳化概率模型碳化深度预测值与实际检测值的对比。其中，预测值为采用模型参数平均值计算的结果。对于理想模型，实心圆点应当全部位于 1∶1 的直线上。对于本章的概率模型，实心圆点比较均匀地分布于 1∶1 的直线周围，上下两条虚线所包围的范围是不超过 ±1 个标准差的预测值区间。因此，本章建立的碳化概率模型是无偏的，同时可以考虑各方面的不确定性。

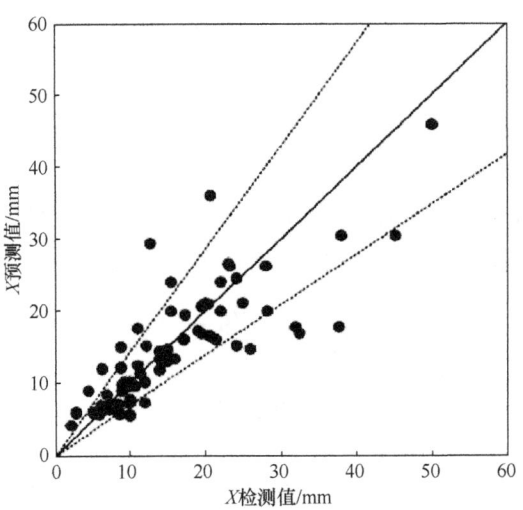

图 6-2　碳化深度预测值与实际检测值比较

本章还针对国内外典型的碳化经验模型，基于收集的数据对碳化深度进行预测，计算了预测值与检测值 $X_{计}/X_{测}$ 之比的平均值以及预测值的平均绝对百分误差(mean absoulute percentage error, MAPE)，同本章建立碳化概率模型进行对比，结果列于表 6-4。

对于水灰比-碳化模型，混凝土的水灰比通过 Bolomey 公式[126]求得：

$$\frac{W}{C} = \frac{27}{f_c + 13.5} \tag{6-10}$$

从表 6-4 所示结果可以看出，本章建立的碳化概率模型预测值与检测值之比 $X_{计}/X_{测}$ 的平均值为 1.06，再次说明模型是无偏的，而且其平均绝对百分误差为 0.26，小于其余模型，说明采用本章的模型预测混凝土碳化结果可以获得更为精确的结果。

表 6-4　不同碳化概率模型对比

编号	碳化模型	$X_{计}/X_{测}$	$\|X_{计}-X_{测}\|/X_{测}$
1	评定标准	1.14	0.32
2	Smolczyk	2.27	1.28
3	邸小坛和周燕[148]	0.65	0.43
4	山东建科院	1.23	0.45
5	岸谷孝一	0.25	0.75
6	鱼本健人	0.35	0.65
7	本章	1.06	0.26

6.4　混凝土结构碳化失效概率计算

6.4.1　混凝土结构碳化概率模型

对于混凝土结构，碳化失效概率可以看作结构在不同的使用年限时达到碳化极限状态的条件概率，边界条件即为结构使用年限 t_0。碳化极限状态可以定义为混凝土碳化深度到达钢筋表面，即碳化深度超过保护层厚度时钢筋开始腐蚀。考虑到碳化深度随时间变化，混凝土结构碳化极限状态方程可表达为

$$g(x,t,\Theta) = a - X(x,t,\Theta) \tag{6-11}$$

式中，a 为混凝土保护层厚度。相应的混凝土结构碳化失效概率为

$$F(t,\Theta) = P[g(x,t,\Theta) \leqslant 0|t,\Theta] \tag{6-12}$$

式中，$P[A|t]$ 表示给定使用年限 t 时 $A=\{$混凝土结构碳化失效$\}$这一事件发生的条件概率。

6.4.2 混凝土结构碳化失效风险评价

基于前文建立的碳化概率模型和更新后模型参数的后验统计分布,可以通过式(6-13)估计混凝土结构碳化时变失效概率:

$$F(\tilde{t},\Theta) = \int F(t,\Theta)f(\Theta)\mathrm{d}\Theta \tag{6-13}$$

式(6-13)在统计学意义上计算了混凝土结构碳化时变失效概率 $F(t,\Theta)$ 对于模型参数 Θ 后验分布 $f(\Theta)$ 的数学期望,该方法充分考虑了模型本身的不确定性。

同时,还可以通过计算时变失效概率估计对应于±1标准差的置信区间来评估模型本身的不确定性对失效概率估计值的影响程度:

$$\{\Phi[-\tilde{\beta}(t) - \sigma_\beta(t)], \Phi[-\tilde{\beta}(t) + \sigma_\beta(t)]\} \tag{6-14}$$

式中,$\tilde{\beta}(t) = \Phi^{-1}[1 - \tilde{F}(t)]$ 为可靠度指标;$\sigma_\beta(t)$ 为对应于±1标准差的置信区间边界均值(近似对应于15%和85%保证率)。

6.4.3 工程应用

1. 结构参数

本章以交通部2004版桥梁上部结构标准图中的钢筋混凝土简支板为例,说明上述基于本章建立的碳化概率模型计算混凝土结构碳化时变失效概率方法的具体实现过程。钢筋混凝土简支板采用C30混凝土,混凝土表面至钢筋中心的保护层厚度为50mm,采用HRB335钢筋,钢筋直径为18mm。

根据《公路工程结构可靠度设计统一标准》(GB/T 50283—1999)[149]的规定,将混凝土强度 f_c 和混凝土保护层厚度 a 视为随机变量:混凝土强度 f_c 均值为30.2MPa,变异系数为0.177;保护层厚度 a 均值为41.7mm,变异系数为0.050。两者均为对数正态分布。

环境参数采用上海地区室外环境,年平均温度 T=15.7℃,年平均相对湿度RH=0.8,桥梁结构周围环境 CO_2 浓度 c_0=0.0507%。时变概率的计算采用MATLAB中FERUM程序包[150],时变概率计算方法采用一次二阶矩法(first-order realiability method, FORM)[151]。

2. 碳化时变概率

图6-3给出了钢筋混凝土简支板碳化时变概率计算结果。实线部分为按式(6-13)基于本章建立的碳化概率模型计算所得的时变概率,上下两条虚线为对应于15%及85%保证率的置信区间边界,该区间的大小反映了模型不确定性对碳化时变失

效概率的影响程度。图 6-4 给出了碳化时变可靠度指标的计算结果。

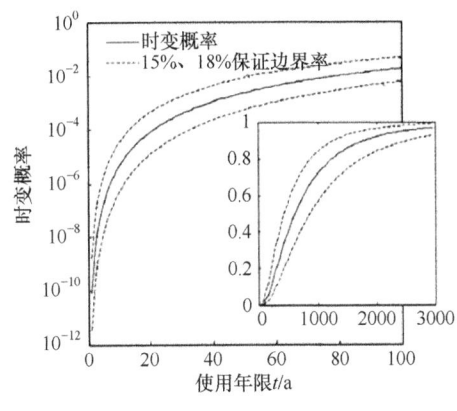 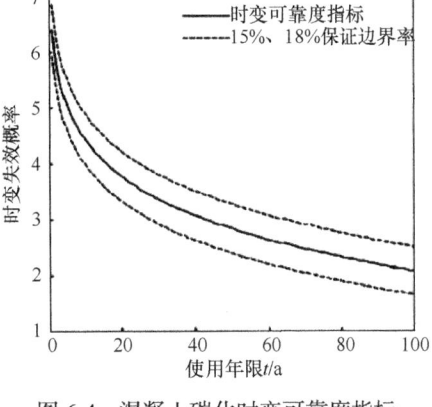

图 6-3　混凝土碳化时变概率　　　　　图 6-4　混凝土碳化时变可靠度指标

3. 模型对比

图 6-5 给出了不同碳化概率模型计算所得的碳化深度对比结果。实线为本章建立碳化概率模型计算得到的碳化深度,设计随机变量和模型参数均采用平均值,虚线为国内外碳化经验模型的计算结果,模型编号见表 6-4。由对比结果可以看出,本章建立的碳化概率模型给出的碳化深度在众多碳化概率模型计算所得结果中处于中间水平,且与各个碳化经验模型计算结果之间的相对大小关系符合表 6-4 的计算结果。图 6-6 给出了不同模型碳化时变可靠度指标的计算结果,其中基于水灰比的经验模型计算所得时变可靠度指标过高,未示于图中。

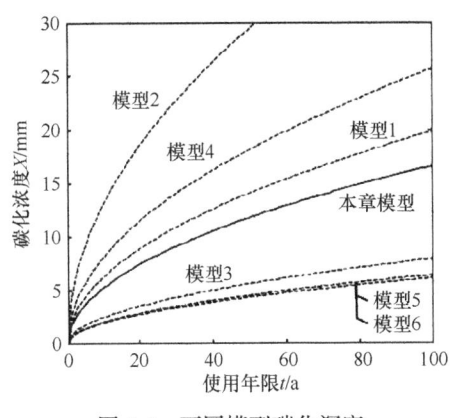 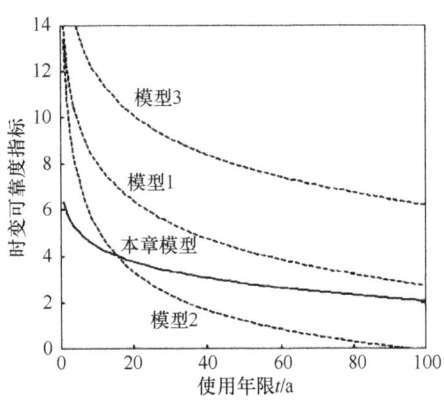

图 6-5　不同模型碳化深度　　　　　　图 6-6　不同模型碳化时变可靠度指标

4. 参数敏感性分析

对参数的敏感性分析可以表征各参数的变化对当前结构碳化失效概率的影响趋势和程度[152]。结构碳化可靠度指标 β 对结构参数 x 的敏感性指标 $\Delta_{(x)}\beta$ 可通过一次可靠度计算方法获得[153]。图 6-7 给出了在本章案例所采用的参数水平下，结构碳化可靠度指标对各个参数的敏感性随时间变化规律的计算结果。各个参数所采用单位不统一，因此无法比较各参数之间的敏感性程度，但可以获得各个参数敏感性随结构使用时间的变化规律。从图中可以看出，碳化可靠度指标对环境相对湿度 RH、CO_2 浓度 c_0 和保护层厚度 a 的敏感性随着结构运营时间的延长呈上升趋势，对于混凝土强度 f_c 则呈相反的趋势。

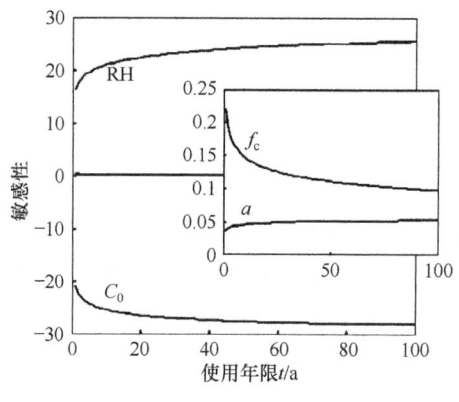

图 6-7 参数敏感性分析

5. 参数重要性分析

对随机变量的重要性分析可以反映各随机变量对极限状态方程变异性的影响程度。各随机变量的重要性指标可通过下式获得[154]：

$$\gamma^T = \frac{\alpha^T J_{u^*,z^*} \cdot SD'}{\left\| \alpha^T J_{u^*,z^*} \cdot SD \right\|} \tag{6-15}$$

式中，γ 为一系列随机变量 z 的重要性指标；J_{u^*,z^*} 是从原设计变量空间 z 变换到标准正态空间 u 的雅克比矩阵(针对最有可能的设计失效点 z^*)；SD' 为当量正态化随机变量 z' 的标准差矩阵。

图 6-8 给出了在本章案例所采用的参数水平下各个随机变量重要性的计算结果。从图中可以看出，混凝土碳化失效的不确定性主要来源于模型误差项 ε 和混凝土强度 f_c，并且随着结构的运营，模型误差项的重要性呈上升趋势，混凝土强度的重要性呈下降趋势。

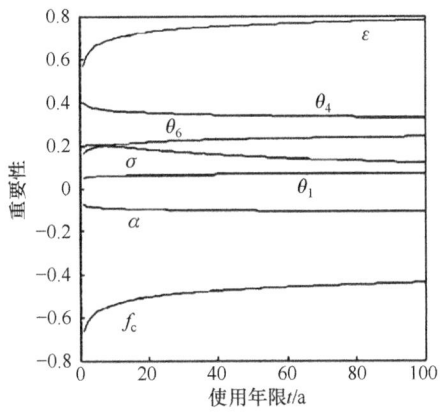

图 6-8 随机变量重要性分析

6.5 本章小结

一般大气环境下，碳化引起的钢筋锈蚀对混凝土结构长期性能有重要影响。对混凝土结构碳化失效概率的分析可以从概率角度反映混凝土结构抵抗碳化的能力，对结构的耐久性设计和管理养护具有指导意义。本章研究取得如下成果：

(1) 总结了现有混凝土碳化经验模型，以现有确定性模型为基础，通过添加模型修正项来修正确定性模型存在的误差，建立混凝土碳化概率模型。利用工程实测所得的碳化深度检测数据，模型参数的后验统计分布通过贝叶斯更新方法获得。

(2) 建立了基于上述概率模型的碳化失效概率的分析方法。考虑模型参数不确定性的影响，通过计算碳化失效概率对于模型参数后验分布的数学期望获得其估计值，通过计算碳化失效概率的置信区间反映模型不确定性影响的程度。

(3) 将上述分析方法应用于钢筋混凝土简支板，获得了其生命周期内时变失效概率及时变可靠度指标，并同其他碳化模型的计算结果进行了对比，证明本章所建立计算方法的有效性。对主要参数的敏感性分析和重要性分析表明，混凝土碳化失效的不确定性主要来源于模型误差项和混凝土强度。

第7章 桥梁风险控制的运营管理

7.1 桥梁风险控制目标及运营管理模式

7.1.1 桥梁运营管理目标

跨海桥梁结构风险控制的运营管理是指桥梁工程管理人员通过风险交流、风险定义、风险源辨识、风险估计、风险评价和风险决策，优化组合各种风险管理技术，对桥梁工程实施有效控制风险和妥善跟踪处理的运营管理全过程。在安全可靠、经济合理、技术可行的前提下，把桥梁工程全寿命过程中潜在的各类风险降到尽可能低的水平，以获得最大限度的安全保障，控制桥梁工程建设投资，降低经济损失或人员伤亡，保障工程建设工期，管理好运营期桥梁工程，提高风险管理效益。

7.1.2 桥梁管理型模式

对杭州湾跨海大桥、江阴大桥、舟山连岛工程、朱家尖跨海大桥等多座国内典型的跨海桥梁养护模式进行了调研分析，发现各桥管养单位依据自身管养水平的实际情况，在社会化养护方面进行了积极的尝试，但各桥的检查养护工作社会化程度有所不同。基本上管养单位的养护模式可以分为"管理型"和"实体型"两类。

跨海桥梁管理型管养体系方案，其运营管理模式的主要特点是主要由管理人员组成精干队伍，内部机构精简，组织灵活，主要从事管理工作。对于跨海桥梁作业层的工作，则通过合同与社会上各专业公司单位建立养护实施关系，社会化参与程度低，对人员、设备、物资需求较低。

建立以"跨海桥梁管理局为主导、跨海桥梁管理综合办公室为主体、外委单位作管养保障"的管理型管理模式，对现有的管理体制进一步深化，加强社会化集中专业参与，做到全寿命周期专门养护(图7-1)。建立跨海桥梁管理综合办公室，下设办公室、财务合同部、工程管理部(包含监控中心)。可采用实行分项养护的模式，外包有资历、专业性强的公司单位参与跨海桥梁风险监控、巡查清洁、维护检修、技术评定、应急救援等管理工作。

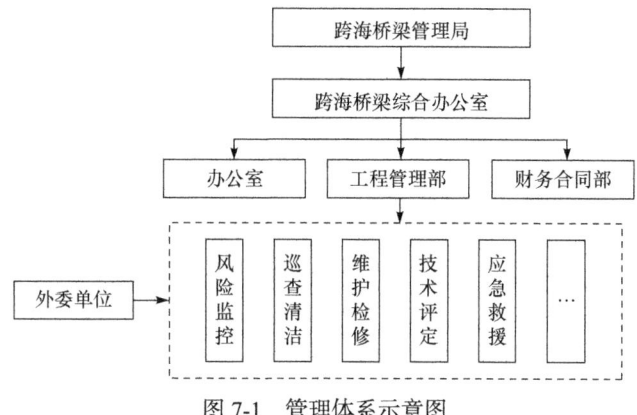

图 7-1 管理体系示意图

7.1.3 桥梁实体型模式

跨海桥梁实体型管养体系,其运营管理模式的特点是拥有其专业的作业层队伍,如巡查队伍、检查队伍、保养队伍、维修处置队伍等,能够为跨海桥梁管养维护提供从管理到操作的各方面服务,它对资源的要求比较高,社会化参与程度低,人员、设备、物质及组织管理机构均较庞大。

建立跨海桥梁管理中心,下设综合办公室,并根据管辖内跨海桥梁管理情况,设立相应的桥梁管理部门,对跨海桥梁风险监控、巡查、清洁、检测维修、应急救援、设备档案管理、技术管理等方面做统一的管理,健全相关的养护队伍,配备相应的养护设备。并根据未来的发展和对交通设施的不断建设,可继续成立相应跨海桥梁管理部门,不断扩大管理规模,其管养体系如图 7-2 所示。

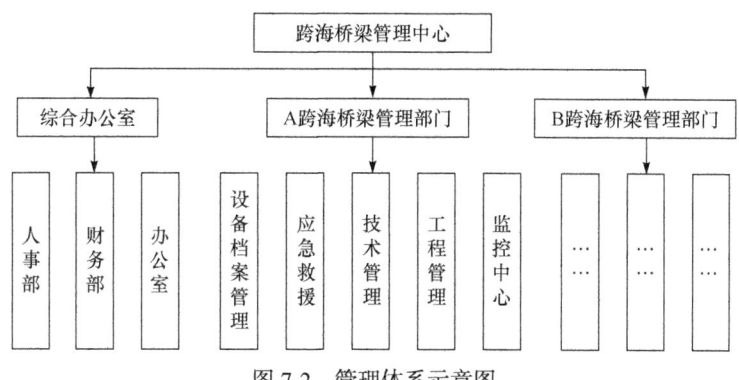

图 7-2 管理体系示意图

7.2 桥梁风险监测预警

7.2.1 风险监测

跨海桥梁工程建设规模大，结构复杂，且海洋服役环境恶劣，内、外部风险源种类繁多，在桥梁长期运营管理过程中不确定因素导致风险事故的发生，轻则造成跨海桥梁结构损失，重则导致桥面坍塌，严重影响桥梁安全运营和车辆正常通行。因此，跨海桥梁结构风险控制的运营管理首要任务就是对风险的分析和管理，进行风险监测预警。

1. 风险监测原则

跨海桥梁运营管理期的风险监测是一个全面、细致和高效的工作，不应该是盲目、单一以及无规律的，在这个监测的过程中应该遵循一些原则，而这些原则必须是整个系统的体现，更是安全风险监测系统的准则。

1) 系统监控原则

在风险识别中采用的是"人-机-环境-管理"的风险因素分类方法，其中"人-机-环境"系统是我国著名学者钱学森先生在1985年首次提出的，应用系统科学思想和系统工程方法，正确处理人、机、环境三大要素的关系。从人、机、环境等子系统之间的关系进行监控、达到抑制人的不安全行为和物的不安全状态的监控目的，因此在安全风险监测时必须遵循系统监控的原则。

2) 闭环监控原则

安全风险监测系统作为跨海桥梁风险预警系统的组成部分，虽然处于风险管理流程的起始阶段，但其面向的是风险管理的全过程，一个系统只有通过闭环控制才能达到系统的整体优化，从而帮助整个系统可持续发展。

3) 动态监控原则

我们所处的世界是时刻变化的，跨海桥梁没有一成不变的风险，也不存在永远的安全，因此在风险监控时必须时刻注意已有的风险，特别关注新产生的变化，同时对各风险的严重程度进行不断的监测，在整个系统要求可持续动态的基础上安全检测子系统也应该是动态变化的。

4) 分级(分色)监控原则

由于不同的风险发生后产生的破坏程度不同，对涉及工程建设安全风险的人、机、环境和管理根据风险等级划分，采取相应的分级(分色)监控，而采取分级(分色)控制不仅有利于直观地反映风险情况，更突出预警系统监控时的重点监控部分，使整个系统能够更加精准安全。

5) 持续改进原则

跨海桥梁建设时的安全风险管理是一个持续变化的过程。在整个过程中必须探索安全风险的管理规律，持续改进、调整安全风险监控指标及应对措施，从而最终达到不断提高控制安全风险水平的根本目的。

2. 风险监测体系

风险监测预警贯穿跨海桥梁运营管理的全过程，包括风险信息的搜集、监测流程的完善、风险决策后的执行等，是跨海桥梁运营管理的一项日常工作。风险监测体系可分成三层：

(1) 风险监测层，对风险信息进行搜集，并将分类整理、归纳后的信息移交给风险分析员。

(2) 风险评价层，对风险信息进行分析、处理和评价，根据风险评价结果，提出预警等级和应急响应的建议。

(3) 风险决策层，根据风险评价结果，分析研判并认定风险水平，针对具体情况进行预警、启动应急响应。

建立跨海桥梁风险突发事件风险监测实施体系时，依靠管理部门原有组织机构进行，不再新设机构，除了减少职能交叉，还能实现全员参与，避免造成人员和机构冗余。通过教育培训、工程实践等途径，明确风险管理的岗位职责，灌输全员风险管理理念，普遍增强管理人员和技术人员的风险意识。

3. 风险监测流程及方法

在日常运营管理中，风险监测实施人员结合工程实际，定期监测各项指标，采取必要的防控举措。为简洁明了地展现指标，可以将指标进行一一编码，既便于风险监测实施人员对比使用，又便于相关人员迅速识别指标状态和风险等级。

跨海桥梁风险监测方法和流程如下：

(1) 将风险监测对象按类型进行分类，相应安排具有经验的风险监测实施人员承担风险监测任务。

(2) 根据风险监测清单，编制风险监测手册，统一监测标准、手段，便于风险监测实施人员掌握、使用。

(3) 风险监测实施人员按照风险监测手册规定的时间、频率、方法，对目标实施监测，将监测记录和结果汇总整理后报送风险分析员。

(4) 风险分析员对风险监测实施人员报送的监测记录和结果进行分析、研判，形成风险信息上报。

(5) 上级人员对风险分析员上报的风险信息进行核实、论证，进行会议讨论，采取管控措施。

(6) 对于上报的重大风险信息进行分析、核查，经查实确实存在重大风险，及时进行预警；经查实不存在风险隐患，则按常规处理，继续开展日常风险监测工作。

4. 风险监测常用技术

在桥梁建设时对于不同指标的监测不应该全是主观地人为观察和记录，更应该使用现有先进准确的监测技术。现有的跨海桥梁风险监测技术有如下几类。

1) 变形类安全风险监测技术

(1) 常规地面变形监测技术。常规地面变形监测方法主要是指利用高精度测量仪器测量出点与点之间的角度、边长、高程、相对距离的变化量来测定监测对象的变形。

(2) 数字化近景摄影测量技术。数字化近景摄影测量系统一般由图像处理、立体重建计算、位移分析和绘图 4 个软件系统构成。

(3) 高精度变形测量机器人技术。变形测量机器人系统由三套高精度自动测距系统、数据通信设备、反射棱镜组、系统软件、中央控制室主计算机、频率校准仪、高精度通风温度计、数字气压计、数字湿度计等组成。

(4) GPS 变形测量技术。一个完整的桥梁监控系统应该包含三大部分：GPS 测量系统、通信网络系统、控制中心系统和管理系统。

2) 应力类安全风险监测技术

目前应力测量有直接法和间接法。

(1) 压应力计。该仪器只能测量混凝土的压应力，不能测量混凝土的拉应力。

(2) 钢筋应变计。钢筋应变计用于测量钢筋的应变，也可以测量钢筋埋设点的温度，它由连接杆、钢套、传感组件、引出电缆密闭室等零部件组成。

(3) 差动式应变计。差动式应变计用于测量混凝土内部或表面的应变，当其埋设在混凝土内时，也可以用于测量混凝土内埋设点的混凝土温度。

(4) 钢弦式应变计。钢弦式应变计的测量原理是被测物体的应变将牵引钢弦式应变计两端钢块相互移动，这样就改变了钢弦的张力，从而测量出应变值。

(5) 光纤光栅传感技术。在常见几种光纤传感技术中，布拉格光栅传感技术在桥梁工程领域中应用最广也最成熟。

对于这些安全风险监测技术，要选择适合桥梁服役环境的、适合跨海桥梁当前运营管理条件的，而不是盲目选择价格高昂的而不切实际的。

7.2.2 风险预警

1. 风险预警特点

风险预警是一种发生在风险管理过程中的风险处理行为,其主要内容包括风险灾害的早期预警、临灾预警和灾害中的动态预警等。联合国减灾战略秘书处指出:"预警就是通过预案给处于风险中的对象提供准确及时的信息,风险中的对象采取有效的措施来规避风险,同时做好灾害应急准备"。风险预警的要素应当包括发布预警时间、发布预警单位、预警服务对象、时效、地区、范围、强度、潜在的影响以及有效的预防措施等,提前以快速、便捷、有效的方式将跨海桥梁风险预警信息提供给相关管理部门是风险灾害预警的根本目标。

风险预警系统作为一个全面完整的系统,具有自身的特点。其特点不仅要求体现出其自身的全面以及完整性,也应该包含系统的逻辑性,具体特点如下:

(1) 整体性。所有相互关联的预警因素组成了风险预警系统,它们相互联系,成为一个有机整体。作为工作系统,其分成咨询系统、决策系统、执行系统和监督系统四部分,它们相互关联,共同构成完整的预警系统。

(2) 层次性。不同的层次、多个子系统组成的风险预警系统呈树状结构。

(3) 参照性。参照一个特定目标,利用相关信息和科学方法制定预警指标体系,为研究对象提供了科学的参照物。

(4) 相关性。复杂的风险预警系统各子系统、各要素之间相互联系、相互影响,其中任何子系统要素发生变化都会影响另一个子系统,相互具有很强的相关性。

(5) 应激反应性。能够对警情进行"敏捷"反应的系统才是一个有效的风险预警系统。对外界风险保持高度的敏感性是"敏"所要求的,而对外界风险进行即时性和快速性应对则体现了"捷"。

2. 风险预警功能

风险预警是指跨海桥梁管理部门根据风险预警指标,对潜在的灾害风险因素和信息进行监测,结合灾害风险评估,对可能发生的风险灾害进行准确的预报和警示,最终最大限度地减轻由风险灾害带来的损失。

风险灾害预警的内容主要有风险灾害的监测、预测以及风险灾害的预报、预控。风险灾害的监测,是指对引发风险灾害风险的各种潜在因素进行观测,搜集风险灾害发生的潜在信息,及时掌握风险灾害动向;风险灾害的预测,是通过分类、鉴别和分析监测过程中收集的信息,准确评估潜在风险灾害的时间、范围、类型和风险灾害危害程度等;风险灾害的预报,基于准确预测和评估,是以各种途径给风险对象及风险管理对象发出警报;风险灾害的预控,是针对引发风险灾害的潜在因素，制定预案并采取有效应对措施来减少风险灾害造成的损失。

风险灾害同大多数自然灾害类似，由不可抗的自然力引发，阻止其发生非常困难且不现实，尤其是突发性风险灾害。因此，作为风险灾害防灾减灾管理的第一环节，风险灾害预警具有相当重要的意义。主要体现如下：

(1) 能够预见潜在的风险灾害及风险灾害带来的风险，为风险灾害应急决策的制定提供依据。风险灾害预警的作用就是预见风险灾害的发生、发展及风险灾害带来的潜在风险。自然界各种事物的发生发展均存在一定的规律。通过研究风险灾害致灾因子与风险灾害危害机制，明确风险灾害发生的演变规律，就能够更加准确地对风险灾害进行预测预警，就能够采取针对性的措施来有效防范风险灾害。要取得风险灾害防御的主动权，就要在风险灾害来临前，加大力度研究各行业风险灾害易损性和脆弱性，并以此来准确评估不同承灾体、不同等级的风险灾害。

(2) 监控风险灾害发展动态，防范风险灾害影响的进一步扩大。通常，风险灾害的发展是不确定的、突发的，风险灾害发展的速度、方向及风险灾害所带来的影响是不断变化的。通过风险灾害监测，有助于防范风险灾害的扩散，减轻风险对象损失。

(3) 降低灾害风险、降低财产损失以及减少人员伤亡。风险灾害预警的目的是在风险灾害发生前，对风险灾害带来的潜在灾害给出及时的警报，并及时将预警信息传递给灾害管理部门和潜在受灾体，有助于灾害管理部门决策，有助于受灾体做好应对风险灾害的思想和物质准备工作。虽然风险灾害因其特殊性决定了风险灾害不可能依靠风险灾害预警完全防范与阻止其产生的不利影响，但是通过有效运行风险灾害预警系统，能够尽可能降低风险灾害导致的生命财产损失。

3. 风险预警系统

常见危机预警系统的一般过程有信息输入、风险监视、信息处理、危机预测、临界判断、风险报警六个阶段。如图 7-3 所示。

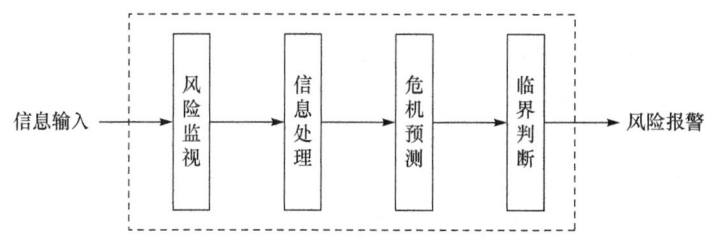

图 7-3 风险预警过程示意图

(1) 信息输入。风险从其形成到灾害之间存在一段时间差。因此，信息监测部门有足够的时间去了解相关信息，并进一步将信息反馈给上级部门。

(2) 危机监视。对引发危机的潜在因素以及各种危机征兆进行严密监视。危机监视是危机管理的基础性职能，危机处理计划以及危机预控方案的制定都依赖于危机监视。

(3) 信息处理。归类、整理并优化加工搜集到的信息，保证信息的及时性和准确性。

(4) 危机预测。根据已经掌握的资料(经验、搜集到的信息)判断本次风险潜在破坏程度，为应急计划做准备。

(5) 临界判断。依据潜在的灾情决定预警级别临界点，作为决策制定的依据。

(6) 风险报警。当监测结果达到预警临界点时，迅速向风险对象发出准确的警报，指导风险对象采取有效的措施规避风险。电视、广播、互联网等是预警信息发布、调整以及解除常用平台。

7.2.3 风险监测预警体系建设

1. 完善风险预警法律法规与制度建设

1) 建立和完善风险预警的法律法规

第一，尽快构建综合法律体系进行风险防御。应以国家安全与交通运输的高度为出发点，制定统一的风险管理基本法，明确规定风险预警管理主体功能、职责、管理模式、运行机制等，使风险预警及防御的各个环节尽可能有法可依。与此同时，通过制定若干风险管理条例以及配套的地方政策法规，逐步形成风险预警与防御的法规体系，向依法防御风险、管理风险过渡。

第二，进一步完善风险预警法律法规。一是应结合风险特点和相关风险防御法律法规制订计划，推动其立法工作。拟定专门的规章制度，为风险突出领域的风险预警、预防、应对、恢复等提供法律保障。二是完善地方性法律法规，健全风险预警与防御相关的法律法规。

2) 健全风险预警的政策体制框架

首先，要优先发展风险预警。通过分析风险预警在风险管理中的重要作用，结合成功的风险预警案例，来提高建设风险预警机制重要性的认识，促使相关部门把风险预警体系建设纳入国家经济发展规划中，特别是交通基础设施建设中。要加大投入提高风险预警的能力，坚持以政府投入为主，统筹安排，重点扶持。

其次，为规范风险预警各项工作，应制定风险预警相关的制度与政策。用完善的规章制度来保障风险预警信息的准确、及时、权威等。

最后，建立全民风险防御工作责任机制。充分发挥、调动全社会的力量来开展风险预警工作。

2. 强化政府主导，健全预警工作机制

扩散性、复杂性及系统性是风险的几大特征，"条块分割"这一单一的灾害管理模式无法适应风险综合管理需求。风险预警与风险应急需要各行各业间相互配合、沟通，实现信息共享。因此，在风险预警中，一个设备完备、功能齐全的风险预警管理机构和完善的风险预警工作机制都非常重要。

(1) 建立统一的风险预警常设中枢机构。改变原有的部门间封闭的工作模式，建设集各系统、资源、工作人员、信息于一体的风险预警和风险应急处置组织体系，在此基础上，提高部门间协同应对风险的能力。在风险预警及防御组织体系中，常设中枢机构应及时整合各部门信息、资源，明确各部门职责，同时部门间要注重协调组织，形成政策支撑有力、行政管理有效、运行保障可靠的格局，将部门行为的风险防灾减灾转变为社会行为和政府行为的风险防灾减灾。

(2) 充分调动社会力量加入风险预警及防御工作中。政府应成立专门的机构来进行相关管理，协调非政府组织、企业以及公众之间的关系，及时准确地发布风险监测预警相关信息，让社会力量与政府间有效配合起来，全社会有效参与到风险预警与防御中来。

3. 建立风险评估机制，提高预警针对性

要最大化风险防灾减灾效益，预防是关键。国际防灾减灾的发展方向也更倾向于强化灾害风险管理意识，同时要建立和完善风险预警机制，以风险发生发展及其影响规律为依据建立风险灾情收集调查机制并不断完善，要定期开展风险分析工作，建立风险评估准则，加强评估承灾体的各类风险。同时，风险预警业务需积极开展，在发布风险预报预警的同时发布有效的避险指导，重点围绕脆弱区、潜在受影响人群、隐患点、重点影响行业发布风险预警信息，使风险防灾减灾更具针对性。

4. 建设综合平台，促进预警信息共享

建立反应迅速的风险预警信息综合管理平台，提高各部门间信息处理能力，及时、准确、科学地进行风险预警与管理。目前，我国相对权威的风险信息综合管理平台还比较缺乏，由于缺乏对风险数据采集、数据传递、数据处理、信息发布以及共享的统一管理，风险数据出现了不准确、不全面等诸多问题，不便于风险预警和科学决策与管理。因此，风险预警综合管理信息平台的建立具有相当重要的意义，它能促使部门间信息共享，实现部门间预警联动。

风险预警信息综合管理平台应具备以下两项功能：一是具有全面、准确、及时收集各方面信息的功能。主要包括重大风险隐患分布、灾害性天气监测预警信息、风险评估信息、交通生命线系统信息、历史风险数据、风险抗灾能力数据等。二是对收集到的信息进行科学严密的分析。通过整理、分类、加工收集到的信息,分析风险的主要特点,对风险的动态及发展趋势有较好的掌握,对风险的潜在危害程度进行评估,确定预警级别,并针对性地提出风险应对建议。通常情况下,风险预警信息综合管理平台应当具有以下功能:准确及时地向公众提供灾害性气象预报信息;使应急救援队伍和政府决策部门准确掌握风险严重程度及影响范围,有助于组织救援抢险;让人民在准确认识风险的基础上采取合理的措施应对风险。

政府应借助风险预警信息综合管理平台,整合相关人力、物力资源,对重点桥梁、道路等基础设施加强管理,在市政、交通、消防等与风险预报预警之间建立联系,将风险预报预警信息向利益相关者的防灾减灾活动转化,让全民都参与到风险预警及综合防御减灾工作中。

5. 完善预案体系,提升预警处置水平

建立完备的、可操作性强的风险应急预案对风险预警工作很有必要。预警预案要合力规划和部署预警工作的各个环节,使各部门职责清晰,预警工作有条不紊地进行。因此,在制定预警应急预案时,一定要从具体的实际情况出发,以保证预案的科学性。预警预案制定后,应当加强预案的宣传解读与演练,做到沉着有序应对风险预警信息,以减少风险带来的损失。

7.3 桥梁风险应急管理系统

7.3.1 风险应急管理原则

当前在跨海桥梁结构风险控制的运营管理中,大多强调应急预案或事故处理方案的编制、演练,对风险识别、评估、监测、预警等预防手段的重视程度不足。针对实践中的薄弱环节,紧紧围绕"预防为主、平战结合、分级管理、快速响应"的理念,将预防和应急紧密结合起来,在预防的手段和措施上取得突破,科学设计应急流程,提高应急响应效率和应急处置能力[155]。基于此,跨海桥梁结构风险控制的运营管理系统构建原则如下。

1) 事前预防、事后应急

统计数据表明,风险突发事件爆发前,90%以上都是有征兆的,因此进行风险预防非常重要。例如,编制预案并演练,增强风险防范意识和能力,能够在一定程度上降低爆发的概率,减少损失。突发事件爆发后,做到即时响应、迅速开展抢险救援,最大限度减少人员伤亡。因此,事前预防与事后应急缺一不可,必须紧密结合起来。

跨海桥梁工程规模大，服役环境艰苦，结构受力特点复杂，建筑材料多样，施工工艺烦琐，基于这些因素，跨海桥梁一旦爆发风险突发事件，处置难度往往比较大。因此在设计风险管理系统时，必须把预防摆在第一位，建立实用、完善的跨海桥梁工程运营风险监测和预警体系，持续搜集风险数据并及时预警，将风险消灭在萌芽状态。爆发风险突发事件时，限制在最小范围，防止其蔓延扩大。

2) 精简高效、快速反应

风险突发事件瞬间爆发，即使事先露出迹象，也无法预料准确的爆发时间、地点、工序环节，给应急准备、调集社会资源带来难度。在风险应急处置过程中，时常是一边开展救援行动、一边继续进行风险监测、一边保障后续的应急资源。

因此，应急管理系统必须精简高效，避免过于庞大繁杂，实行分级管理，针对不同响应级别，分别进行职责和功能设定，从而形成统一高效、分级管理、上下联动的整体，应急人员能够在短时间内做出响应和决策，发挥灵活机动、快速反应的优势。此外，采用日常管理与应急管理相结合的"平战结合"模式：平时，根据跨海桥梁特点，开展安全培训、信息管理和应急演练等常规工作，为风险应急打下基础；战时，将日常管理积累的经验、潜能发挥出来，实现应急管理系统前后序工作无缝衔接、高效运转。

3) 持续改进、不断完善

应急管理系统的构建，不是一次就能完成的，而是经历检测、诊断、纠偏、反馈等环节，依据工程项目实践对应急管理系统的实际需求，推进系统功能日臻完善。因此，设计应急管理系统，要立足当下、着眼长远，实现可持续发展，便于今后的升级改造、维护。从人、机械、材料、方法、环境和管理等多方面进行全方位的管理，对风险突发事件的预防、准备、反应和恢复等应急管理全过程进行管理。

7.3.2 应急管理系统框架

跨海桥梁风险突发事件包括预防、准备、反应、恢复等应急管理全过程，构建图 7-4 所示的跨海桥梁风险突发事件应急管理系统，由内部功能、外部支援(应急辐射)、检测改进共 3 个子系统和应急指挥调度组织构成。其中，内部功能子系统包含风险监测和预警、应急保障、应急响应、信息报送和媒体应对、恢复和调查评估共 5 个模块，分别列入"应急准备"和"应急行动"两个阶段；外部支援子系统即应急辐射，受应急救援力量、应急资源、专业救援匹配度、应急处置效率、交通运输条件共 5 项因素影响；检测改进子系统包括检测指标体系、检测模型、诊断及改进，共 3 个流程。

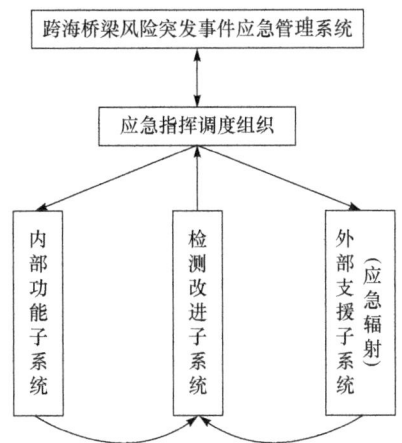

图 7-4 跨海桥梁风险突发事件应急管理系统

跨海桥梁风险突发事件应急管理系统具有以下特点：

(1) 将风险预防摆在首位，控制风险等级。在内部功能子系统中设立了风险监测和预警模块，从风险因素分类归纳、识别开始，详细研究跨海桥梁风险因素，分别编制风险监测清单，作为风险监测的依据，对风险进行分级预警。

(2) 结构完整、内外兼顾、功能健全。依据地位、作用不同，综合考虑跨海桥梁内部、外部因素，将复杂的系统划分为三大子系统，分别设定职责和功能。引入系统检测的概念，测查系统本身的运转情况。保持应急管理系统结构完整、功能健全的同时，实现应急工作扁平化、简单化，提高系统运行效率，契合平战结合、快速响应、灵活机动的理念。

(3) 多部门联合作业。大型跨海桥梁工程建设规模大，所处位置重要，往往是连接两地的重要枢纽。一旦发生船舶撞击等风险突发事故，造成的损失巨大，影响严重，甚至出现交通中断现象。加强多部门联合作业，强化外部支援，综合考虑桥梁管理部门周边可利用、可辐射的应急救援力量和资源，作为跨海桥梁应急能力的重要组成部分，在重特大事故爆发后，向事发现场调集，参与救援，发挥其补充作用。

(4) 日常管理与应急响应相结合。依据工程结构分解(work breakdown structure, WBS)法，对应急管理工作进行模块化划分，分解为两块：一是日常管理，二是事故爆发后的应急响应。日常管理主要包括常规安全监管、应急预案编制管理、风险监测和预警、应急物资装备机械设备的配置等；事故爆发后的应急响应主要包括：调集应急资源、部署抢险救援、上报险情概况和应急救援进展情况、通过媒体向社会发布信息、善后处置、恢复生产等。

(5) 妥善应对媒体，回应社会关切。大型跨海桥梁工程风险事故波及广、影响大，往往引起社会各界的高度关注。设计信息报送和媒体应对模块，倡导企业与社会、公众良性沟通。在该模块中，指出信息发布和媒体应对的原则，详细分析各类媒体发布渠道的特点，对比不同渠道的优势，推动信息公开，达到正确引导社会预期、增进理解、减少摩擦、营造良好舆论氛围的目标。

7.3.3 内部功能子系统

内部功能子系统作为应急管理系统的基础，承载应急管理的主体功能，直接行使应急管理各项基本职能，在实践中占据核心地位，对跨海桥梁突发风险事故的应急起到决定性作用。外部支援子系统(应急辐射)通过内部功能子系统发挥作用，检测改进子系统对内部功能子系统进行测查，保持系统有效性、实用性，维护系统正常运行。

内部功能子系统由风险监测和预警、应急准备保障、应急响应、信息报送和媒体应对、应急行动保障共 5 个模块构成，分别列入应急管理全过程的应急准备阶段、应急行动阶段，如图 7-5 所示。

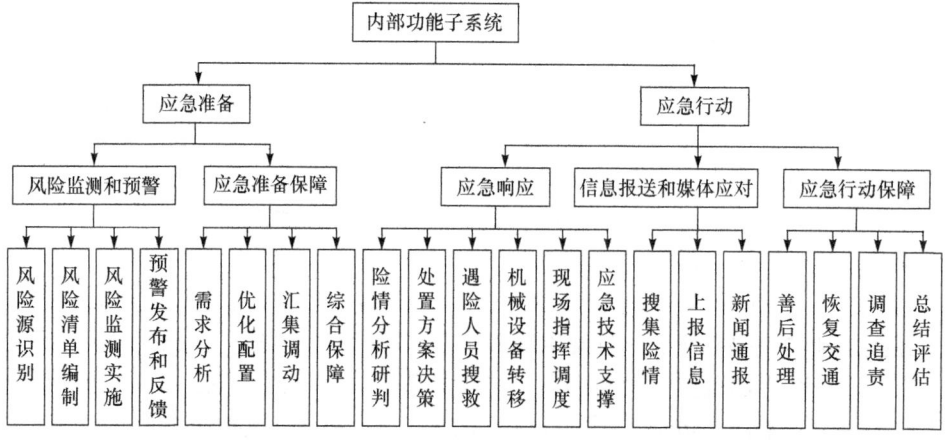

图 7-5　跨海桥梁风险突发事件应急管理系统内部功能子系统

1. 风险监测和预警

大型跨海桥梁工程一旦突发风险事故，规模往往比较大、波及广、破坏严重，因此需要加强对跨海桥梁所遇风险的监测预警，及时避免风险事故发生，或在风险发生时最大限度地降低损失。

1) 风险源识别

开展跨海桥梁运营期风险监测，首先明确在运营过程中存在的内、外部风险源，这也是预警的基础。通过对跨海桥梁结构易损性分析以及对风险事件典型案例分析，识别出危险性高、危害重的典型的风险源，作为重点监测对象。

2) 风险清单编制

梳理危险性高的重点部位、重点环节、重点工序,进行风险评估,估算爆发概率、破坏程度,划定风险等级,编制风险监测清单,作为实施风险监测的直接依据。

3) 风险监测实施

对跨海桥梁风险全过程展开持续动态的跟踪、测定,实时搜集桥梁安全运营数据,进行风险分析、研判,排查风险源等隐患,评判风险等级。

4) 预警发布和反馈

对风险监测发现的一定等级以上的风险,及时发布预警信息,并采取安全防护措施,提前防范。将预警情况进行反馈,督促落实隐患排查、整改,防范风险,避免桥梁风险事故发生,造成人员伤亡和财产损失。

2. 应急准备保障

为保障应急行动的顺利开展,跨海桥梁管理单位根据运营管理模式以及需求情况,配备应急救援力量,提前备好物资、车辆、机械、装备、设备,当跨海桥梁突发风险事故时,迅速调集,投入抢险救援。

1) 需求分析

大型跨海桥梁工程类型多、险情复杂严峻,相应的风险事故类型也多种多样,不同类型的抢险救援,需要投入不同的人力和机械设备,以及不同管理模式的桥梁管理需求不同。因此,首先对应急保障展开需求分析,明确应急救援力量和资源的需求情况。

2) 优化配置

经跨海桥梁管理需求分析后,确定应急救援力量和资源的种类、数量、分布情况,进行分类、归纳、汇总,评估其有效性、实用性,优化其在时间、空间上的分布,淘汰落后的机械设备、清理过期的装备,及时加以补充,确保紧急时能够迅速调运。

3) 汇集调运

跨海桥梁突发风险事故爆发后,汇集应急救援力量,调运应急资源,安排其有序进入事发现场,投入抢险救援。汇集调运的好坏,很大程度影响应急处置效率,影响风险救灾的效果。

4) 综合保障

跨海桥梁风险突发事件应急处置艰难,需要从救援人员、装备、物资、车辆、机械、餐饮、医疗防疫、安全防护等多方面进行综合保障,并且要留有一定的冗余,爆发大规模或者同时爆发多个跨海桥梁突发风险事故时,避免出现应急保障不够充足的情况。

3. 应急响应

优化应急响应流程，缩短应急反应时间，调动各方力量和资源，迅速展开抢险救援，减少人员伤亡、降低财产损失，避免产生次生、衍生灾害。

1) 险情分析研判

根据桥梁管理部门搜集的险情信息，迅速展开分析研判，初步掌握跨海桥梁突发风险事故的种类、性质，预估波及范围和破坏程度，从而形成应急处置方案。

2) 处置方案决策

分析应急处置方案的资源需求、难度、实施的危险性和有效性，从费用、可操作性、安全性等方面进行考量，由现场指挥人员确定应急处置方案，依据应急预案，启动响应级别的应急响应，将应急处置方案付诸实施。

3) 遇险人员搜救

这是应急响应的第一要务，组织精干力量迅速开展搜寻，对救出的伤员进行紧急医疗救护，经现场初步急救后，转运至附近的医院做进一步治疗，最大限度减少人员伤亡。

4) 机械设备转移

在事发现场展开抢险救援，控制险情规模，阻止事件发展，防止事态扩大，避免蔓延到更多地方。将贵重的机械设备转移至安全地带，将模板、预制件等转移出救援点。

5) 现场指挥调度

重特大跨海桥梁突发风险事故爆发后，当地政府、企事业单位和救援队赶赴现场，共同参与抢险救援，对现场的指挥调度提出很高的要求，协调相关单位有序进入现场，高效调运应急资源，保障应急处置顺利进行。

6) 应急技术支撑

大型跨海桥梁工程结构复杂，相应的跨海桥梁突发风险事故复杂多变，给抢险救援带来难度，需要多方提供技术支撑和保障，从专业角度提出辅助决策建议。

4. 信息报送和媒体应对

信息在跨海桥梁突发风险事故应急处置过程中发挥日益重要的作用，也是管理部门、事发现场与社会公众沟通的媒介。

1) 搜集险情

跨海桥梁突发风险事故爆发后，桥梁管理部门立即安排事发现场的工作人员，就地查明事件、搜集险情信息，形成文字、图像材料。

2) 上报信息

信息汇总后，第一时间向上级报告。随着险情发展和抢险救援进行，及时报送最新动态。

3) 新闻通报

确定发布内容，拟定新闻通稿，选取合适的媒体渠道、恰当的发布方式，及时、准确、如实地发布跨海桥梁突发风险事故概况和应急救援进展情况等相关信息，经批准，可安排媒体进入现场采访、跟踪报道。

5. 应急行动保障

应急响应结束后，清理现场，修复受损设备和构件，开展善后处置，妥善处理风险突发事件引发的矛盾和纠纷，尽快恢复交通管制，避免严重影响车辆通行，同时开展事故调查和应急响应成效的评估工作。

1) 善后处置

救治伤员，支付医疗费、护理费；抚慰死者家属，按国家和企业规定发放丧葬费、抚恤金，协调保险公司理赔。

2) 恢复交通

清理事发现场，消除污染，排查潜在的风险源，避免产生次生、衍生灾害，修复受损的机械设备和构件，做好恢复交通运营各项准备。

3) 调查追责

开展事故调查，查明原因，按照相关责任制的规定，严肃追究相关人员责任。

4) 总结评估

对应急响应开展情况进行全面、系统的总结，评估抢险救援的成效，对表现突出的予以奖励，对反应迟缓、工作不力的予以惩处。

7.3.4 外部支援子系统

外部支援子系统，即应急辐射，是在大型跨海桥梁工程所在地政府及周边各类企事业单位、社会公益组织能够提供的综合应急救援能力。应急辐射受到应急救援力量、应急资源、专业救援匹配度、应急处置效率、交通运输条件共 5 项因素的影响(图 7-6)。外部支援能力高低，也就是应急辐射强弱，决定了其在应急处置中所起的作用大小。上述 5 项影响因素均通过应急管理系统的内部功能子系统发挥作用，一旦参与应急行动，就要服从应急指挥调度组织的派遣。

1) 应急救援力量和资源

政府及桥梁管理部门周边各类企事业单位、社会公益组织，统一列入协作单位，各自掌管自己拥有的应急救援力量和资源。如需调用，由现场临时指挥部向协作单位提出请求，协作单位视情派出相应的救援力量。应急救援力量和资源经由协作单位，向事发现场汇集。

2) 专业救援匹配度、应急处置效率、交通运输条件

这 3 项影响因素，需要根据具体的跨海桥梁突发风险事故实际情况来测算。

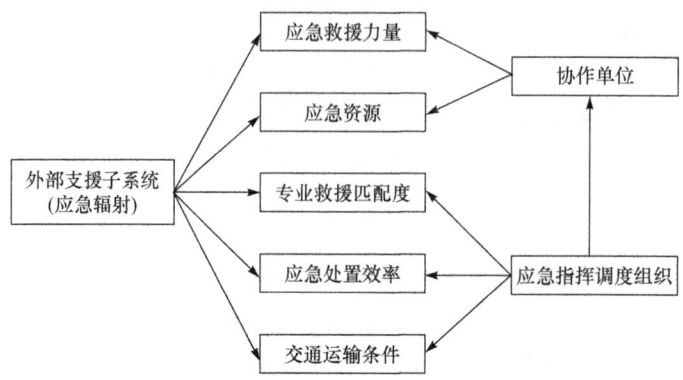

图 7-6　跨海桥梁风险突发事件外部支援子系统

也就是说，当爆发某个跨海桥梁突发风险事故后，现场临时指挥部会同协作单位共同测算该救援力量和资源与事故类型的匹配情况，能否应用于本事故的救援，估算参与本事故处置的大概效率，计算离事发现场的距离和运输条件，大概多长时间能赶到现场。因此，这 3 项影响因素直接指向现场临时指挥部，由现场临时指挥部根据跨海桥梁突发风险事故的具体情况进行实际测算。

7.3.5　检测改进子系统

用于检测应急管理系统的完整性、有效性以及运转情况，保证应急管理系统持续稳定运行，包括构建检测指标体系、检测模型、诊断和改进 3 个循序渐进的流程(图 7-7)。

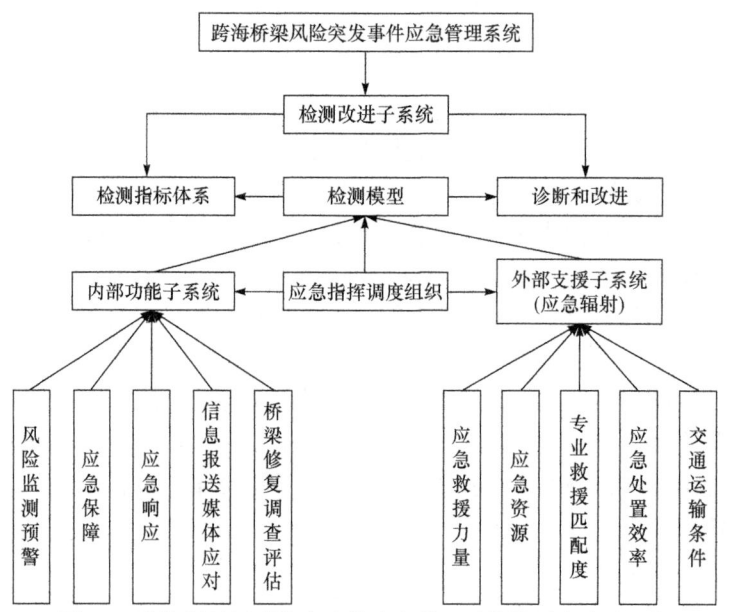

图 7-7　跨海桥梁风险突发事件应急管理系统检测改进子系统

1) 检测指标体系

以跨海桥梁风险突发事件应急管理系统作为检测对象，以应急管理系统中的各个子系统、组织、模块作为检测要素，检测指标体系涵盖内部功能子系统和外部支援子系统(应急辐射)，将反映模块运行情况的关键性要素纳入指标体系，使之全面、客观、准确地反映应急管理系统真实全貌。

2) 检测模型

在构建检测指标体系基础上，选用合适的数学原理和模型，给出跨海桥梁风险突发事件应急管理系统检测思路和方法。定期、不定期运用该方法，对应急管理系统实施检测。

3) 诊断和改进

依据检测结果，逐一分析各项检测指标，对指标反映的隶属度进行判定，测查哪些模块比较成熟、稳定，哪些模块不够健全、有效，需要优化改进，形成缺陷诊断意见，并反馈至应急管理系统，促使应急管理系统在实践中持续改进和完善。

7.3.6 应急指挥调度组织

组织管理是指某些组织机构、社会团体为了达到既定目标，有意识、有计划地安排和协调组织内部人力、财力、物力的过程。跨海桥梁风险突发事件的组织管理是有关单位为了整合社会资源、便于指挥协调，对应急指挥机构设置、管理权限和工作部署做出的具体安排。机构设置是否合理、职责划分是否清楚，是跨海桥梁突发风险事故应急行动能否迅速、有序、高效开展的先决条件。

跨海桥梁风险突发事件应急管理是一项综合、动态、复杂且技术含量高的系统工程，除跨海桥梁等主管部门外，横向还涉及党委宣传部、政府应急办、卫生部门和定点医院、消防、交通、电力、武警部队等机关和企事业单位，以及社会公益组织，纵向涉及各级地方政府乃至中央国家机关。由于各单位、各部门的工作宗旨与组织形式不尽相同，相互之间不存在隶属关系，经常产生职责界限不清的现象，导致部门之间联络不顺、沟通不畅、推诿扯皮，限制了应急能力的发挥。

为集中应急救援力量，保证各方协调行动，必须整合各方的应急机构，建立统一指挥、层级分明、权责清晰的应急指挥调度组织，统一协调各单位、各部门的应急救援力量参与跨海桥梁突发风险事故应急行动，提高应急响应效率。着眼于形成高效的指挥协调机制，建立应急指挥调度组织体系，整合应急救援力量，合理配置资源，有效解决多部门联动的指挥和协调问题，实现统一指挥、分级负责、协同救援，在应对跨海桥梁突发风险事故中，发挥各单位、各部门的合力。

跨海桥梁风险突发事件应急指挥调度组织体系由政府主管部门、桥梁管理部门、相关协作单位、现场临时指挥部等构成，作为应急管理系统的运转枢纽。

设立应急管理办公室(简称应急办),负责信息管理、预案管理和维护、应急相关知识宣传和教育、应急演练等工作。平时(应急准备阶段),按照职责分工,应急指挥调度由跨海桥梁管理部门主持,应急办及工程部共同负责风险监测和预警、应急保障等常规工作;跨海桥梁突发风险事故爆发后(应急行动阶段),根据事故等级、规模以及造成的灾害情况,启动相应级别的响应,组建临时性应急指挥机构(现场临时指挥部),形成战时完整的应急指挥调度组织体系(图7-8)。

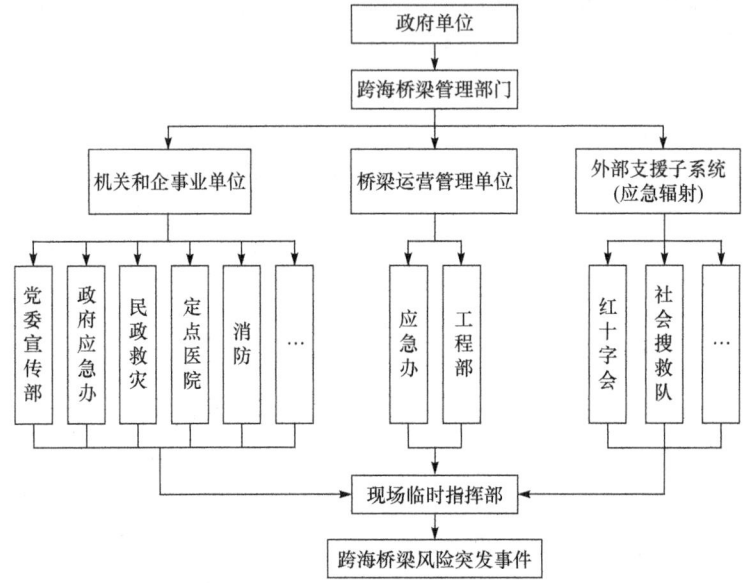

图 7-8 跨海桥梁风险突发事件应急指挥调度组织结构图

1) 政府单位

重特大跨海桥梁突发风险事故爆发后,由政府单位直接指挥抢险救援,协调相关协作单位参与应急。一般规模的跨海桥梁突发风险事故,如果超出跨海桥梁管理部门的协调范围,需要调集外部资源,也要政府单位出面沟通。

2) 跨海桥梁管理部门

当地的跨海桥梁管理部门作为主管部门,统筹协调大型跨海桥梁工程跨海桥梁突发风险事故应急管理工作,制定跨海桥梁风险突发事件应急预案。接到跨海桥梁突发风险事故报告,根据事故规模、响应级别,视情启动跨海桥梁风险突发事件应急预案,视情指令协作单位的应急救援力量立即赶赴事发现场,协调有关方面调集应急物资,统一指挥较大跨海桥梁突发风险事故现场的抢险救援;随着时间推移,密切跟踪险情控制和应急处置进展情况,向当地政府报告。

3) 协作单位

跨海桥梁风险突发事件规模大、涉及广,需要多行业、多部门协作,共同应对。协作单位主要包括党委宣传部、政府应急办、民政救灾、消防、卫生部门和定点医院、市政、公安、交通运输、电力、武警部队等机关和企事业单位,以及红十字会、蓝天救援队等社会公益组织。

这些协作单位主要由跨海桥梁管理部门负责联络沟通。协作单位根据各自职责,结合跨海桥梁风险突发事件应急行动实际情况,发挥相应作用,承担应急响应、抢险救灾、物资保障、善后处置等工作。

4) 现场临时指挥部

现场临时指挥部是应急行动的运转枢纽,直接指挥风险事故现场应急处置等工作,主要职责是:确定抢险救援方案,组织应急救援力量进入现场,调集应急机械装备设备,配发安全防护装置、应急物资,实施救援,转移受伤人员,搜集事发现场证据,清理现场等,具体如图7-9所示。

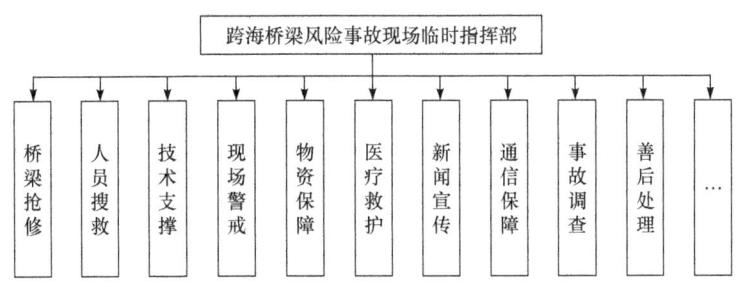

图7-9 跨海桥梁风险事故临时指挥部职能

(1) 桥梁抢修。在突发跨海桥梁风险事故后,对桥梁局部受损部位进行抢修维护,防止二次事故的发生,避免造成桥梁结构的再次破坏。

(2) 人员搜救。确定抢险救援方案,组成救援队,对受伤人员进行营救;消除爆炸物品及有害物质泄漏和扩散;对事发现场的重要物资进行抢救、疏散。

(3) 技术支撑。对险情进行分析研判,提出具体的遇险人员搜救、机械设备转移、次生灾害防范方案,以及应急人员的安全防护措施。

(4) 现场警戒。负责事发现场安全保卫工作,严禁无关人员出入;疏散事发现场周围群众,维护交通秩序,指挥、调度、疏导事发现场抢险车辆,并对主要道路进行管制,保障道路畅通;稳定受害群众情绪,维持现场秩序。

(5) 物资保障。调集应急物资,把各类救援装备和抢险机械设备运送到指定部位;提取应急资金,保证现场应急行动、后勤保障的需要。

(6) 医疗救护。调集医护人员和各种医疗设备、药品;组织救护车迅速赶到事发现场,现场急救后,运送伤员到附近医院进行救治;协调疾病预防控制部门做好事发现场的卫生防疫工作。

(7) 新闻宣传。向上级报告跨海桥梁突发风险事故情况;向社会发布应急救援进展、受伤人员安置、事故调查等情况。

(8) 通信保障。启用应急专线,确保与各部门通信畅通;发放现场专用通信设备,便于救援人员之间的联络。

(9) 事故调查。确定事故调查范围,负责勘察现场,提取痕迹物证;协助公安部门,先行控制重大责任人。

(10) 善后处置。清除相关障碍及残留物,调集所需重建物资;做好伤亡人员的救治和抚恤工作,督促保险公司按时理赔。

7.4 桥梁风险应急响应体系

应急响应作为应急管理的核心过程,将应急预案启动并付诸实施,时效性强、风险高、难度大,是对应急能力的实际检验。当跨海桥梁突发风险事故爆发时,迅速采取措施控制事态发展,减少人员伤亡和经济损失。

从应急预案角度看,预案只是预先制定的宏观行动计划,无法解决具体的实际问题;从快速反应角度看,需要建立一套完备、缜密、严谨的应急响应流程,作为行动指南;从应急管理系统角度看,应急响应将所有工作串起来,体现出应急管理工作面向实战的高度有机统一。

7.4.1 应急响应等级及机制

1. 应急响应等级

结合国务院颁布的《生产安全事故报告和调查处理条例》及住房和城乡建设部颁布的《国家安全生产事故灾难应急预案》,依据风险突发事件造成的人员伤亡或者直接经济损失,分为特别重大、重大、较大、一般四个规模。跨海桥梁应急响应等级与之相对应,也分为四级,即Ⅰ、Ⅱ、Ⅲ、Ⅳ级。

依据伤亡情况、直接经济损失等因素,结合跨海桥梁突发风险事故规模、波及范围、造成的影响,综合确定响应等级,见表7-1。

表7-1 风险事故响应等级

风险事故响应等级	风险事故规模
Ⅰ级(特别重大)	30人以上死亡,或者100人以上重伤(包括急性工业中毒,下同),或者1亿元以上直接经济损失
Ⅱ级(重大)	10人以上30人以下死亡,或者50人以上100人以下重伤,或者5000万元以上1亿元以下直接经济损失
Ⅲ级(较大)	3人以上10人以下死亡,或者10人以上50人以下重伤,或者造成1000万元以上5000万元以下直接经济损失
Ⅳ级(一般)	3人以下死亡,或者10人以下重伤,或者1000万元以下直接经济损失

除伤亡人数、直接经济损失两项指标外，响应等级的确定，还应当综合考虑险情性质、规模、波及范围、社会影响，围绕上述标准，视情提高或降低一个响应等级。

应急响应启动后，如果查明的险情与预估不一致，或者险情发展、演变迅速，或者抢险救援效果不佳，需要在更大范围内应对风险，视情提高响应等级，反之则降低响应等级，应急行动结束后，解除应急响应。

2. 应急响应机制

跨海桥梁突发风险事故发生时，根据上述响应等级标准，研判事故的性质、规模、波及范围和损失情况，确定响应等级，采取相应的措施。较大以上规模的跨海桥梁突发风险事故爆发后，往往由政府部门指挥救援。因此，不同等级响应的内容不同、启动响应的主体不同，分级响应机制也不同。

Ⅳ级响应：由跨海桥梁管理部门启动应急响应，开展抢险救援，必要时，请协作单位参与；根据有关规定，此类事件应上报市县级人民政府安全生产监督管理部门。

Ⅲ级响应：由跨海桥梁管理局启动应急响应，指导相关部门开展抢险救援，根据事件的具体情况，请相关协作单位支援。

Ⅱ级响应：由当地政府启动应急响应，直接指挥抢险救援，跨海桥梁管理局负责协调现场工作。

Ⅰ级响应：一般由上一级政府启动应急响应，直接指挥抢险救援，当地政府负责协调现场工作。

启动Ⅰ、Ⅱ、Ⅲ、Ⅳ级响应时，跨海桥梁管理部门先行启动应急预案、先期开展遇险人员搜救、启动事故现场维护等工作，为后续抢险救援做好前期准备。与此同时，通知协作单位安排应急力量赶赴事发现场，疏解附近的交通，维持现场治安，为外界应急人员和设备进场创造良好条件。

7.4.2 应急响应流程

应急管理系统24h不间断运行，实时监测风险，及时进行预警，接警后，分析警情信息，判断是否为误触发；如果达不到上述响应标准，则不必启动应急响应；如果达到其中任意一个响应标准，立即向桥梁管理部门报警，依据应急预案规定的等级，启动相应级别的应急响应，组建现场临时指挥部，迅速拟定抢险救援方案，并做出决策，调集应急救援力量和资源，必要时，向协作单位提出支援的请求。事态控制后，清理现场、善后处置、恢复交通。

应急响应流程以计划的方式明确应急响应的一系列行动程序，使应急响应和处置行动有章可循、有据可依，从而大幅度提高应急效率。无论跨海桥梁突发风险事故爆发前还是爆发后，应急响应流程一致，分为风险监测和报警、接警、灾情研判、启动响应、抢险救援、结束响应和恢复七个步骤,如图 7-10 所示。

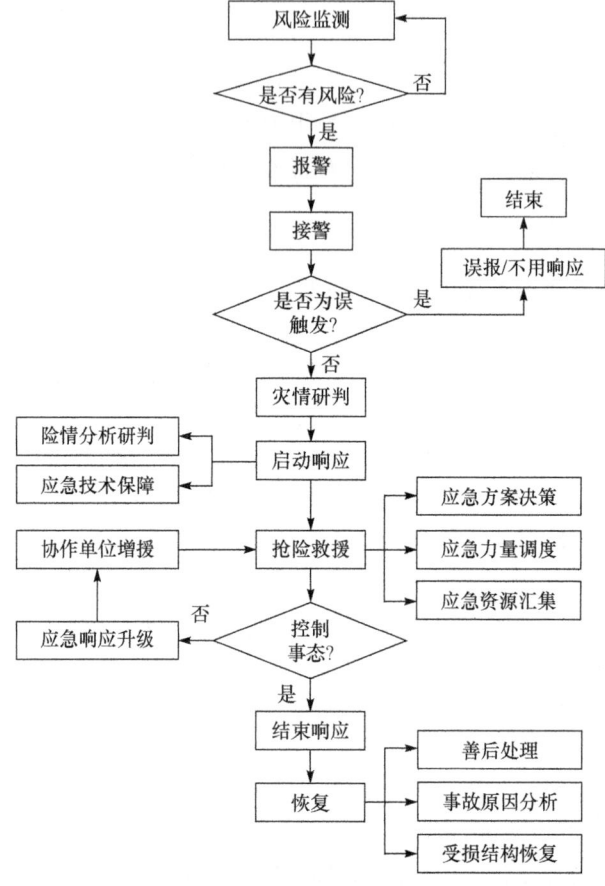

图 7-10 跨海桥梁风险突发事件应急响应流程

(1) 风险监测和报警。在跨海桥梁运营期间持续开展风险监测,及时发布警情信息,做好应急准备。

(2) 接警。接到跨海桥梁突发风险事故警情信息时,判断是否为误触发,将警情信息准确上报桥梁管理部门。

(3) 灾情研判。对跨海桥梁突发风险事故的性质、规模、波及范围、破坏程度进行预估,分析其发展趋势,作出应急决策,依据应急预案,确定响应级别。

(4) 启动响应。按照预案,应急人员迅速到岗,集结应急救援力量,调配应急物资、机械设备和安全防护装置。

(5) 抢险救援。指挥人员和专家商定方案,安排施救人员和机械设备有序进入事发现场,第一时间转移受伤人员,消灭事故隐患,控制事态发展,避免产生次生、衍生灾害。

(6) 结束响应。事态得到控制、危险解除后，安排应急救援力量撤离现场，搬运应急物资、机械设备，转移受损的设施，清理现场，排查潜在的风险源，必要时对现场进行卫生防疫。

(7) 恢复。开展善后处置，抚慰伤员及家属，修复受损的设施、设备。应急全部终了后，调查事故原因，评估本次应急行动，追究相关人员的责任。

7.4.3 应急抢修救援

抢修救援是在跨海桥梁突发风险事故后，为及时营救遇险人员，对桥梁受损部位抢修，同时控制火灾、爆炸、有毒物质等泄漏蔓延，造成次生灾害，避免事态扩大而采取的一系列行动，其目的是最大限度减小波及面，降低人员伤亡、财产损失、环境污染。抢修救援作为应急响应的核心环节，主要任务包括遇险人员搜救、次生灾害防范、跨海桥梁构件应急抢修三大类。虽然大型跨海桥梁风险事故种类繁多，不同种类的抢修救援重点、难点、方法、手段大相径庭，次生、衍生灾害形式也不一样，但从目标看，都归结为这三大任务，本节紧紧围绕应急响应流程，对遇险人员搜救、次生灾害防范、跨海桥梁构件应急抢修分别展开研究。

1. 遇险人员搜救

坚持以人为本，抢险救援以解救被困人员、医治受伤人员为首要任务。在跨海桥梁风险现场，确定事发部位后，首先探测生命迹象，搜寻遇险人员，根据生命体征判断是否死亡：若存活，解救出来使其摆脱困境后，立即就地实施紧急医疗救助，视伤情转运到医院进一步治疗；若已经死亡，则配合公安机关认定身份、鉴定死因，做好家属的安抚工作。对事发现场进行消毒、卫生防疫，妥善安置事发现场人员。遇险人员搜救流程如图 7-11 所示。

2. 次生灾害防范

跨海桥梁突发风险事故后，往往会引发一系列相关的灾害，也就是相伴而生的灾害，尤其是重特大跨海桥梁突发风险事故，一般都将形成灾害链，如同"涟漪效应"，波及更广范围，殃及更多部位。防范次生、衍生灾害，最重要的是对重点部位、重点时段展开不间断的严密监视，辨析危险因素，摸清其发展、演变规律，及时预警，排除隐患。具体说，无论跨海桥梁突发风险事故是否带来次生、衍生灾害，都要安排专人 24h 全天候严密监视，根据险情发展变化情况，分析潜在的危险源以及酝酿中的危险因素，研判其产生概率，调整监测的密度和频次，一旦发现苗头性信息，及时展开预警，排查隐患，采取措施消灭风险源。如果次生灾害被严格控制，尽快清理现场、恢复交通；如果次生灾害不可避免地产生，迅速调集力量展开抢险救援。次生、衍生灾害防范和应对流程如图 7-12 所示。

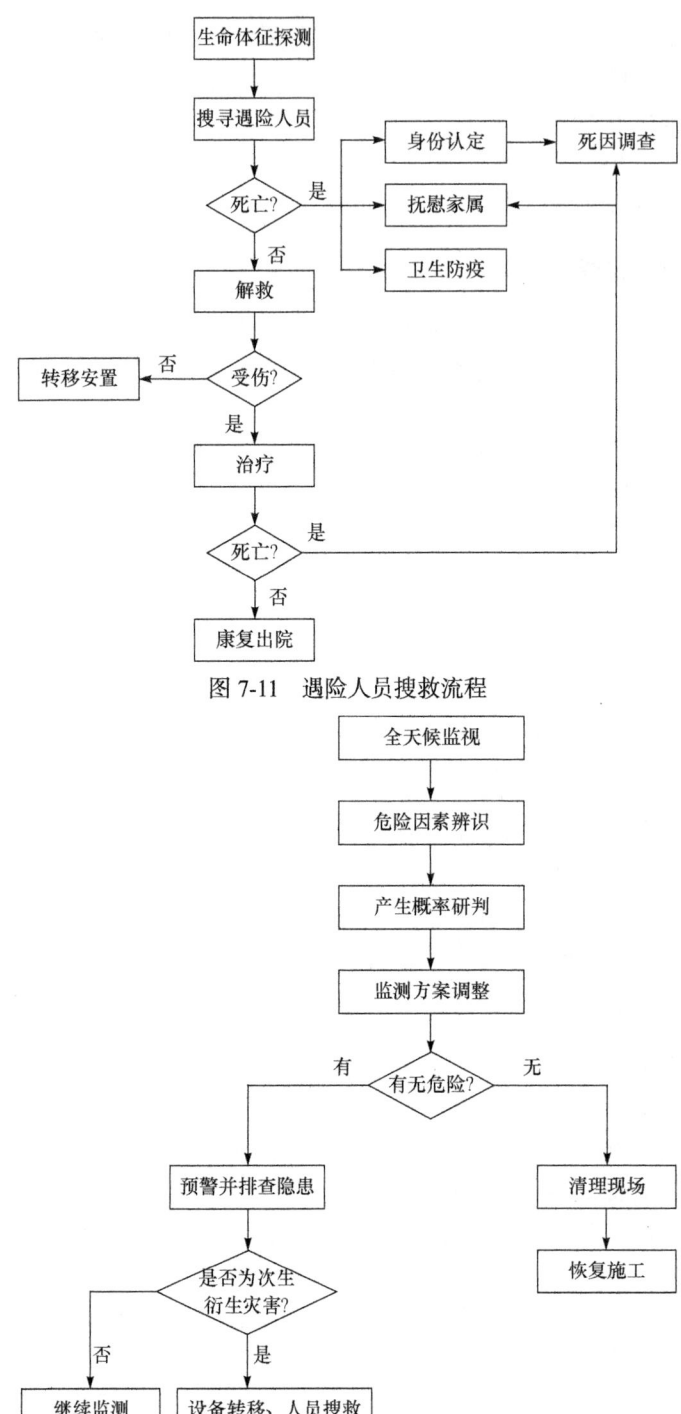

图 7-11　遇险人员搜救流程

图 7-12　次生、衍生灾害防范和应对流程

3. 跨海桥梁受损构件应急抢修

跨海桥梁结构作为公路、铁路等交通枢纽的重要组成部分,往往是连接两地的关键枢纽,因此在风险事故发生后对桥梁结构进行快速抢修、在短时间内恢复桥梁通行能力具有重要的社会经济价值。

1) 应急抢修原则

桥梁遭受风险破坏的现场情况复杂、纷乱,必须通过实地勘查桥梁破坏的部位、程度、对通行的影响等,然后确定正确的抢修方案。跨海桥梁结构应急抢修应遵循以下原则:

(1) 尽量利用原有桥梁的残存结构,以减少工程量和现场清除作业量。

(2) 按应急状态时"抢修、抢建技术标准"进行设计和施工,先求修通然后逐步完善。

(3) 应急抢修以制式器材和预制构件为主,以临时设计、加工器材为辅。

(4) 以专业抢修队伍进行抢修为主,以临时召集人员为辅。

(5) 应急抢修应该有预案,有预备器材和作业机具。

(6) 抢修工作在确保桥梁结构安全的前提下,力求工艺简便、修复速度快。

(7) 工程抢修应该积极采用新材料、新工艺进行。

(8) 抢修工作中的其他保障(如后勤保障、通信保障等)应积极跟进。

2) 应急抢修方法

根据桥梁应急抢修的部位,桥梁应急抢修方法有以下几种:

(1) 应急处理。对破坏程度存在扩大可能或正在扩大的部位和构件,通过临时支撑等措施,阻止破坏程度扩大,为下一步修复工作打下基础。

(2) 局部应急修补。对桥梁局部破坏的修复,包括对局部进行框架支撑、孔洞覆盖、快干水泥和环氧树脂混凝土修补、混凝土填补等。

(3) 桥跨整体应急抢修。对于还能利用的原桥跨结构,可以将其吊装复位继续使用,不能继续使用的,采用便于快速设置的主梁进行代替。

(4) 墩、台的整体应急抢修。设置框架或木杆层于墩(台)体残存部分上,将桥墩高程恢复到设计高程;特殊情况下,可以采用浮游桥脚来替代原损坏的桥墩等。

7.4.4 风险事故信息发布

1. 信息发布原则

在媒体业高度发达的今天,跨海桥梁重大风险事件爆发后传播速度快,有时甚至在当地政府获知信息前,相关媒体就已经发布。部分媒体的新闻报道缺乏专业性和权威性,容易滋生谣言,影响社会舆论,使政府及相关部门陷入被动状态。因此跨海桥梁管理部门对于风险事故应当及时上报、及时处理、及时发布,在信息发布中应始终处于主导地位,在沟通中展现良好形象,控制信息传播的来源,引导社会对事故的舆论导向,为后期的新闻发布打下基础。

1) 如实报送、发布险情信息和救援动态

跨海桥梁风险事故爆发后,第一时间如实向当地主管部门报送险情信息和现场救援动态,接受跨海桥梁主管部门的调遣,拟定新闻通稿。联系当地具有权威性、公信力的电视台、报社、政府官方网站等新闻机构派记者到达现场了解相关情况,通过报刊、广播、电视等传统媒体发布信息,确保信息的准确性。

2) 主动占据新媒体阵地

当代社会,新媒体日益发达,成为公众特别是年轻一代重要的交流手段和媒介。相比传统媒体,新媒体对信息的真实性把关不够严谨,容易滋生谣言,因而跨海桥梁管理部门应该主动占据信息源头,建立官方的微博、微信、论坛账号,发布权威的官方消息,遏制谣言的产生与传播。

3) 多媒介、多渠道组合式发布信息

跨海桥梁风险事故发生后,桥梁管理部门除积极通过传统媒体发布信息外,还应当重视微博、微信等新媒体渠道,占领新媒体信息发布阵地,根据舆论传播特点,采取多媒介、多渠道组合式发布,增强传播效果。可将新媒体作为信息发布的先行军,以概括性、权威性的口吻发布简要消息,同时组织传统媒体深入采访报道,发布详细的跨海桥梁风险事故概况和抢险救援进展情况,实现新媒体与传统媒体两者相结合,优势互补。如此,不仅在大的社会环境下保持透明,在小的媒体渠道中也保持领先,从根源上切断谣言的产生和蔓延。

2. 信息发布渠道

基于传统媒体的公信力、权威性,公众对传统媒体的期望值和信赖度普遍比较高。因此,在跨海桥梁风险事故发生后,桥梁管理部门及现场临时指挥部要积极面对,主动与传统媒体接洽,占领新媒体阵地,及时、如实、准确发布信息,对专业强性、公众普遍关心的问题进行解读,解疑释惑,满足公众知情权,有效缓解社会公众紧张情绪,避免谣言产生及传播,从而把社会舆论引导到有利于危机解决的方向上来。

跨海桥梁风险应急管理办公室是信息发布的责任主体,负责跟踪抢险救援的进展情况,采集现场图像、文字资料,拟定新闻通稿,统一宣传口径,通过传统媒体和新媒体对外发布信息。以跨海桥梁主管部门的门户网站及主流媒体为依托,建立权威、公开、顺畅的信息传播渠道,及时、如实地发布跨海桥梁风险突发事件信息,避免谣言滋生蔓延。召集主流新闻媒体的记者举行新闻发布会,集中发布权威信息,解疑释惑,回答公众和媒体提问。

信息发布渠道仍以传统媒体为主。随着社会的发展和媒体自身的进步,媒体渠道不断增多，尤其是近年来微博、微信、抖音等社交手段的迅猛发展，网络舆论已经成为继新闻、论坛之后的又一新兴传媒集散地。因此，跨海桥梁风险突发事件信息发布应充分利用这些新兴媒体渠道，及时、准确发布信息。

对于信息发布不同的发布渠道、不同的媒体形式，其适用范围和效果都不一样，因此需要对各类媒体的发布方式、发布内容、发布间隔等进行分析，掌握其特点和优势，面向不同的受众，选择恰当的信息发布渠道，及时发布跨海桥梁风险突发事件基本概况和抢险救援进展情况，达到良好的新闻发布效果。不同渠道的特点、优势、发布内容和发布时间间隔对比见表7-2。

表7-2 跨海桥梁风险突发事件信息发布渠道对比一览表

渠道		特点	发布内容	发布时间间隔
传统媒体	报纸	传播速度快 信息量大 权威性	利用报纸信息量大、权威性等特点，发布险情概况和抢险救援的细节，便于公众全面了解跨海桥梁风险事件发生和应急处置的翔实经过	每日
	电视	传播范围广 画面感强 受众层次多样	通过电视媒体传输现场画面，满足部分对文字阅读不畅或对现场画面存在需求的用户，生动形象展现事发现场画面	栏目播出频率
	广播	传播范围广 受众层次多样 播出时间灵活	当前仍有一部分公众通过广播接收新闻，利用广播播出的连续性、播出时间灵活，及时更新播报最新动态，满足这部分公众需要	栏目播出频率
新媒体	政府、部门官方网站	权威性 及时性 便于操作	发布全面、权威、准确的信息，发布内容多样，如图片、视频、文字等，报道主题为跨海桥梁风险突发事件信息，报道内容的主题不定，如公众质疑、媒体关注、领导决策等，多角度向大众表达政府心声和态度	出现最新动态时
	微博、微信等社交平台、论坛	互动性 无序性	发布有关跨海桥梁风险突发事件的图片、文字、视频等链接，向公众发布信息，搜集社会反响、舆论反应，及时生动地向手机用户传递信息，反馈公众衍生出的消息	随时更新
	电脑、手机等新闻客户端	互动性 受众群体广泛	与网页新闻报道类似，包括跨海桥梁风险突发事件详情、经过，也包括社会反响等，题材不限、内容不一	信息报送至网站，审批完成时

3. 信息发布方式

跨海桥梁管理部门同新闻媒体的合作应贯穿应急管理工作始终，不仅在日常大桥运营管理中，还有风险事件应急处置过程。在风险应急处理全过程中加强舆论引导与媒体合作，既满足媒体深度报道的需要，又满足公众对事态关注的需求。跨海桥梁管理部门与媒体合作的基本方式有：

(1) 准备在先、关注舆情。设立宣传职能部门，跨海桥梁风险事故发生后，立即启动应急预案，按照有关新闻发布的规定，做好接受各类媒体采访的准备，同时注重社会舆情、媒体信息的收集，为下一步举行新闻发布会做好准备。

(2) 把握先机、引导舆论。对前来采访的媒体不能回避、拒绝，要主动接访，并区别不同情况，通过发布新闻通稿、接受记者采访、召开新闻发布会等形式，将跨海桥梁突发风险事故的初步核实情况、应对措施和公众避险常识等信息提供给媒体，使媒体到达事发现场后就能迅速了解真相，做出比较客观的报道，杜绝炒作、失实报道。充分利用主流媒体，掌握新闻舆论的主动权。

(3) 增信释疑、赢得支持。踏准信息发布节奏，不仅通过召开新闻发布会对跨海桥梁突发风险事故进行权威、准确的定性，而且根据险情的发展演变情况，适度调整与媒体的合作形式，通过媒体发布抢险救援的最新进展，赢得公众的理解、支持与配合。

7.4.5 跨海桥梁结构维护与风险事故调查评估

通过实施科学、有效的抢险救援，跨海桥梁风险突发事件的危害在应急响应阶段总体上得到控制，这并不意味着应急管理的结束。如果后期处理和恢复的措施不当，还可能会发生次生、衍生灾害。因此，抢险救援告一段落后，做好风险突发事件的后期处理、恢复和调查评估，能够进一步减少桥梁损伤、人员伤亡和财产损失，减轻负面影响，更重要的是查明原因、总结经验、吸取教训，对应急管理全过程进行评估，剖析应急管理中存在问题并加以改进，修订应急预案，完善响应机制，从而促进应急管理水平的提高。

7.5 本章小结

本章结合跨海桥梁风险特点，确定了风险控制管理模式，进行了风险监测预警研究，叙述了风险监测预警系统体系、流程以及技术方法，同时构建了结构完整、功能健全、内外兼顾、覆盖全过程的跨海桥梁风险突发事件应急管理系统。该系统由内部功能子系统、外部支援子系统(应急辐射)、检测改进子系统、应急指挥调度组织构成。在内部功能子系统中扩充风险监测和预警模块、信息报送和媒体应对模块，有效填补了现有应急管理系统的空白与不足。引用物理学中的"辐射"原理，提出了风险突发事件应急辐射的概念，作为应急管理系统中的外部支援子系统，有效利用周边的应急救援力量和资源。建立由应急响应、信息报送和媒体应对、恢复和调查评估组成的跨海桥梁风险突发事件应急行动体系，根据预警级别、风险突发事件规模和波及面，确定响应等级，建立分级响应机制，设计了应急响应流程及内容，为同类工程风险控制的运营管理提供了参考。

第8章 桥梁养护管理

在现代社会快速发展中,行车数量逐渐增加,沿海交通运输也随之压力增加,使得跨海桥梁的载荷越来越大。一些跨海桥梁工程在施工阶段或设计阶段存在缺陷,再加上后期缺少养护管理工作,大大降低了跨海桥梁结构的强度和稳定性,形成了较大的安全隐患。跨海桥梁具有结构规模大、易损构件多、运营环境恶劣等特点,养护管理难度大、养护制度与经验缺乏[156]。尤其是特大型跨海桥梁,养护难度远高于中小跨径桥梁,与一般的跨江、跨河独立特大桥相比,也具有明显的区别,主要表现为桥梁规模巨大、桥型复杂、易损构件多、养护管理经验少、养护标准少以及养护队伍管理难度大。由于这些特点的存在,常规桥梁的管养模式与手段无法适用于特大型跨海桥梁,跨海长桥需要更规范、严格、系统的标准化养护管理体系及制度。因此,开展跨海桥梁养护管理研究,通过定期检查和养护,可以保证跨海桥梁的使用性能和使用寿命,避免安全事故及风险事件的发生,对确保跨海桥梁的安全运营具有重要意义。

8.1 桥梁养护管理概述

8.1.1 桥梁养护管理体系现状

对跨海桥梁进行日常维护,不仅需要先进的技术,还需要科学的管理手段。通过研究发现,对于我国跨海桥梁管理养护过程中出现的以下几点问题还要继续解决。

1) 重视程度不够

在跨海桥梁工程建设中,建设方和施工方将重点放在跨海桥梁施工质量方面,很少重视和关注跨海桥梁的后续养护管理工作,使得跨海桥梁项目建成投入使用中,缺少规范的养护管理计划,日常养护工作不及时,继而引发各种病害问题,大大缩短了跨海桥梁的使用寿命,降低使用性能,造成安全隐患。跨海桥梁养护管理工作不被重视,很多跨海桥梁栏杆破损或路面出现坑槽、裂缝等情况,这些病害问题没有及时解决,越来越严重,将威胁行车安全,给交通安全造成隐患。

2) 病害处理不及时

在跨海桥梁工程实施中,受到多种干扰因素的影响,再加上承载负荷过大,使得很多跨海桥梁在使用中出现早期病害，包括车辙、坑槽、裂缝等情况，这些早期病害没有被重视和及时治理，使得早期病害愈演愈烈，最终造成混凝土结构破坏、钢筋结构锈蚀等情况，造成跨海桥梁的安全隐患。事实上，桥面裂缝和钢筋锈蚀早期表现十分明显，及时治理会控制其发展，延长跨海桥梁的使用寿命，若继续投入使用，受车辆载荷的影响，桥面裂缝宽度会逐渐扩大，钢筋结构锈蚀后会降低钢筋的承载力和强度，破坏桥梁结构，从而引发不良后果。

3) 养护管理制度缺失

现阶段，我国跨海桥梁养护管理制度尚未完善，这使得日常跨海桥梁养护管理工作无章可循，养护管理中的随意性较大，仅凭管理人员的个人经验和喜好进行跨海桥梁养护管理工作的开展，大大降低了跨海桥梁养护管理效率，无法为跨海桥梁的日常使用和运营提供后续质量保障，亟须进一步完善，尽快出台相关管理规范。

8.1.2 跨海桥梁管理的重要性

跨海桥梁的健康状况是其能够正常运营的关键条件。为了更好地保持桥梁结构的安全以及行车安全，对服役环境复杂、结构技术复杂的跨海桥梁进行系统、科学、高效的管理十分重要。研究及实践表明，桥梁养护管理必须具备四个条件[157]：

(1) 制度，即组建科学高效的管理体系和组织，落实桥梁管养组织各方的责任，严格执行科学高效的管养和运作流程。

(2) 人员，即培训有经验的专业人员，能够对桥梁进行全面、及时和专业的检查及维护。

(3) 技术，即已有的桥梁管养的相关技术，如日常维管、检查检测、相关评定、维修加固等。

(4) 资金，即能够提供足够和及时的检查与维护的资金支持。

我国沿海地区地域辽阔，跨海桥梁发展迅速，已经建成的桥梁数目巨大，桥梁类型众多，管理养护工作十分繁重，科学有效的桥梁养护管理需要从以上四个方面进行完善。

8.1.3 本研究所依据原理

本书对跨海桥梁管养技术进行了深入的研究，包括相关管养规范、养护特点及要求。同时也实地考察了跨海桥梁的管养现状，近距离地观察各类桥梁产生的病害、管养过程及细节，并与相关管养人员深入交流，深刻地探讨各类跨海桥梁在实际管养过程中遇到的问题及解决方法，为桥梁管养技术的理论研究奠定了实践基础。并结合我国跨海桥梁的管养要求和发展趋势，综合考虑安全性、稳定舒适性以及实际管养工作中容易出现的问题制定了本方法。

8.1.4 桥梁管理的内容

跨海桥梁管理主要包括跨海桥梁信息管理、跨海桥梁使用状态的检测和评估、交通控制、跨海桥梁养护、跨海桥梁维修加固、跨海桥梁拆除与重建。

1. 跨海桥梁信息管理

跨海桥梁信息管理是第一步，相关部门要搜集、存储、更新和提取道路路网中所有桥梁管理的必要文档和信息。这些信息记录了桥梁在整个寿命期间的第一手技术资料，对于掌握结构现状是极其重要的。桥梁信息包括如下三点。

1) 静态资料

要求管理部门在新桥验收接管时就应该获得包括设计计算、施工图纸、全部施工记录、照片文档、材料试验报告、各种检测报告及监理报告。旧桥资料不全者，应制订计划实地调查和测量获得。获取所有静态资料后，管理部门应根据管理规范的要求，对资料进行再加工，包括分类、编录、信息提取电子化等。

2) 检测报告

每次检测活动的计划与实施情况，应根据不同的目的，采用相应的标准程序和记录表格，以便快速实施检测和有效评估结构基本性能。结构定期检测和特殊检测还应由具备资质的单位提供完整的报告。报告应给出具体实施程序，描述每个结构单元状态，总结结构整体状况，描述缺陷并按统一尺度评定，采用照片显示缺陷。

3) 养护、维修和加固的细节

养护应按每年和其他偶然安排的批次加以报告。维修和加固工作完成时应准备一份资料来更新桥梁静态数据内容，以记录采取维修和加固措施的结构。这份报告应包括维修设计计算、维修或加固施工图纸(竣工图)、全部施工记录、照片文档、材料试验报告、各种检测报告及监理报告。

通过跨海桥梁信息管理，能够深刻把握所管理桥梁的基本信息。对跨海桥梁的各类数据进行统计、记录、更新是信息管理的主要工作，借助数据库信息化管理技术可以高效处理大规模桥梁信息。跨海桥梁档案管理工作应有计划地逐步实行电子化、数据化、多媒体化，但书面的档案形式也是很重要的备份和补充。

2. 跨海桥梁使用状态的检测和评估

跨海桥梁使用状态的检测和评估是跨海桥梁管理的重要环节，通常由具有一定经验和资质的桥梁工程技术人员，根据特定的操作程序，对跨海桥梁完整地现场收集桥梁结构和物理状态等最新信息。跨海桥梁检测所收集的信息可以用于评定桥梁状态,确定桥梁养护、维修、加固或替换的计划。

对跨海桥梁检测的结果进行一系列计算,处理计算结果并进行分析得出跨海桥梁的技术状况和承载力,这就是桥梁评定,评定结论的准确性依赖检测操作的规范实施、检测信息的准确及合理的描述、评定理论的合理性及评定人员的可靠性。由于交通荷载的载重和数量急剧增长,以及结构本身的日益退化,为保障桥梁的安全运营,合理分配养护资金,跨海桥梁评定已经变得越来越重要。

3. 交通控制

交通控制指通过对通行列车的限制,达到改善跨海桥梁运营状态的目的。采取方式如下:

(1) 限制速度。跨海桥梁上行驶车辆受横向风影响敏感,常常限制跨海桥梁行车速度,这也是最为常见的交通控制措施。

(2) 限制重量。为避免超重车辆对跨海桥梁的影响,采取限制重量的措施,重量一般比较固定。

(3) 限制通行。跨海桥梁由于其桥址的独特性,以及考虑对海洋环境的影响,对一些危险品运输车辆限制通行;此外,评估桥梁不能继续运营且不能满足维修条件时也会采取限制通行的措施。

4. 跨海桥梁养护

跨海桥梁养护是以保证桥梁结构安全性和行车舒适性为目的,对桥梁进行的保护性、便捷性和重复性的小规模保护措施,以预防为主是跨海桥梁管理的重要宗旨。

5. 跨海桥梁维修加固

维修是对跨海桥梁的一般性损坏进行修理或对较大的损坏进行综合治理,目的是将桥梁的技术状况或承载能力恢复到正常运营水平,以维持桥梁安全运营。

维修工作通常要比养护工作复杂、昂贵和费时。维修一般是不定期、有针对性地进行,主要是修补已退化的构件,减少未来养护成本以及延长跨海桥梁寿命。

用何种维修措施,通常应由检测和评定的结论来确定,所要求的工作深度及主要工程量由结构定期检测或特殊检测评定后加以确定,并要求由具备资质的相应单位实施设计、施工及监理工作。

跨海桥梁加固是通过较大规模的加固施工,使承载能力已出现较大程度降低的跨海桥梁恢复甚至超过原有承载能力。加固工作在性质上类似于修复,比维修更加深入复杂,规模也较大。加固需求通常根据桥梁检测和评定以及通行需求评价来确定。

6. 跨海桥梁拆除与重建

跨海桥梁拆除与重建是对跨海桥梁及其附属构造物因不适应交通量、荷载要求，或因公路局部改移需要重建，或为了显著提高通行能力而进行的较大型、大型工程项目。

8.2 桥梁管养技术的分析

目前，我国桥梁结构养护按桥梁类型分为公路桥梁、城市桥梁和铁路桥梁。三种类型桥梁的养护工作分别执行不同的规范，分别是《公路桥涵养护规范》(JTG H11—2004)(此类标准以下简称"公路规范")、《城市桥梁养护技术标准》(CJJ 99—2017)(此类标准以下简称"城市规范")和 2018 年中国铁路总公司颁布的《普速铁路桥隧建筑物修理规则》(TG/GW 103—2018)。

公路规范主要适用于国家干线、省级干线和主要的县级公路，其他公路可以参照使用。

城市规范自 2018 年 2 月 1 日起实施，该规范适用于所有已竣工验收交付使用的城市桥梁养护。虽然公路与城市桥梁的设计载荷等存在一定的差别，但相应等级的汽车荷载引起的桥梁内力基本在同一量级，其检测和养护方法基本相同。

铁路桥梁的养护维修管理工作主要由铁路工务部门负责，每年结合秋季大检查都要对每座桥梁进行状态评定，目的是切实掌握桥梁设备的技术状态，以确定其运行条件，并针对设备存在的病害，合理安排次年度的综合维修、大修或更新改造计划，以改善设备状态。

8.2.1 公路桥梁管养技术分析

《公路桥涵养护规范》(JTG H11—2004)是对原《公路养护技术规范》(JTJ 073—1996)中的"第四章桥涵养护"进行了修改并单独成册。近些年来，我国公路发展很快，为了适应新形势的要求，根据交通部公路工程标准规范体系的要求，将《公路桥涵养护规范》(JTG H11—2004)中的"第三章第五节桥梁评定"内容编写为《公路桥梁技术状况评定标准》(JTG/T H21—2011)，单独成册。在现行规范体系内，《公路桥涵养护规范》(JTG H11—2004)属于行业标准；《公路桥梁技术状况评定标准》(JTG/T H21—2011)属于行业推荐性标准。因此，在现阶段日常桥梁评定工作中，主要根据项目实际情况及业主要求，对于两本规范任选其一使用。图 8-1 为《公路规范》标准体系的演变过程。

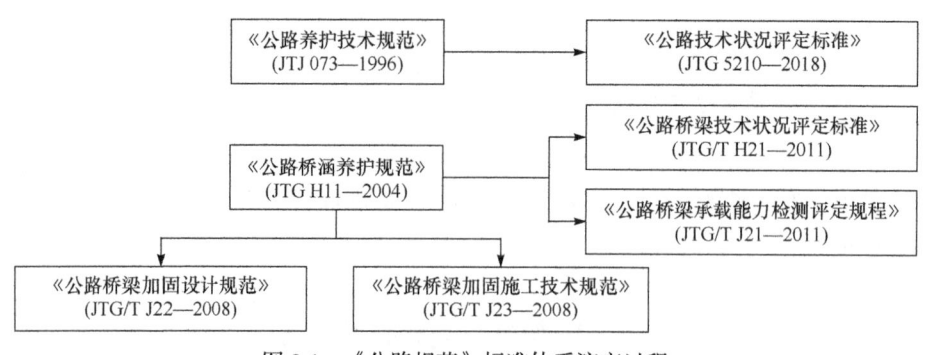

图 8-1 《公路规范》标准体系演变过程

1. 《公路桥涵养护规范》(JTG H11—2004)

《公路桥涵养护规范》(JTG H11—2004)的内容主要分为两部分：桥梁检查与评定、桥梁养护与加固。

1) 桥梁检查

检查分为经常性检查、定期检查和特殊检查三种(简称三查)。

经常性检查，主要指对桥面设施、上部结构、下部结构及附属构造的技术状况进行日常巡视检查，及时发现缺损并进行小修保养工作。经常性检查的周期根据桥梁技术状况而定，一般每月不得少于一次，汛期应加强不定期检查。

定期检查，指按规定周期，对桥梁主体结构及其附属构造物的技术状况进行定期跟踪的全面检查。主要检查各部件的功能是否完善有效，构造是否合理耐用，发现需要大修、中修、改善或限制交通的桥梁缺损状况；同时检查小修保养状况。定期检查的时间应符合下列规定：定期检查周期根据技术状况确定，最长不得超过三年。新建桥梁交付使用一年后，进行第一次全面检查。临时桥梁每年检查不少于一次；在经常性检查中发现重要部件的缺损明显达到三、四、五类技术状况时，应立即安排一次定期检查。

特殊检查，是查清桥梁病害原因、破损程度、承载能力、抗灾能力，确定桥梁技术状况的工作，分为专门检验和应急检查。专门检验是对需要进一步判明损坏原因、缺损程度或使用能力的桥梁，要求针对病害进行专门的现场试验检测、检算与分析等鉴定工作，以便进行有效的养护；应急检查是对当桥梁遭受洪水、流冰、漂流物、船舶撞击、滑坡、地震、风灾和超重车辆自行通过等自然灾害或事故后，应立即对结构进行详细检查，查明破损状况，采取应急措施，尽快恢复交通。

2) 桥梁评定

《公路桥涵养护规范》(JTG H11—2004)中规定，桥梁评定分为一般评定和适应性评定。一般评定是以桥梁的检测数据为依据，综合评价桥梁部件的状况，从而确定桥梁的等级，根据桥梁的运营现状制定对应的维修方法，然后定期进行这种检查。适应性评定的主要依据是桥梁的特殊检查数据，将通行、抗震和承载力与结构的受力分析相结合，提出维护改造方案。

对桥梁进行一般评定时，将桥梁整体技术状况评定分为以下四个流程。

(1) 确定桥梁部件的权重，将桥梁划分为若干个固定权重的部件，然后现场检测桥梁部件的缺损情况、缺损在结构使用过程中的影响因素大小以及桥梁缺损的变化趋势等三个方面，通过累加每个部件的缺损得出桥梁整体标度。具体操作见表 8-1。最后将各部件缺损状况评定标度和固定权重代入公式计算以对全桥结构技术状况进行评定。

表 8-1 桥梁各部件缺损状况评定

缺损状况及标度		组合评定标度					
缺损程度及标度		程度	小→大				
			少→多				
			轻度→重度				
		标度	0	1	2		
缺损对结构使用功能的影响程度	无、不重要	0			0	1	2
	小、次要	+1			1	2	3
	大、重要	+2			2	3	4
以上两项评定组合标度			0	1	2	3	4
缺损发展变化状况的修正	趋向稳定	−1		0	1	2	3
	发展缓慢	0		1	2	3	4
	发展较快	+1	1	2	3	4	5
最终评定结果			0	1	2	3	4	5
桥梁技术状况及分类			完好	良好	较好	较差	差的	危险
			一类	二类	三类	四类	五类

(2) 桥梁结构可以看作一个"串联"系统，荷载作用通过桥面结构依次向下传递到桥梁的各个部件，在这个过程中桥梁某一重要部件出现严重的破坏都会直接危害桥梁结构。因此，对桥梁部件技术状况评定时遵循重要部件以缺损最严重构件的评分作为部件的评定结果。这种按最不利因素评定的方法提高了安全性指标的影响。

(3) 如表 8-2 所示，参考桥梁各部件权重，将各部件评分代入综合评定计算式：

$$D_r = 100 \times \sum_{i=1}^{n} \frac{R_i W_i}{5} \tag{5-1}$$

式中，R_i 为根据表 8-1 的方法确定各部件的评定标度(0~5)；W_i 为部件权重，$\sum W_i = 100\%$；D_r 为桥梁整体技术状况评分，值域为 0~100；评分越高表示桥梁技术状况越好。

对比桥梁评估方法，以现场的实测数据为基础，对桥梁部件和整体技术状况进行定性和定量评价，最后得到桥梁的运营状态。

表 8-2 桥梁部件权重和评定方法

部件	部件名称	权重 W_i	技术状况的评定
1	翼墙、耳墙	1	
2	锥坡、护坡	1	
3	桥台及基础	23	
4	桥墩及基础	24	
5	地基冲刷	8	
6	支座	3	
7	上部主要承重构件	20	
8	上部一般承重构件	5	综合计算评定式：
9	桥面铺装	1	$D_r = 100 \times \sum_{i=1}^{n} \frac{R_i W_i}{5}$
10	桥头与路堤连接部	3	
11	伸缩缝	3	
12	人行道	1	
13	栏杆、护栏	1	
14	灯具、标志	1	
15	排水设施	1	
16	调治构造物	3	
17	其他	1	

(4) 评定等级分类和综合评定界限值：桥梁总体及部件技术状况评定等级均分为一类、二类、三类、四类、五类。技术状况综合评定分类界限值见表 8-3。

表 8-3 技术状况综合评定分类界限值

桥梁技术状况评分	技术状况等级			
	一类	二类	三类	四类、五类
D_r	[88,100]	[60,88]	[40,60]	(0,40)

注：$D_r > 60$ 的桥梁，并不排除其中有评定标度 $R_i > 3$ 的部件仍有维修的需要。

对跨海桥梁进行适应性评定时,其承载能力、通行能力、抗洪能力应周期性地进行评定,评定周期一般为3~6年,评定工作可与桥梁的定期检查、特殊检查结合进行。详细评定方法见《公路桥梁承载能力检测评定规程》(JTG TJ21—2011)。

3) 桥梁养护与加固

对于桥梁的养护,在公路规范中有具体的条款。而针对出现缺陷及承载力不足的桥梁,其加固的设计方法和施工要求在《公路桥梁加固设计规范》(JTG/T J22—2008)和《公路桥梁加固施工技术规范》(JTG/T J23—2008)已有明确的要求。这两部规范由中交第一公路勘察设计研究院有限公司主编,由交通运输部公布,将作为公路工程行业推荐性标准,于2008年10月1日起正式实施。

两部规范以出现缺陷及承载力不足的桥梁为对象,对各种桥梁加固的计算方法及构造设计、施工工艺等做出具体规定,是进行桥梁加固质量检验与评定的重要依据。这是我国在公路桥梁加固领域中首次以规范的形式,对公路桥梁加固的设计和施工技术进行规定。规范反映了近年来国内外在桥梁加固工程中所采用的新技术、新材料、新工艺的发展水平,以及该领域未来的发展状况,吸收了国内在桥梁加固工程方面的先进经验,是具有中国特色、操作性较强的技术性法规,对我国桥梁加固市场形成行业权威性技术标准具有重要意义。

2. 《公路桥梁技术状况评定标准》(JTG/T H21—2011)

《公路桥梁技术状况评定标准》(JTG/T H21—2011)较原有《公路桥涵养护规范》(JTG H11—2004)在评价模型上有很大改进,尤其是由原来各部件缺损状况以经验为主的评价方法,改进为现在的分层综合评定与5类桥梁单控指标相结合的方法。新标准评定模型更加优化、合理,因此桥梁技术状况评定结果的准确性大大提高,但相应的工作量也大大增加。在桥梁评定时先对桥梁各构件进行评定,然后对桥梁各部件进行评定,再对桥面系、上部结构和下部结构分别进行评定,最后进行桥梁总体技术状况评定。评定指标如图8-2所示。

该规范的改进如下所述:

(1) 按不同桥型进行桥梁评定分类,并细化了不同桥型的部件分类。

考虑到桥梁上部结构类型的复杂性和多样性,为了准确地对桥梁结构的技术状况进行评定,该标准将桥梁上部结构分成梁式桥、拱式桥、悬索桥、斜拉桥等四部分加以介绍,并根据不同类型桥梁上部结构的特点对部件分类加以细化,使初学者使用起来更加方便。这样使本规范更加具有可操作性和实施性,这点是较《公路桥涵养护规范》(JTG H11—2004)是一个明显改善和提高的地方。

(2) 根据不同桥型的部件类型制定评定细则,评定指标量化。《公路桥梁技术状况评定标准》(JTG/T H21—2011)根据不同的桥梁构件对桥梁技术状况的影响程度不同,将桥梁结构分成主要部件和次要部件两大部分。其各项评定指标规定

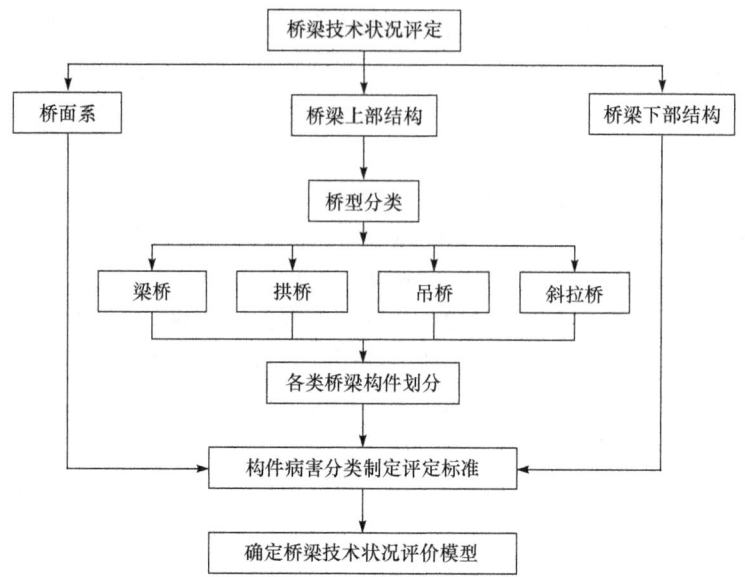

图 8-2 《公路桥梁技术状况评定标准》(JTG/T H21—2011)技术状况评价体系

了定性和定量指标，进行评定时需综合考虑定性指标和定量指标，如果实际情况不能同时满足这两项指标，那么按照最不利原则进行划分，使桥梁检测评定的指标更加准确、明晰，有助于提高检测结果的准确度。

(3) 5 类桥单控指标。考虑到主要部件和其他部件的关键病害对桥梁结构安全至关重要，为了突出安全因素的影响，《公路桥梁技术状况评定标准》(JTG/T H21—2011)制定了各类桥梁的 5 类桥单项控制指标，通过桥梁的关键病害确定桥梁的技术状况等级，以引起管理者的重视，及时、认真地进行养护维修，确保安全。在桥梁检查中，只要发现符合本部分规定的任一情况，就应将整座桥技术状况评定为 5 类。新标准中本部分内容的增加，明确了 5 类技术状况单控评定指标，对保证公路桥梁结构的安全运营有非常重要的意义。

8.2.2 城市桥梁管养技术分析

1. 《城市桥梁养护技术标准》(CJJ 99—2017)

《城市桥梁养护技术标准》(CJJ 99—2017)在加强城市桥梁养护工作、维护城市桥梁设施、保障城市桥梁完好和安全运行及提高城市桥梁的养护水平等方面具有十分重要的意义。本规范适用于已竣工验收后交付使用的城市桥梁的养护，不适用于轻轨高架桥梁的养护。

城市桥梁的养护应包括城市桥梁及其附属设施的检测评估、养护工程及建立档案资料。

为了及时掌握桥梁的基本情况，并采取相应的养护措施，对使用中的桥梁必须按照规定进行检测评估。检测评估的内容主要包括记录桥梁当前状况，了解车辆和交通的改变给设施运行带来的影响，跟踪结构与材料的使用性能变化，对桥梁状态评估提供相关信息，给养护、设计与建设部门提供反馈信息。

城市桥梁的检测评估应根据其内容、周期、评估要求分为经常性检查、定期检测和特殊检测。经常性检查主要应对桥面系及附属结构物的外观、上下部结构物的异常变化、各类交通标志的完好情况进行检查，其周期应按照桥梁的类别、级别、技术等级分别制定。定期检测分为常规定期检测和结构定期检测。常规定期检测应每年一次，可根据城市桥梁实际运行状态和结构类型、周边环境等适量增加检测次数。结构定期检测应在规定的时间间隔进行，Ⅰ类养护的城市桥梁宜为3～5年，关键部位可设仪器监控测试；Ⅱ～Ⅴ类养护的城市桥梁间隔宜为6～10年。城市桥梁在下列情况下应进行特殊检测：

(1) 城市桥梁遭受洪水冲刷、流冰、漂流物、船舶或车辆撞击、滑坡、地震、风灾、火灾、化学剂腐蚀、车辆荷载超过桥梁限载的车辆通过等特殊灾害造成结构损伤。

(2) 城市桥梁常规定期检测中难以判明是否安全的桥梁。

(3) 为提高或达到设计承载等级而需要进行修复加固、改建、扩建的城市桥梁。

(4) 超过设计年限，需延长使用的城市桥梁。

(5) 常规定期检测中桥梁技术状况Ⅰ类养护的城市桥梁被评为不合格的桥梁，Ⅱ～Ⅴ类养护的城市桥梁被评定为D级或E级的桥梁。

(6) 常规定期检测发现加速退化的桥梁构件需要补充检测的城市桥梁。

特殊检测应由相应资质的专业单位承担，主要检测人员应具有5年以上桥梁专业工程师资质。

2. 《城市桥梁检测与评定技术规范》(CJJ/T 233—2015)

《城市桥梁检测与评定技术规范》(CJJ/T 233—2015)是《城市桥梁养护技术标准》(CJJ 99—2017)对于结构检测工作的延伸，主要针对桥梁结构的承载能力和耐久性两项要求展开。该规范作为城市桥梁技术状况评估的重要支撑，围绕城市桥梁管养中的关键工作之一桥梁结构承载能力评定，并仅针对桥梁主要承载结构的检测及其检测内容进行评定。对于桥梁的经常性检查以及定期检测中目测等其他检测、桥梁整体技术状况一般性评估以及通行能力、排洪能力等桥梁适应性评估需按照其他相关标准执行。

8.2.3 规范对比

虽然适用的对象不同，但城市规范和公路规范各有特点，在这里对两个规范进行对比研究，明确两个规范检评体系的异同。

1. 检测计划的比较

城市规范和公路规范一样，都根据桥梁检测的深度、内容不同将桥梁检测划分为三大类别：经常性检查、定期检测和特殊检测。比较两规范，可以发现两规范对检测类别划分的出发点、层次基本一致，且规定各类别检测的深度和内容也基本相同。在城市规范中明确提出结构定期检测的概念，结构定期检测应在规定的时间间隔进行，结构定期检测根据桥龄、交通量、车辆载重、桥梁使用历史、已有技术评定、自然环境及桥梁临时封闭的社会影响制订详细计划。

2. 状态评定等级比较

城市规范提出了养护类别概念，将城市桥梁分为5类，根据桥梁在城市中的重要性安排养护，见表8-4。

表 8-4 城市桥梁等级划分

城市桥梁等级	说明
Ⅰ类	特大桥和特殊结构的桥
Ⅱ类	城市快速路网上的桥梁
Ⅲ类	城市主干道上的桥梁
Ⅳ类	城市次干道上的桥梁
Ⅴ类	城市支路和街坊上的桥梁

公路规范没有特定的养护类别分类。两种规范均分等级来对全桥技术状况加以评定，采用考虑全桥各构件权重的综合评定方法。

在城市规范中，Ⅰ类养护的桥梁技术状态分为2个等级，即合格和不合格。Ⅱ～Ⅴ类养护的城市桥梁技术状况的评估方法是根据定期检测的结构进行的评估，桥梁技术状态分为5个等级，以城市桥梁状况指数(bridge condition index, BCI)分类：

A 表示完好状态，BCI 达到 90～100，应进行日常保养。

B 表示良好状态，BCI 达到 80～89，应进行日常保养和小修。

C 表示合格状态，BCI 达到 66～79，应进行专项检修后保养、小修。

D 表示不合格状态，BCI 达到 50～65，应检测后进行中修或大修工程。

E 表示危险状态，BCI 小于 50，应检测评估后进行大修、加固或改建工程。

公路规范中桥梁技术状态分为 5 个等级，以全桥结构技术状况评分 D_r 分类。

一类：完好及良好状态，$D_r \geq 88$。

二类：较好状态，$88 > D_r \geq 60$。

三类：较差状态，$60 > D_r \geq 40$。

四类：差的状态，$D_r < 40$。

五类：危险状态，$D_r < 40$。

可见，按级也好，按类也好，两个规范都划分成五类，因而也有大致对等的关系，但是也有区别，如公路规范的三类实际对应的应该是城市规范的 D 级，因为两个规范提出了三类和 D 级的养护对策都有中修，而两者关于中修的定义又没有差别。那么显然，公路规范的四类和五类就只有城市规范的 E 级可对应了，根据这一标准，实际上可以提出细化分类的概念。

3. 比较小结

概括起来，可以发现如下特点：

(1)《公路桥梁技术状况评定标准》(JTG/T H21—2011)在公路规范桥梁评定的一般评定基础上，按照桥梁各部件不同材料、结构形式进行桥型分类，并可根据桥梁结构形式的分布情况划分评定单元。划分桥型的评定方法使桥梁技术评定工作比较规范化。

(2) 公路规范和城市规范不仅在桥型划分上比较欠缺，而且对各个构件的关注程度比较低，对于桥梁的技术状况评定主要是由工程师的经验来确定的。《公路桥梁技术状况评定标准》(JTG/T H21—2011)把病害定位到每个构件，不仅有比较精确的数据来源，也可以监督检测工作的精细程度。《公路桥梁技术状况评定标准》(JTG/T H21—2011)根据不同桥型各部(构)件不同特点细化了检查指标，对桥梁病害分别从定性和定量两个方面描述，且针对各检查指标制定了相应的评定标准。

(3)《公路桥梁技术状况评定标准》(JTG/T H21—2011)考虑了不同部件对桥梁技术状况影响程度不同，将桥梁结构分成两大部分，分别为主要部件和次要部件；提出了 5 类桥梁技术状况单向控制指标(共 14 项)，桥梁符合 5 类桥单项控制指标则可以直接评定为 5 类。具体对比见表 8-5。

表 8-5 规范对比

对比项	公路规范	城市规范	《公路桥梁技术状况评定标准》
评定方法	加权算术平均、加权几何平均	层次分析法、算术平均法、单项指标控制	分层综合评定与单项指标控制相结合
评定层次	2 个层次：部件缺损评定、全桥综合评定	4 个层次：构件评定、部件评定、单元评定、全桥评定	4 个层次：构件评定、部件评定、单元评定、全桥评定

续表

对比项	公路规范	城市规范	《公路桥梁技术状况评定标准》
评定界限值	一类[88,100] 二类[60,88] 三类[40,60] 四类、五类(0,40)	A类[90,100] B类[80,90] C类[60,80] D类[50,60] E类[0,50]	1类[95,100] 2类[80,95] 3类[60,80] 4类[40,60] 5类[0,40]
主观性	主观性很大	主观性较小	主观性很小
桥型划分	无桥型划分	无桥型划分，但列举典型桥型的构件权重	桥型划分具体，梁式桥、挑式桥、悬索桥、斜拉桥分类别评定
精细程度	分部件概述病害	无病害描述	分桥型精细描述病害
单项控制指标	无单项控制指标	列举14项可以评为D级桥的单项指标	列举14项可以评为5级桥的单项指标(条款与城市规范不同)
主要优点	操作简单，采用广泛	计算方法客观	计算方法客观，分桥型评定，病害描述具体
主要缺点	主观性大，要求工程师有丰富经验，缺少单项控制指标，构件权重不完善	完全采用算术平均，淹没较差构件，在桥梁出现明显危害前有安全隐患	构件评分要求检查每个构件，工程量过大

8.3 桥梁养护的技术

8.3.1 桥梁养护工作依据

跨海桥梁养护工作不仅需要执行国家及行业发布的有关桥梁养护的标准、规范等规定，还需要严格执行国家现行的有关强制性标准的规定。

8.3.2 桥梁养护单元划分

将特定的某跨海桥梁作为一个养护单元。桥梁管理部门应对养护单元建立完备的"跨海桥梁基本状况卡片"，对其技术状况进行动态管理。

8.3.3 桥梁养护工作流程

跨海桥梁养护包括三大内容：文档和信息资料管理、检测评估、养护维修，其养护技术流程如图8-3所示。

跨海桥梁建成通车后，即处于管理与维护的状态，桥梁的养护管理应涉及桥梁的整个生命周期，包括设计、施工、运营。

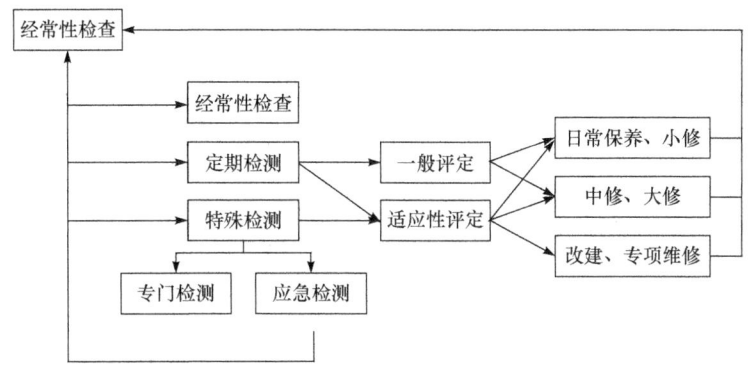

图 8-3 跨海桥梁养护流程

在设计施工阶段应该着重收集跨海桥梁原始资料,设计时对跨海桥梁养护方面的考虑以及设计对跨海桥梁养护的建议,施工阶段重点管理施工过程中结构构件原始数据,包括受力、位移、温度等初始数据。

8.3.4 桥梁养护计划与组织

1. 养护计划

跨海桥梁管理单位在桥梁管理信息系统的辅助下,制订年度养护计划,主要内容包括桥梁现状调查、已实施养护项目反馈及评估、拟实施养护项目、预算资金及使用、具体运作方式等。养护计划应依据桥梁的检测,尤其是定期检测和相应的桥梁技术状况评定结果,要求充分考虑经济与费用因素,并报相关部门审批。

2. 养护组织

为应对越来越多的跨海桥梁管理和频繁的养护维修任务,应建立科学合理的组织形式,明确参与养护工作各机构的职责、权利和义务。建议跨海桥梁管理与养护实施的体系分离开,借助市场化运作,建立专业的和有资质的独立养护公司和检测机构,以便获得足够的养护资金,并使资金发挥有效的作用。

8.3.5 桥梁养护作业安全

养护人员在桥梁养护过程中,应根据具体情况配备必要的防护用品,可配备的安全防护用品一般有安全帽、安全衣、安全眼镜、应急工具箱、安全带或安全索、手套、口罩、防毒面具等。在养护检查中,若感觉有不适状况(如皮肤刺痒、头昏、心烧等),应立即暂停操作(另换别人接替),并到医务机构及时检查、治疗。

对于委托外单位施工进行的专项工程或大中修养护工程,施工单位应携带相关资料,到跨海桥梁路政、交警进行养护施工申报,经审核同意后,方可进行施工。施工单位进行养护施工前必须做好各项安全工作，施工场地应按规范摆放安全标志与标牌，施工人员应穿戴安全标志服、帽，施工车辆应严格按要求行驶。

8.3.6 桥梁健康监测

跨海桥梁健康监测是现代桥梁科学管理和养护的重要手段和内容，也是对大型桥梁的运营安全管理实现可控化、可视化和警示化的重要保障技术。鉴于各国对大型生命线工程安全度的深度关注，国内外的许多大型跨海桥梁已经或将配置相应的健康监测系统。

特别对一些重要的独立大桥或者健康等级较低且已有一定隐患的桥梁，健康监测系统已是桥梁养护管理不可缺少的装备。

通过跨海桥梁健康监测系统，管理部门可以实时地监测结构的受力响应。当跨海桥梁的受力状况超过预警值或者发生意外导致结构的内力和变形出现问题时，系统可及时地将相关信息提供给当地的跨海桥梁管理部门，以便及时有效地决策和处置，对结构实施掌控。

为了达到上述目标，一个现代化的桥梁健康监测系统将是一个多学科、多组成、多功能的系统，该系统通过桥梁检测(监测)—信号处理—结构分析—损伤识别—可靠性评估等多种途径，对结构行为进行全面评估，达到安全预警的目的。因此，"健康监测"一词实际上就是泛指对结构的受力行为和内在损伤实施例行检查的程序。因此，有效的健康监测系统对跨海桥梁养护管理开展具有非常积极的意义。

8.4 桥梁日常管理

8.4.1 桥梁日常作业管理

1. 桥面日常作业

(1) 应每日定时打扫桥面卫生，保持桥面清洁。桥面不得有污物及丢弃的杂物。每天应安排专人进行清扫并将废弃物运至指定场所。

(2) 须经常检查排水管有无堵塞，及时清除排水管中堵塞的泥土杂物。应保持排水设施的状态良好，防止雨水不能及时排出而浸蚀桥梁结构中的钢构件等，甚至导致更大危害。检查排水管有无破损，接缝处有无漏水，对已经出现的破损及时修复或更换。

2. 跨海桥梁结构日常维护

跨海桥梁养护单位负责桥面设备、钢结构各部件、混凝土各构件、附属及安全检查设施的日常检查、观测及适量的保养工作。

桥面日常维护内容包括以下项目：

(1) 钢结构涂装的检查、修补。
(2) 混凝土箱梁检查(含止水带、排水管支座、裂纹、封端)。
(3) 桥面铁路线路维护、保养。
(4) 主梁的日常检查清扫。
(5) 拉索外观、拉索锚端的检查。
(6) 主塔及内部设施的日常检查。
(7) 伸缩装置的检查保养。
(8) 各种连接零件的涂油更换。
(9) 支座的清扫、涂油、整平，排水坡的整修。
(10) 桥面各类电缆线路、电缆槽道的维护。
(11) 桥面检查及维护。
(12) 各类高、低压电缆线路、变压器、配电柜的检查维护。
(13) 桥上照明系统的定期检查维护。
(14) 清理和修补排水管。
(15) 整修危及人身安全的安全检查设备。
(16) 人行道板、墩梯栏杆的维护涂装。
(17) 钢梁检查小车的检查维护。
(18) 桥梁健康监测系统日常观测和维护。
(19) 及时消除可能危及行车安全的病害。

3. 桥梁监测点日常管理

(1) 桥墩测点保护。
(2) 其他水准、高程等测点的保护。
(3) 健康监测点及仪器保护。

4. 桥梁作业安全管理

作业人员上桥作业时必须按规定佩戴劳保用品，确保人身安全。

5. 桥梁日常巡查管理

(1) 跨海桥梁养护单位应按巡查要求进行检查人员的培训，使其掌握巡视和检查技术，并配备必要的设备。

(2) 跨海桥梁养护单位除认真进行桥梁外业巡查外，还应按周、月统计、汇总桥梁病害，并报送日常巡查周报表及月报表和电子资料。若巡查发现桥梁重大险情或明显影响列车行车安全的桥梁隐患，应在24h内迅速上报。

8.4.2 桥梁技术档案管理

跨海桥梁管养单位应建立健全桥梁档案管理制度，大力应用桥梁管理系统，及时更新跨海桥梁技术数据，保证跨海桥梁技术档案真实完整，实现电子化管理，设专人对桥梁的技术资料按国家科技档案管理相关规定进行管理。

桥梁技术档案资料包括桥梁基础资料、管理资料、检查资料、养护维修资料及特殊情况资料等。

1. 跨海桥梁基础资料

(1) 全套桥梁设计施工文件(含各设计变更)、竣工文件和技术总结。

(2) 施工过程中的有关试验检测、科研资料及验收文件和通车试验报告。

(3) 工程事故处理资料。

(4) 施工全过程的结构位移或变形测试资料。

(5) 历次沉降观测记录或监测点(部件)资料。

(6) 交(竣)工验收资料(管养单位应参加交(竣)工验收)。

(7) 通车前后的监控资料(尤其是通车后的前三年资料)、日常管理及检查维修记录等。

2. 跨海桥梁管理资料

管养单位(桥梁养护受托单位)人员基本资料。桥梁养护管理进度计划及执行情况。

3. 跨海桥梁检查资料

(1) 经常性检查和定期检查结果、养护对策建议、特殊检查建议报告和检查结果、定期观测点监测结果、健康观测系统监测资料、养护建议计划，以及检查的时间、人员等基本资料。

(2) 特殊检查还包括检测方案、检测报告、检测资料等。

(3) 资料应包括文字资料、照片、录像或多媒体资料等。

4. 跨海桥梁养护维修资料

(1) 经常性保养工程的实施技术资料和养护质量评定结果，以及工程实施的时间、组织实施人员等。

(2) 跨海桥梁的综合维修、大修工程的设计图纸、竣工图纸、施工资料、监理资料、监控资料、质量事故处理报告、交(竣)工验收等技术资料，以及设计、施工、监理、监控等各方的资质证书、业绩证明及主要检测人员的资格证书(复印件)等。

5. 跨海桥梁特殊情况资料

这类资料包括地质灾害、气象灾害、超限运输等特殊事件的具体情况、损害程度、处治方案等。

(1) 应设专人对技术档案资料进行管理。管理工作除应按国家及行业要求,还应按桥梁管理单位关于科技档案管理的有关条文办理。

(2) 所检查的文档应及时归档,资料(如病害处理等)应及时更新。上述资料及桥梁基本状况卡片、历次检查检测资料等均应作为永久性档案保存。

(3) 基本资料缺失时,应根据历年检查、养护资料,逐步建立和完善其技术档案,必要时安排有针对性的检测、试验或特殊检查,补充或完善桥梁技术资料。

8.5 桥梁检查

8.5.1 一般规定

检查是系统掌握设备状态的重要手段,为做好跨海桥梁养护和维修工作提供主要依据,并能及时发现和分析病害,根据分析结果采取有效的防治措施,是跨海桥梁安全运营的重要保障。

桥梁检查分为经常性检查、定期检查、特殊检查和专项检查。桥梁设备检查重点、内容、方法可按照大维修规则的规定办理。为保证各项检查结果的准确可靠,必须认真执行各项检查制度,仔细做好记录,建立有关台账。

8.5.2 经常性检查

经常性检查主要是对跨海桥梁桥面设施、上部结构、下部结构及附属结构的技术状况进行检查;主要针对外表可见的病害和缺陷,检查设备状态变化较快和直接影响行车的部位,并对已发生的病害定时观测,是桥梁维修养护部门日常工作内容之一。

(1) 经常性检查采用目测的方法,或配以简单工具进行测量。

(2) 经常性检查一般由基层管理单位对设备按照规定的周期和频次检查一遍,汛期还应加强不定期检查。桥梁有严重病害时,由上级管理部门组织有关人员进行联合检查。

(3) 经常性检查应当场填写"桥梁检查记录表",登记所检查项目的缺损类型、估计缺损范围及养护工作量,提出相应的维修养护措施,并编制有关计划,由该桥的养护部门实施。

(4) 对缺损情况的记录和描述可结合摄影或录像进行,并作为记录资料保存。

8.5.3 定期检查

定期检查主要是对跨海桥梁主体结构及其附属构造物的技术状况进行定期跟踪的全面检查,评定桥梁技术状况等级。它是跨海桥梁养护管理系统中采集结构技术状况动态数据的工作,为评定桥梁使用功能、制订养护维修计划提供基本数据。定期检查要求有实践经验丰富的桥梁养护工程师参加。

定期检查是以目视观察为主,并使用专门仪器和设备对桥梁的关键部位和主要构(部)件每隔一定时间进行一次的详细检查。定期检查的内容虽然包括一些经常性检查的内容,但比经常性检查的内容全面、深入、详细。定期检查时,必须接近或进入各部件仔细检查其功能及材料的缺损情况。定期检查一般一年一次。

8.5.4 特殊检查

1. 特殊检查的定义与检查时机

特殊检查是指在特定情况下对跨海桥梁技术状况进行鉴定,以查清跨海桥梁的病害原因、破损程度、承载能力或抗灾能力等。

(1) 对跨海桥梁结构有损害的意外情况发生时或发生后的观测和检查,以及对建桥或运营阶段有较大缺陷的修复部位的检查均属于特殊检查。

(2) 特殊检查应根据跨海桥梁的类型、破损状况和性质,采用适当的仪器设备,以及现场勘探、试验等特殊手段和科学分析方法,查明跨海桥梁的破损情况和承载力,确定跨海桥梁的技术状况,找出破损和病害原因,以便采取相应的加固、改善和修复措施。

(3) 跨海桥梁在下列几种情况下应做特殊检查:①跨海桥梁遭受重大风险灾害,如风灾、船舶撞击、地震等;②在定期检查中难以判明损坏原因及程度的跨海桥梁;③要求提高载重等级的跨海桥梁;④病害严重的跨海桥梁。

2. 检查方法与要求

(1) 特殊检查应根据桥梁的破损状况和性质,采用仪器设备进行现场测试、荷载试验及其他辅助试验,针对桥梁现状进行检算分析,形成鉴定结论。

(2) 特殊检查的技术要求较高,承担者必须拥有相应的仪器设备和试验分析手段,具有较深厚的专业知识和判断结构工作状态的丰富经验。

(3) 实施专门检查前,负责检查的工程师应充分收集资料,包括设计资料(设计文件、计算所用的程序、方法及计算结果)、竣工图、材料试验报告、施工记录、历次桥梁定期检查和特殊检查报告,以及历次维修资料等。原始资料如有不全或疑问时,可现场测绘构造尺寸,测试构件材料组成及性能等。

3. 特殊检查的内容

1) 火灾过后的检查

若因行驶在桥上的车辆(如油罐车)发生意外等一系列原因引起火灾,火灾过后,一定要做仔细检查。查清火灾原因,确定受火灾影响的范围和部位。

检查主要内容包括:

(1) 火灾影响范围的跨海桥梁各构件是否受损。

(2) 对跨海桥梁线形进行测量,判断桥梁是否仍然达到设计要求。

2) 风灾后的检查

台风期间,保持与气象部门的紧密联系,在桥上安装风速风向观测仪,自动记录风速时间变化的历程曲线,收集台风最大风速、风向和风力攻角资料。台风过后,仔细检查跨海桥梁伸缩装置是否开裂,是否产生不可恢复的变形,主要结构是否受损。同时检查主桥各支座是否处于正常位置及完好状态,桥上各种设备、设施是否完好有效。

3) 地震后的检查

(1) 地震过后要认真检查桥梁各部位的完整性。检查结合部位是否完好,主梁是否有损伤、各类支座是否偏离原位或遭到损坏,设备、设施是否完好。

(2) 检查防震设施是否完好。

4. 鉴定与报告

(1) 桥梁特殊检查应根据需要对以下三个方面问题进行鉴定:

① 跨海桥梁结构材料缺损状况,包括对材料物理、化学性能退化程度及原因的测试鉴定;结构或构件开裂状态的检测及评定。

跨海桥梁结构材料缺损状况鉴定,可根据鉴定要求和缺损的类型、位置,选择表面测量、无破损检测和局部取试样等有效可靠的方法。试样应在有代表性构件的次要部位获取。

② 跨海桥梁结构承载能力,包括对结构强度、稳定性和刚度的检算、试验和鉴定。跨海桥梁结构检算及承载力试验应按国家及行业有关标准和技术规范进行。

结构承载能力鉴定可采用结构分析和静力荷载、动力荷载试验对比的方法。静力荷载试验是桥梁承载能力鉴定最基本的方法。它通过布置在控制截面或部位的传感器,应用仪器测取结构承受静力荷载的变形、应力、内力、裂缝、温度等资料,对结构的强度、刚度及稳定性进行分析,在与计算值或规范值进行比较分析后，可以给出承载能力的评价。桥梁的动力荷载试验用于测定其动力性能，主要是在动载作用下的受迫振动特性及桥梁结构的自振特性。

③ 跨海桥梁防灾能力，包括跨海桥梁抵抗风、地震及其他地质灾害等能力的检测鉴定。跨海桥梁抗灾能力鉴定一般采用现场测试与检算的方法，特别重要的桥梁可进行模拟试验。

原设计条件已经变化的，所有鉴定都应针对当时跨海桥梁的实际状况，不能套用原设计的资料数据。

(2) 特殊检查的报告可根据试验任务书或委托合同的具体要求来编写，但应包括以下内容：

① 概述检查的一般情况，包括桥梁的基本情况、检查人员的组织、检查时间、背景和工作过程等。

② 描述目前的桥梁技术状况，包括现场调查、试验与检测的项目及方法、检测数据与分析结果和桥梁技术状况评价等。

③ 详细阐述检查部位的损坏程度、影响程度及原因，评估桥梁继续使用的安全性。

④ 提出结构部件和总体的维修、加固或改建建议方案，并提出维修管理措施。

检查报告必须由检查负责人签字，检查单位盖章方为有效。

8.5.5 专项检查

专项检查主要针对影响行车安全性、对跨海桥梁结构有重大影响的内容做单项检查。根据检查内容首先进行现场勘察，必要时采用专门的仪器设备或试验等特殊手段和科学分析方法，查明跨海桥梁影响范围及程度、病害原因、破损程度和承载能力，以便采取相应的加固、改造措施。专项检查主要包括以下内容。

1. 限界检查

为了掌握桥梁净空情况，应重点进行跨海桥梁限界检查，限界检查每 3~5 年检查一遍。在检查前应先检查线路中心线是否与设计符合，必要时进行拨正。根据检查结果给出桥梁综合最小限界图，并填写"桥隧综合最小建筑限界尺寸表"及"区段桥隧综合最小建造限界尺寸表"。当发现结构有变形或修理加固后，应立即检查该跨海桥梁的限界。当影响原有最小尺寸时，应修正限界图并报上级部门。

2. 挠度和拱度测量

跨海桥梁主桥至少每年夏季及冬季分别测量挠度和拱度两次(固定测点位置)。测量挠度时，可先测动荷载所产生的挠度，必要时再复测静荷载所产生的挠度。通过对桥梁的线形测量，一方面了解结构线形变化与时间、温度的关系及其数值的大小；另一方面通过测量观测及时消除桥上线路的不平顺状态，确保行车安全。

3. 跨海桥梁动力特性测试

由跨海桥梁结构的动力特性变化可评判结构损伤程度及行车安全性，因此应定期对跨海桥梁结构动力特性进行测试确保结构和行车安全。

4. 墩塔变形测量

(1) 为求得边墩、辅助墩和主塔位移及下沉的绝对值，墩塔标高应与桥梁附近国家水准点相联系，基准线在观测区以外应有控制系统。

观测工作一般每年一次，经多年观测基本稳定时，可每隔几年观测一次。观测资料应妥善保存并积累制出图表，以分析了解其变化趋势。

(2) 固定测点一般应设在墩塔顶面的两端，使全桥能通视。为保证观测精度，应设置强制归心装置，其"标心"既是仪器固定点，又是垂直位移和平面位移的观测点。

(3) 为正确掌握墩塔所发生的微小变形，观测应尽可能使用精密仪器及相应的配套设施。墩塔间距离的变化可使用激光或者雷达测距仪等。

(4) 检查墩塔及基础是否存在严重病害，可通过测量墩塔顶水平横向振动，与同类型墩相比，观测其波形、振幅和频率来判定病害程度。

8.5.6 桥梁检定与试验

为了进一步掌握桥梁技术状态，了解结构特性，查明病害情况，由跨海桥梁主管部门组织桥梁检定队，对大跨度、新型结构、出现严重病害和受外界损伤危及行车安全的跨海桥梁进行检定与试验，以确定桥梁的承载、抗震能力，分析病害原因及危害程度，提出加固的措施意见。

1. 检定周期与注意事项

跨海桥梁应每隔3～5年检定一次，若出现严重病害、自然灾害损伤，可能危及行车安全的，应及时检定。

2. 跨海桥梁检定的主要任务

跨海桥梁检定工作按公路规范的有关规定进行，其主要任务如下：
(1) 确定跨海桥梁的承载能力，规定其运用条件。
(2) 调查、分析桥梁病害，提出养护措施和整治意见。

(3) 对提报加固、换梁、改建的跨海桥梁进行技术状态检定,提出意见。

(4) 对提速条件下的长期运营性能进行试验评估,对加固后跨海桥梁进行竣工检定。

(5) 积累跨海桥梁的技术资料,为加强科学管理和提高跨海桥梁检定技术水平创造条件。

3. 报告

跨海桥梁经检定后,应提出检定报告,主要内容包括:

(1) 跨海桥梁的历史与特征。
(2) 跨海桥梁及养护中存在的问题,提出整治意见。
(3) 跨海桥梁各部分的承载能力。
(4) 跨海桥梁的抗震能力。
(5) 跨海桥梁结构的实际工作状态。
(6) 跨海桥梁的运用条件。

跨海桥梁竣工移交时,检定试验报告应作为交接验收资料的一部分;检定报告应分送档案室及有关单位,报上级部门存查。

8.6 桥梁检查的实施

8.6.1 桥梁检查项目的编码

1. 编码目的

根据技术手册详细汇总桥梁检查项目,测算跨海桥梁年度检查经费,为跨海桥梁年度检查检测提供参考依据,提高跨海桥梁的管理标准化水平,便于跨海桥梁养护管理资料的数字化管理。

2. 编码要求

根据跨海桥梁技术手册和历年实际检测工作及其方案,尽可能不漏项,以养护单元(每座桥梁)为单位建立跨海桥梁检查项目表格,一个养护单元一张表。

3. 检查项目编码

跨海桥梁管养单位应完善各养护单元"跨海桥梁基本状况卡片",将有关信息输入数据库,建立永久性档案。

跨海桥梁检查项目编号:①线路编号+②桥梁编号+③检查部位编号+④构件编号+⑤检查项目编号+⑥总序号,共16位数字。

1) 线路编号(××)

由两位数字组成,如 01, 02, 03, …。

2) 跨海桥梁编号(×××)

由三位数字组成,第一位数字表示桥型,如拱桥为1,斜拉桥为2,简支梁桥为3,连续梁桥为4等;第二位、第三位数字为相同线路上同类型跨海桥梁编号,如 01, 02, 03, …。

3) 检查部位编号(××)

由两位数字组成,如 01, 02, 03, …。

4) 构件编号(×××)

由三位数字组成,在 001~999 任意选择没有重复的编排,按顺序编排。

5) 检查项目编号(×××)

由三位数字组成,在 001~999 任意选择没有重复的编排,按顺序编排。

6) 总序号(×××)

由三位数字组成,在 001~999 任意选择没有重复的编排,按顺序编排。

4. 检查类别编码

由两位数字组成,见表 8-6。

表 8-6　检查类别编码

序号	检查类别	编号	备注
1	经常性检查	1	—
2	定期检查	2	—
3	特殊检查	3	—
4	专项检查	4	—

8.6.2　桥梁主要检查项目的检查方法

1. 桥面系和附属设施检查

1) 线路检查

跨海桥梁桥面直接关系到车辆行驶的安全性及舒适性,桥面铺装层的检查分为结构巡查和结构定期检查。结构巡查建议两周一次。定期检查按照不同的季节采取不同的检查频率:建议每年夏季、冬季进行两次检查,由专业单位实施。检查包括路面破损状况、路面平整度及路面抗滑能力等三项内容。将每条车道划分成几个小的区段,逐区段封闭交通进行检查,在此基础上完成逐条车道的检查,从而将检查对交通的影响控制在最小范围。

2) 伸缩缝检查

需定期对伸缩缝单个部件进行检查，建议每年夏季、冬季进行两次检查，检查高温及低温伸缩缝的工作情况，以发现可能出现较大损坏的隐患。特殊检查和定期检查应由专业技术人员负责实施。如需更换非金属元件(包括密封条)，只需进行部分交通管制，用简单的工具即可进行，所有的非金属材料是通过其形状或定位装置进行定位。金属件的更换可通过支承耳环的开口部分实现。

3) 护栏检查

(1) 对栏杆钢立柱与支承钢板及其他连接部位焊缝、螺栓进行重点检查，检查焊缝是否出现裂纹，螺栓是否缺失、损坏。

(2) 栏杆各钢构件是否发生掉漆、锈蚀，各连接接头有无松动。

(3) 栏杆各伸缩段的伸缩是否自由及满足梁体伸缩需求。

4) 排水设施检查

(1) 检查桥面排水系统构件是否保持完好，汇水管连接处构件是否破损及缺失。

(2) 桥面的泄水管、排水及汇水槽是否存在堵塞现象，如有堵塞应及时疏通并经常保持排水的畅通。

(3) 桥面是否存在积水现象，检查梁体的底面是否存在渗水现象，并判断桥面防水层及接缝是否失效。

5) 照明、交通安全设施检查

(1) 照明系统的设施是否完好并处于正常工作状况。

(2) 电压是否稳定。

(3) 灯光亮度及照明效果是否正常。

(4) 航空障碍灯能否正常工作。

(5) 配电房内的变压器、配电盘、开关及智能控制系统等能否正常工作等。

(6) 灯具损坏应及时更换。

(7) 检查交通标志是否完好、醒目、牢固，标志板是否整洁、无裂纹和残缺，交通标线、标牌字体是否清晰，不得脱落。

6) 钢梁检查车的检查

检查车在使用过程中应经常对其自身及运行状况进行观察，主要内容包括：

(1) 行走时轮轨之间的对中情况，各轮组与轨道的接触状况。

(2) 上、下游两侧的轮组在走行及制动时的同步状况。

(3) 车轮和轨道的磨损情况。

(4) 长期闲置后须检查其主要受力构件及制动、传动部件的锈蚀情况，经试运行确认无异常时方能投入正常使用。

(5) 检查车停止使用时必须用铁链将车轮与轨道之间锁定,避免意外溜滑。

检查轨道在使用过程中应经常对其自身状况进行观察,防止连接螺栓松动、焊缝开裂等情况出现,以保证能正常工作。

此外,应定期对轨道的连接螺栓进行检查,防止连接螺栓松动:

(1) 检查吊架的锈蚀情况和焊缝情况,检查车结构件的防腐要求与钢梁要求相同。

(2) 梁、吊架及轨道间的连接螺栓有无松动,螺母是否有脱落现象。

7) 钢箱梁通风除湿系统检查

钢箱梁通风除湿系统由除湿机、混合箱、排风系统、湿度采集系统和控制系统五部分构成。检查方法如下:

(1) 定期巡查。定期进入设备安装现场,对除湿设备外观、环境、运行状态进行巡视或简单的功能测试。

(2) 定期维护。按照设备运行要求,定期进入设备安装现场,为防止出现突发故障,延长设备寿命,对除湿设备采取必要的维护措施,如除尘、更换皮带、更换过滤网、加注润滑油、拆解维护等小、中、大维修维护项目,使系统设备处于更好的工作状态,降低系统故障率。

(3) 定期检测。定期进入设备安装现场,测试各项性能指标,对除湿系统进行功能定级,为预防性维护、申请更换设备零部件或整改提供维护维修依据。

2. 钢结构检查

钢结构包括钢箱梁、钢构件、其他附属结构,钢结构检查主要采用经常性检查和定期检查结合的形式。

1) 钢构件外观检查

钢构件外观检查主要是对杆件的平直度、有无碰损、变形等进行检查,同时应注意区别施工时受碰撞的硬弯和因受力变形的弯曲,做好详细记录并绘制示意图,做好标记。具体为:

(1) 外观保持清洁,没有锈痕,油漆未脱落。

(2) 泄水孔应畅通。

(3) 没有强烈碰撞、变形及锤击痕迹。

2) 钢结构裂纹检查

裂纹检查主要为目测法和敲击法,为定期检查。发现裂纹应立即做好标志,通报原设计单位,并记录其详细部位及长度、绘制示意图,分析原因并采取加固措施(可两端钻小孔,具体措施可根据原设计单位意见确定)。

目测法:注意漆膜表面的变化,如发现漆膜开裂脱落,油漆表面鼓起且颜色较深处应作为可疑之处，可用刮铲铲去漆皮，观察焊缝及邻近漆膜状态，根据情况判断，如刮下的油皮分成两半或留下锈痕则说明此处存在裂缝，将可疑处漆膜除净用10倍放大镜检查。

敲击法：用包有橡皮的木槌轻轻敲击钢梁的节段杆件，如发音不清脆、不洪亮及传音不均或突然中断，可肯定此处有缺损。

3) 焊缝检查

焊接在钢结构中起着重要的作用，应定期对拼接焊缝进行检查，观察有无裂纹产生。

焊缝经常检查只需要常规的放大镜、小槌、数码相机等工具；探伤检查则需要专业设备，可以委托相关有资质的单位进行。

焊缝裂纹检查与钢梁裂纹检查方法类似，对钢梁焊缝进行目测、敲击方法检查，检查为定期检查。

(1) 目视法：观察焊缝及邻近漆膜状态，发现可疑处，将漆膜除净，用4～10倍放大镜观察。

(2) 硝酸酒精浸蚀法：将可疑处漆膜除净、打光、洗净(用丙酮或苯)，滴上浓度5%～10%的硝酸酒精(该浓度视钢材表面光洁度而定，光洁度高时，浓度宜低)浸蚀，若有裂纹则有褐色显示网。

(3) 着色探伤法：将可疑处漆膜除净、打光、洗净，吹干后喷涂渗透液。隔5～10min，最长30min(时间根据光洁度和气温而定)后，用洗净液除去多余的渗透液、擦干，再喷涂显示液，在缺陷处即可显示红色形象。

若发现裂纹，须进一步由专业检测人员，使用专用仪器测定裂纹深度与性质，会同专家及设计人员共同分析，研究解决。

焊缝探伤常用磁粉检测及超声波检测。焊缝磁粉检测和超声检测按照《焊缝无损检测　焊缝磁粉检测　验收等级》(GB/T 26952—2011)和《缝无损检测　超声检测　技术、检测等级和评定》(GB/T 11345—2013)的规定进行评定，检查为专业检查。

(1) 磁粉探伤：首先将被检焊缝局部充磁，焊缝中便有磁力线通过。对于断面尺寸相同、内部材料均匀和磁力线分布均匀的焊缝，当焊缝表面或内部有裂纹、气孔、夹渣等缺陷时，磁力线将绕过磁阻较大的缺陷，产生弯曲。此时在焊缝表面撒上磁粉，磁力线将穿过表面缺陷上的磁粉，形成"漏磁"，磁粉就被吸附在缺陷上，根据被吸附磁粉的形状、多少、厚薄程度，便可判断缺陷的大小和位置。

(2) 超声探伤：利用焊缝中的缺陷与正常组织具有不同的声阻抗(材料体积质量与声速的乘积)和声波在不同声阻抗的异质界面上反射，通过超声波时会产生反射现象来发现缺陷。探伤时由探头中的压电换能器发射脉冲超声波。通过声耦合介质(水、油、甘油或浆糊等)传播到焊件中,遇到缺陷后产生反射波,然后再用另一个类似的探头或同一个探头接收反射的声波,经换能器转换成电信号,放大后显示在荧光屏上或打印在纸带上。根据探头位置和声波的传播时间(荧光屏上回波位置)可求得缺陷位置;反射波的幅度可以近似地评估缺陷的大小。质量标准:超声波探测焊缝的方向越多,波束垂直于缺陷平面的概率越大,缺陷的检出率也越高,其评定结果也越准确。

(3) 超声相控阵技术:超声相控阵换能器的设计基于惠更斯原理。换能器由多个相互独立的压电晶片组成阵列,每个晶片称为一个单元,按一定的规则和时序用电子系统控制激发各个单元,使阵列中各单元发射的超声波叠加形成一个新的波阵面。同样,在反射波的接收过程中,按一定规则和时序控制接收单元的接收并进行信号合成,再将合成结果以适当形式显示。超声相控阵技术一般步骤为:首先选择超声波相控阵形式,一般选择为线性探头;选择耦合剂,一般选择均值流体,如工业浆糊;表面涂装补偿测试;测试焊缝长度测点标记;超声相控阵仪器测试并记录。

4) 高强螺栓检查

高强度螺栓检查,主要了解各节点高强度螺栓漏装、断裂、缺失情况,以及高强度螺栓欠拧、漏拧和松动情况等,高强螺栓外观检查为经常性检查,采用目测法和敲击法;定期对螺栓残余应力进行检查,一般对重点部位进行抽查,每年一次,需要专业检查工具。高强度螺栓有以下两种检查方法:

(1) 目测法。对高强度螺栓进行外观检查,观察螺栓附近的漆膜状态,若发现个别螺栓头或螺母周围漆膜开裂脱落,或流锈水,则可认为螺母与节点发生了相对移动,造成表面涂装漆膜破裂,说明该螺栓可能存在欠拧、漏拧或松动现象。

(2) 敲击法。采用小槌敲击螺母,通过声音判断螺栓使用情况。螺栓拉力采用螺栓拉紧器进行测试。螺栓拉紧器由一个带高精度压力表的手动液压千斤顶和一个连接在螺杆上的拉伸头组成。在测试前,液压千斤顶经过标定,得出油压与拉力的相关曲线。拉伸时根据油压即可测出螺栓的拉力。定期检查高强度螺栓,防止个别高强度螺栓出现滑移、松动,甚至延时断裂脱落现象。对发现有松动螺栓的螺栓群,应该扩大该螺栓群的检查数量,以确定此螺栓群螺栓的使用情况,保证其正常工作。

5) 防腐涂装检查

涂膜粉化、露底、裂纹、剥落、吐锈等都是涂装失效的现象。涂膜失效的判定有以下几种常规检查鉴定方法:

(1) 肉眼观察。通过肉眼观察,可以发现明显的面漆粉化、露底或龟裂、起泡、剥落、锈蚀等。对于细小的裂纹及针尖状的吐锈等,可借助放大镜检查。另外，若漆膜表面有不正常的鼓起(角落部位用光照射有凹凸不平时)，下面可能有锈蚀。

(2) 用手触摸。用手指揩擦漆膜表面，若有粉末沾手，则表示漆膜粉化。角落隐蔽部位若手摸感到粗糙、凹凸不平，则可能有锈蚀存在。

(3) 刮膜检验。对于有怀疑的部位，可铲除表面漆膜检查钢料是否锈蚀。若有漆膜脱皮，则可用刮刀检查其失效范围。用刮刀铲起漆膜，若漆膜呈刨花卷起，底漆色泽鲜艳，则说明漆膜良好；若漆膜用刮刀一触即碎或呈粉末状，底漆色泽暗淡，或一并带起，则说明漆膜已经或接近失效。

(4) 滴水检验。在漆膜表面喷水，若水珠很快流淌，无渗透现象，则漆膜完好；若水很快往里渗透或扩散，则表示漆膜粉化，渗水深度即为漆膜失效的厚度。

涂膜表面劣化检查：依据《色漆和清漆　涂层老化的评级方法》(GB/T 1766—2008)检查油漆涂层的完好程度、锈蚀情况，按照该方法，钢结构油漆涂层的老化评级有 11 项规定，包括失光、变色、粉化、开裂、起泡、生锈、剥落、长霉、斑点、泛金和玷污等。

涂膜厚度检查：钢梁构件表面油漆干膜厚度的检测采用覆厚仪，采用巧点法的平均值测量误差。测量方法和要求参照《热喷涂涂层厚度的无损测量方法》(GB/T 11374—2012)进行。该仪器可无损伤地测量磁性金属基体上非磁性覆盖物的厚度(如油漆层)。其基本原理为，当测头与覆层接触时，测头和磁性金属基体构成一闭合磁路，由于非磁性覆盖层的存在，磁路磁阻变化，通过测量其变化可计算覆盖层的厚度。该仪器测量范围为 $0\sim1250\mu m$，低限分辨率为 $1\mu m$。

涂膜的附着力是指漆膜与被涂物表面之间通过物理和化学反应作用结合在一起的牢固程度。附着力是一个多种因素影响后的综合特性，常用方法有十字划格法、交叉切痕法、划圈法、剥落试验检测法。

(1) 十字划格法：用刀片在试板上按要求划切成十字方格，观看其漆膜的脱落情况来评定其附着力的好坏。按国家标准《色漆和清漆　漆膜的划格试验》(GB/T 9286—1998)方法进行具体操作。

(2) 交叉切痕法：与十字划格法原理基本相同，只是划痕图形不同，但有的国家也列入了标准。

(3) 划圈法：按国家标准规定的采用附着力测定仪具体测定其涂膜的附着力。目前，划圈法附着力测定仪采用硬度很高的可长期使用的耐磨针头。有自动报信针尖划破刺透涂膜的装置，提高了检测准确性。

(4) 剥落试验检测法：主要测定把涂膜从被涂物表面剥落下来所需的功或拉开一定面积涂膜所需的力。

漆膜的硬度是漆膜力学性能中最重要的性能之一。其实质是漆膜抗击外力而不致使本身遭到破坏的能力。在测定漆膜的硬度时，最常用的方法有四类，即摆杆阻尼硬度法、铅笔硬度法、划痕硬度法和压痕硬度法。

摆杆阻尼硬度法的工作原理是接触涂膜表面的摆杆以一定周期摆动时，表面软则摆杆摆幅的衰减快，表面硬则摆杆摆幅的衰减慢。国家标准《色漆和清漆　摆杆阻尼试验》(GB/T 1730—2007)规定，在色漆、清漆及有关产品的单层或多层涂层上进行摆杆阻尼试验，测定其阻尼时间的标准方法来表示漆膜的硬度。A法采用国际标准《色漆和清漆——摆杆阻尼试验》(ISO 1522：2006)利用科尼格(Kenig)和拍萨兹(Persoz)两种摆杆或阻尼试验仪；B法采用双摆杆或阻尼试验仪。

铅笔硬度法是采用已知硬度标号的铅笔刮划涂膜，以铅笔的硬度标号表示涂膜硬度的测定方法，可采用试验机法，也可采用手动法。其中手动法因测试材料便宜易得，测试方法简便直观而更易推广和自测。测试材料是一组中华牌高级绘图铅笔，从9H到6B具有不同的硬度，9H最硬，6B最软。将铅笔削去木杆部分，使铅芯露出约3mm，用砂纸磨至端面平整、边缘锐利，待用。铅笔与底板成45°角，以此铅笔刮划涂膜表面，以笔芯不折断为度，在涂抹面上推压，速度约为1cm/s，每刮划一道，要对笔芯进行重新研磨，对同一硬度标号的铅笔重复刮划五道。如果有两道或两道以上的涂膜未被擦伤，则换用前一位铅笔硬度更高标号的铅笔进行同样的试验。划破两道或两道以上的铅笔，记下这个铅笔硬度的标号，将此标号后一位硬度标号作为该涂膜的铅笔硬度。

划痕硬度法是在划针上加一定的负荷进行试验，按特定的要求评价涂层性能(通过或不通过)，或者逐渐增加划针上的负荷，测定划透涂层所需要的最小负荷。

涂层的压痕硬度法是指抵抗压头压入涂层的能力。在一定的荷载下，涂层硬度越高，其抵抗压头压入涂层的能力就越强，涂层的压痕就越小。

6) 检查记录

若检查中发现钢梁涂装失效，应详细记录钢梁涂装失效的类型、涂装失效钢构件的位置、失效范围和面积，并拍摄照片及填写检测表格，以供管养部门掌握桥梁涂装体系现状，及时进行相应养护维修。

3. 混凝土结构检查

混凝土结构构件包括混凝土主梁、桥塔、墩柱和基础，混凝土梁主要病害表现为混凝土梁体裂纹和钢筋锈蚀，混凝土的主要缺陷是裂纹，同时还有蜂窝、漏筋、孔洞、层析、剥落、保护层厚度不够等缺陷。

影响混凝土结构耐久性的主要病害是混凝土开裂，从裂缝中侵入的水汽或有腐蚀的介质，将导致钢筋锈蚀、混凝土开裂剥落，故检查的重点是混凝土的开裂情况，应重点检查混凝土构件受力部位，如混凝土桥面板行车道部分、墩顶两支座之间墩身顶部是否出现裂纹、桥面板与钢梁连接局部渗水现象，检查应全面、细致。对于混凝土板及桥墩的检查，一方面可以在无车时检查板、桥墩的裂纹、空洞、露筋、渗水等病害；另一方面在列车通过时观测梁板、桥墩位移的变化，裂缝是否有开合现象，除对有病害的部位做好观测标志外，还应量出裂纹长、宽及位置，标注其他病害情况并绘制平面展示图，以便在下次检查中进行比较，对病害比较严重或尚在发展的部位应视情况增加检查次数并进行监测。

1) 混凝土缺陷检查

混凝土缺陷检查主要采用目测法，主要为经常性检查和定期检查相结合，检查的项目包括：

(1) 蜂窝、麻面、空洞、剥落检查。检查由原施工过程中混凝土振捣不足等造成混凝土本身形成的蜂窝状孔洞、小凹坑、内部空穴等。

(2) 混凝土碳化检查。检查由大气环境作用所引起的构件表面混凝土松散、碳化。

(3) 钢筋外露、锈蚀检查。检查由混凝土剥落、掉块、开裂，保护层较小等原因造成的梁体内钢筋外露并锈蚀的情况。

(4) 裂缝检查。检查混凝土是否出现或将要出现的开裂及开裂情况，记录开裂部位、走向、长度与宽度范围，是否存在渗水现象，判断该部位裂缝是否为结构性受力裂缝。

(5) 混凝土表面平整度。检查是否有明显的施工接缝。

(6) 检察在行车作用下，结构是否存在明显变形、振动或摆动过大。

(7) 检查在桥墩部位，其桥面铺装是否存在对应的桥面贯通横向裂缝，初步判断桥墩是否存在不均匀沉降现象。

2) 裂缝检查

裂缝检查为定期检查，主要包括裂缝分布、裂缝数量、裂缝宽度、裂缝长度的检查。

对发现的裂缝用带刻度的 5 倍放大镜检查其宽度，并用酚酞液或其他方法检查裂纹深度和长度，做好标记和建档，定期观察有无发展变化，同时利用无损检测法检查混凝土缺陷损伤的程度。

(1) 裂缝宽度检查。

检测人员根据肉眼判断裂缝的种类和宽度，对于由作用效应产生的裂缝，要进一步地对裂缝宽度进行测量和记录。裂缝宽度测量采用电子裂缝宽度测量仪，该裂缝宽度测量仪采用电子视频技术，在观测裂缝时不受裂缝位置及周围光线的限制，估读精度为 0.01mm，也可以采用刻度显微镜进行测量。

(2) 裂缝深度。

如果裂缝宽度超过规范要求，需进一步对相应裂缝进行裂缝深度的测量，裂缝深度测量采用超声波检测中的同面法。

裂缝深度测量原理如下：当超声波从一种介质传播到另一种介质时，在两种介质的分界面上，一部分能量反射至原介质内，另一部分能量则透过分界面进入第二种介质继续传播。而超声波探测裂缝的原理，是利用混凝土与裂缝中的空气是两种声阻差别很大的物质，根据两介质折射、反射率的计算可知，尽管裂缝中的空气层很薄，但声波还是几乎100%反射回混凝土中，透过的能量很小。而低频超声波具有绕射的特征，当发射探头和接收探头平置于裂缝两侧的混凝土表面时，低频超声波可以从裂缝的尾端绕过而进行传播，从所测得超声波传播时间，可以确定裂缝的存在并计算裂缝的深度。

3) 混凝土碳化检测

混凝土中的氢氧化钙遇水后，会解离为钙离子及氢氧根离子，因此混凝土的pH一般为12~14，在此pH下钢筋表面会形成一层具有保护性的钝化膜。然而，空气中的酸性物质会降低混凝土的碱度，其原先的pH降低到7~9，这就是混凝土的中性化。中性化不仅使混凝土失去保护钢筋的作用，且破坏钢筋表面的钝化膜，使钢筋在低碱度的环境下产生锈蚀。中性化的另一作用是会加速混凝土的收缩，产生龟裂与结构破坏，对桥梁结构的影响值得注意与防护。混凝土碳化检测为定期检查。

测定混凝土中性化深度及中性化区域(碳化深度及区域)的方法为酚酞试剂测试，混凝土碳化检测是在指定位置凿或敲除一小块混凝土(2cm×2cm×2cm)，除尘干燥后，在新凿的混凝土表面喷撒酚酞试剂，观察试剂颜色的变化，以判断其碳化(中性化)深度。酚酞试剂在pH 8.5以上的碱性环境中会变为红色，而在pH小于8.5的环境中则为无色，实际测定则以剖面的分界点来判定中性化深度。

4) 混凝土强度检测

混凝土强度检查主要有回弹法、超声回弹综合法、钻取芯样法、后拔出法四种检测方法。混凝土强度检测为定期检查，至少3年检查一次。

(1) 回弹法检测混凝土强度。

回弹法检测混凝土强度就是用回弹仪测出各测区的回弹值，利用回弹值与混凝土抗压强度之间的相关性，推算评估混凝土的强度。

回弹法是采用回弹仪的弹簧驱动重锤，通过弹击杆弹击混凝土表面，并以重锤被反弹回来的距离(回弹值指反弹距离与弹簧初始长度之比)作为强度相关指标来推算混凝土强度的一种方法。回弹法测定结构混凝土的基本依据，就是回弹值与混凝土抗压强度之间的相关性。这种相关性以基准曲线或经验公式的形式予以确定。

计算测区平均回弹值时，应从该测区的16个回弹值中剔除3个最大值和3个最小值，然后将剩下的10个回弹值平均，求得测区平均回弹值，回弹仪非水平方向检测混凝土浇筑侧面或回弹仪水平方向检测混凝土浇筑表面时，应对混凝土回弹值进行修正。

根据测区混凝土平均回弹值及平均碳化深度,用相关表格即可查得测区混凝土强度换算值。由各测区的混凝土强度换算值可计算得出结构混凝土的强度平均值。

(2) 超声回弹综合法检测混凝土强度。

超声回弹综合法检测混凝土强度,是目前我国使用较广的一种结构中混凝土强度非破损检测方法,它较之单一的超声或回弹非破损检测方法具有精度高、适用范围广等优点。超声回弹综合法就是在各个测区先进行回弹测试,再进行超声测试,然后对混凝土强度进行推定的方法。

(3) 钻取芯样。

测定混凝土的抗压强度,由于结构或构件部位的条件、所处位置的影响,钻取芯样的数量通常比较少,作为抽检混凝土强度均匀性及内部缺陷的指标,此检测方法对混凝土有一定破坏,一般不采用。

(4) 后装拔出法。

后装拔出法检测混凝土强度是指在已硬化的混凝土表面钻孔磨槽嵌入锚固件,并安装拔出仪进行拔出试验测定极限拔出力,根据预先建立的拔出力与混凝土强度之间的相关关系检测混凝土强度,应用后装拔出法前应通过专门试验建立测强曲线,此检测方法对混凝土有一定破坏性。

5) 钢筋检查

钢筋检查主要包括保护层厚度、钢筋锈蚀、钢筋数量的检查,该检查为专业性检查,可以自己购置设备检查,也可以委托相关有资质的单位进行检查。

钢筋保护层厚度的检测及钢筋数量的检查:钢筋保护层厚度检测是采用钢筋探测仪检验第一层钢筋排列位置及钢筋保护层厚度是否符合规定,同时测出钢筋分布,有时还能较准确地测出钢筋的直径。钢筋锈蚀严重影响桥梁的承载能力,会加速桥梁的损坏。钢筋锈蚀检查采用的方法是半电池电位法。钢筋锈蚀仪测试原理就是半电池电位法,主要是根据混凝土中钢筋锈蚀的电化学反应所引起的电位变化来确定钢筋的锈蚀状态。钢筋锈蚀电位评定参考见表 8-7。

表 8-7 钢筋锈蚀电位评定参考

电位水平/mV	钢筋状态
0~−200	无锈蚀活动性或锈蚀活动不确定性
−200~−300	有锈蚀活动性,但锈蚀状态不确定,可能锈蚀
−300~−400	有锈蚀活动性,发生锈蚀概率大于 90%
−400~−500	锈蚀活动性强,严重锈蚀可能性极大
<−500	构件存在锈蚀开裂区域

检测过程中同时通过凿出测区内钢筋,查看锈蚀情况进行对比检查,以验证测试数据的准确性,并且在检测完毕后对混凝土凿出部分进行修补处理。

6) 预应力筋检查

预应力筋破坏通常是氢致开裂导致的,开裂主要原因包括材料的特性及所处状态、长期高拉应力、有腐蚀介质。预应力筋检查时注意锚头周围混凝土开裂情况,检查方法同钢筋。

4. 支座检查

支座采用经常性检查与定期检查结合的形式,经常性检查主要检查外观缺陷,定期检查主要检查伸缩情况。

为了确保支座能够保持预期的受力和变形性能,应严格地进行定期检查,维护防腐保护层,监视支座滑移面材料的磨耗情况,根据检查结果确定是否更换支座材料。

通常在支座的每次检查之前,应将支座仔细清理干净,并对每次检查的结果认真做记录。在支座检查过程中,首先应检查支座是否有损伤发生(包括支座防腐油漆)。如果没有发现可见的损伤,支座的位置也处于正常范围,此时应测量支座的实际位置。如果发现有可见的损伤或位置的偏差、变形或裂缝等现象,就应做记录,并对支座的位移、变形和转动情况进行详细测量。

1) 支座外观检查

检查支座构件的完整情况,有无断裂、错位和脱空现象。平面滑板是否清洁、有无锈蚀、伸缩部位是否有堵塞现象;固定螺栓是否松动,有无弯曲及剪断现象,并对支座限位功能进行检查;支座与梁身、支撑垫石是否密贴;四氟滑板有无窜动、是否变形;检查钢板损害变形等情况。

2) 伸缩检查

检查梁体在支座部位是否能按结构设计要求自由伸缩,位移量是否符合设计。检查方法就是在伸缩部位做环形油漆标注,观测一天内最高温度与最低温度的变化量,同时观察在车辆行驶时其伸缩状态,特别在制动时刻观测大桥纵向位移变化的极限值。在每个季节的不同气温下查看支座纵向位移状况,每个季度至少检查一次。

3) 支承垫石检查

注意支承垫石与桥墩连接部位是否出现裂缝,混凝土表面是否出现裂缝,支承垫石混凝土剥落、塌陷、破碎、松散等病害;支座钢板与垫石连接是否牢靠紧密。

5. 跨海桥梁检定试验

运营中的特殊结构、技术复杂的桥梁,应根据相关规定确定跨海桥梁检定试验的周期。当跨海桥梁出现严重病害，可能危及行车安全时，应及时进行检定。

1) 跨海桥梁静载试验

跨海桥梁静载试验主要是通过测量桥梁结构在静力荷载作用下各控制断面的应力及结构变形，从而确定跨海桥梁实际工作状态与设计期望值是否相符，它是检验跨海桥梁性能及工作状态(如结构的强度、刚度)最直接、最有效的办法。跨海桥梁静、动载试验为专业检查，应该委托有资质的检测单位进行检测。

根据主要试验目的，拟定相应静载试验测试项目如下。

(1) 主梁控制截面在试验荷载下的应变(应力)。应力是衡量跨海桥梁结构强度的一个重要指标。

(2) 主梁控制截面在试验荷载下的最大挠度。挠度是衡量整体跨海桥梁结构实际刚度的重要指标之一。

(3) 试验荷载作用下，主梁端及墩顶沿纵桥向的水平位移。

(4) 试验荷载作用下，杆件的内力分布。

(5) 试验荷载作用下，既有裂缝状态的变化。

2) 桥梁脉动试验

试验模态分析(experimental modal analysis, EMA)又称为模态分析的试验过程，即首先试验测得激励和响应的时间历程，运用数字信号处理技术求得频响函数(传递函数)或脉冲响应函数，得到系统的非参数模型；其次，运用参数识别方法，求得系统模态参数；最后如果有必要，进一步确定系统的物理参数。

脉动法目前逐渐成为桥梁模态测试的主要方法，测试原理简述如下：在桥梁上布置高灵敏度的拾振器(如加速度、速度或位移传感器)，长时间记录结构由环境激励(如风、水流、地脉动、人的活动等)引起的振动，同步采集信号然后进行谱分析，求出结构自振特性的一种方法。将环境中的各种扰动视为输入信号；大桥被视为放大器，它对输入信号中等于其固有频率的分量做出响应，并阻尼其他分量；传感器采集到的信号被视为大桥输出信号，将其变换到频域，峰值将对应于桥梁的固有频率。由于采用环境随机激励测试，无法控制和测量输入信号。为防止输入信号中某些过大的频率分量造成伪峰，选取一个参考点，将各采集点的信号频率上各点分别除以参考点频域上对应的各点，得到相对幅值和相位差。这样就消除了伪峰的干扰，可以根据尺度化后频谱上的峰值确定固有频率。各采集点信号在固有频率上的幅值构成了该频率的振型。幅值的方向由相位差确定，小于180°的振型方向与参考点相同，大于180°的振型方向与参考点相反。脉动试验假设环境激励为平稳的各态历经，在中低频段环境振动的激励谱比较均匀，在环境激励的频率与桥梁的自振频率一致或接近时，桥梁容易吸收环境激励的能量，使振幅增大；而在环境激励的频率与桥梁自振频率相差较大时，由于相位差较大，有相当一部分能量相互抵消，振幅较小。对环境激励下桥梁的响应信号进行多次功率谱的平均分析，可得到桥梁的各阶自振频率及阻尼比，再利用各个测点的振幅和相位关系，可求得各阶频率相应的振型。

梁体脉动试验采用传感器进行测定，各传感器试验前均进行标定；传感器信号采用四合一放大器进行数据采集，并用工程分析软件进行分析与处理。

随着振动测试技术的快速发展，传统的测试仪器已进行了改进，如多功能的抗混、滤波、放大器(电压、电荷放大)等硬件设备已被研制出来，并应用于现场测试的实践中。

3) 跨海桥梁强迫振动试验

强迫振动是由外界周期性的干扰力作用所引起的受迫振动。跨海桥梁的强迫振动具有以下特点：

(1) 强迫振动是在外界周期性干扰力的作用下产生的，强迫振动的频率总与外界干扰力的频率相同或呈倍数关系。

(2) 强迫振动振幅的大小在很大程度上取决于干扰力的频率。与跨海桥梁结构固有频率 ω_0 的比值为 ω/ω_0。当 $\omega/\omega_0=1$ 时，振幅达到最大值，此现象称为"共振"。

(3) 强迫振动振幅的大小除与 ω/ω_0 有关外，还与干扰力、结构刚度及阻尼系数有关：干扰力越大、系统刚度和阻尼系数越小，则振幅越大。

(4) 强迫振动的位移变化总是比干扰力在相位上滞后一个相位角，其值与结构的动力特性及干扰力频率有关。

此处跨海桥梁强迫振动试验，是指桥跨在载重车辆作用按某种行驶方式下，连续获取车辆行驶过程中桥跨关键截面(最大响应位置)的动应变、动挠度或振幅等的时程响应。

8.6.3 桥梁检查工作大纲

1. 上部结构检查工作大纲

上部结构检查工作分为 21 项，分别为：混凝土箱梁关键受力部位、表面和内表面病害检查(表 8-8)，钢箱梁关键受力部位、外表面和内表面病害检查(表 8-9)，钢结构裂纹检查(表 8-10)，钢结构焊缝检查(表 8-11)，钢结构涂装层检查(表 8-12)，高强螺栓检查(表 8-13)，拉索梁端保护罩积水情况检查(表 8-14)，拉索锚头附近混凝土裂纹情况检查(表 8-15)，拉索 PE 护套破损情况检查(表 8-16)，拉索风振、雨振情况检查(表 8-17)，拉索锚杯、锚头防腐情况检查(表 8-18)，拉索两端减振装置检查(表 8-19)，拉索索力检查(表 8-20)，索导管污损情况检查(表 8-21)，塔顶偏移检查(表 8-22)，塔柱混凝土病害检查(表 8-23)，缆索外观检查(表 8-24)，缆索结构检查(表 8-25)，吊索外观检查(表 8-26)，吊索内力检查(表 8-27)，锚碇情况检查(表 8-28)。

表 8-8 混凝土箱梁关键受力部位、表面和内表面病害检查

检查类别	定期检查
检查内容	关键受力部位在梁跨中、支点和变截面处,检查这些关键部位表层缺陷及内部缺陷,表层缺陷有裂缝、破损、蜂窝、剥落、钢筋锈胀等,内部缺陷有混凝土强度不足、钢筋保护层不足等
检查方法	首先目测表面缺陷,并对病害性质、形状、发展趋势做好记录;若混凝土结构开裂,采用专用仪器对裂缝宽度、深度进行检测,混凝土保护层测量采用钢筋探测仪进行,对探测发现保护层较薄或异常部位进行记录
使用工具	裂纹观测仪、便携式超声波数显检测仪、数码相机、钢筋探测仪、记号笔、钢卷尺等
检查周期	1 年

表 8-9 钢箱梁关键受力部位、外表面和内表面病害检查

检查类别	定期检查
检查内容	关键受力部位在梁跨中、塔梁连续处、墩顶支点处、钢混结合处,检查这些关键部位钢构件表层缺陷、焊缝开裂及钢梁变形、损伤等
检查方法	目测,并对病害性质、形状、发展趋势做好记录
使用工具	记号笔、钢卷尺、数码相机
检查周期	1 年

表 8-10 钢结构裂纹检查

检查类别	定期检查
检查内容	钢箱梁、钢构件、附属设施钢构件等裂纹检查
检查方法	目测法、10 倍放大镜法、敲击法。该项检查为抽检,每次在不同部位抽查,当发现有梁裂纹出现时,应增大检测范围
使用工具	裂缝观测仪、钢卷尺、记号笔、小槌、放大镜、数码相机
检查周期	1 年

表 8-11 钢结构焊缝检查

检查类别	特殊检查
检查内容	焊缝外观缺陷、焊缝内部缺陷
检查方法	用裂缝观测仪对焊缝逐条进行观测,对有损伤裂缝的构件和焊缝应经常观测其发展情况,用记号笔标上颜色,并对裂缝起止位置和缝宽等情况进行详细记录,同时拍摄图片资料,并委托相关单位对重要部位对焊缝质量进行检查
使用工具	裂缝观测仪、数码相机、钢卷尺、记号笔、焊缝质量专业检测仪器
检查周期	1 年

表 8-12　钢结构涂装层检查

检查类别	定期检查
检查内容	钢结构涂装表层劣化检查(失光、变色、粉化、开裂、起泡、剥落、长霉、斑点、玷污)，以及涂层厚度、附着力、硬度检查，该项检查为抽检，当发现有缺陷时，应增大检测范围
检查方法	检查人员目测或者用望远镜观测，若发现锈蚀情况应拍照并文字描述锈蚀位置和严重程度，并估计锈蚀面积；对检查过程中出现有较大面积污损应及时进行清洁；用专用仪器检查涂层厚度、附着力和硬度
使用工具	望远镜、数码相机、记号笔、钢卷尺、放大镜、直尺、清洁工具、漆膜厚度仪、刀具、直尺、铅笔
检查周期	1 年

表 8-13　高强螺栓检查

检查类别	定期检查
检查内容	检查结构连接处高强度螺栓油漆是否脱落，螺栓是否出现锈蚀，螺母、垫圈是否出现破裂，螺栓是否由于欠拧和漏拧导致松动，是否出现延迟断裂等病害现象
检查方法	目测法、敲击法
使用工具	数码相机、钢卷尺、0.2kg 锤子、记号笔
检查周期	1 年

表 8-14　拉索梁端保护罩积水情况检查

检查类别	经常检查
检查内容	抽查梁端保护罩积水情况
检查方法	打开梁端保护罩，检查内部积水情况
使用工具	扳手、螺丝刀、锤子
检查周期	3 月

表 8-15　拉索锚头附近混凝土裂纹情况检查

检查类别	定期检查
检查内容	检查下锚头附近是否有裂缝、剥落等现象，若有此类病害情况，要观测病害的发展趋势
检查方法	目测待检部位是否有裂缝、剥落等现象，若有裂缝，用记号笔标出裂缝前端，以便观测裂缝的发展，采用专用仪器检测裂纹宽度和深度
使用工具	裂缝观测仪、数码相机、记号笔、钢卷尺等
检查周期	1 年

表 8-16　拉索 PE 护套破损情况检查

检查类别	定期检查
检查内容	检查索体的保护层有无硬化、开裂、撕破等现象,若有撕破现象则察看钢丝的锈蚀情况
检查方法	目测
使用工具	望远镜、数码相机
检查周期	3 年

表 8-17　拉索风振、雨振情况检查

检查类别	特殊检查
检查内容	观察拉索在风雨天气下振动是否明显,减振措施是否损坏失效,防护套是否破坏,当桥上发生 6 级以上大风后,应检查拉索有无异常。为了分析拉索的振动,应记录桥上风力、风速、风向和温度、湿度资料,并进行分析
检查方法	目测
使用工具	望远镜、数码录像机
检查周期	临时

表 8-18　拉索锚杯、锚头防腐情况检查

检查类别	定期检查
检查内容	上锚头、下锚头是否锈蚀,其程度如何
检查方法	打开每个锚头防护装置检查
使用工具	扳手、螺丝刀、锤子等
检查周期	1 年

表 8-19　拉索两端减振装置检查

检查类别	经常检查
检查内容	观察减振器结构部分的状况,连接螺栓有无松动,结构构件有无机械性损伤,以及减振器的防水情况和橡胶老化变质情况
检查方法	目测
使用工具	数码相机
检查周期	3 月

表 8-20　拉索索力检查

检查类别	定期检查
检查内容	全桥或局部拉索索力测试
检查方法	现场测试，委托有资质的单位检测
使用工具	动态测试设备(如索力动测仪、拾振器等)
检查周期	2年

表 8-21　索导管污损情况检查

检查类别	经常性检查
检查内容	索导管污损、缺陷、锈蚀、病害等检查
检查方法	检查人员身着反光背心，沿桥梁两侧步行目测巡视检查，检查方式以目测为主，辅以简单工具
使用工具	清扫工具、皮尺、钢卷尺、数码相机
检查周期	3月

表 8-22　塔顶偏移检查

检查类别	定期检查
检查内容	塔顶偏位和倾斜度，倾斜度是否在允许范围内
检查方法	在主塔的塔柱顶部和上横梁以上1～1.5m处的塔柱侧壁上埋设永久性塔柱变位观测点，利用离主塔较近的基准点定期测定高塔柱的变位幅度大小和变位规律
使用工具	全站仪
检查周期	1年

表 8-23　塔柱混凝土病害检查

检查类别	定期检查
检查内容	塔柱表层缺陷及内部缺陷，表层缺陷有裂缝、破损、蜂窝、剥落、钢筋锈胀等，内部缺陷有混凝土强度不足、钢筋保护层不足等
检查方法	首先目测表面缺陷，并对病害性质、形状、发展趋势做好记录；若混凝土结构开裂，采用专用仪器对裂缝宽度、深度进行检测，混凝土保护层测量采用钢筋探测仪进行，对探测发现保护层较薄或异常部位进行记录
使用工具	裂纹观测仪、便携式超声波数显检测仪、数码相机、钢筋探测仪、记号笔、钢卷尺等
检查周期	1年

表 8-24 缆索外观检查

检查类别	经常性检查
检查内容	检查漆膜损坏情况,包括开裂、粉化、碎片、针孔或剥落等,密封胶有无开裂、鼓包、剥落等病害,主缆油漆有无气泡、剥落,索夹滴水口有无渗水现象
检查方法	检查人员目测或用望远镜观测,若发现锈蚀情况应拍照并文字描述锈蚀位置和严重程度,并估计锈蚀面积;对检查过程中出现有较大面积污损应及时清洁
使用工具	望远镜、数码相机、记号笔、钢卷尺、放大镜、清洁工具、漆膜厚度仪、刀具、直尺、铅笔
检查周期	1月

表 8-25 缆索结构检查

检查类别	定期检查
检查内容	主缆索股端部拉力测点;锚固端外观检查包括表面油漆脱落、锈蚀以及位置改变等;锚固端受力检查包括螺帽松动、螺杆及索股内力等
检查方法	测定主缆索股端部内力有三种办法:靠结构监测系统设在锚杆上的应力传感器直接测定拉杆拉力;用环境随机振动方法测定锚跨索股自振频率再换算索股拉力(委托专业检测单位测量);用液压千斤顶测定拉杆拉力
使用工具	跨海桥梁健康监测系统、液压千斤顶
检查周期	1年

表 8-26 吊索外观检查

检查类别	经常性检查
检查内容	检查吊索锚头、叉耳、销子等是否锈蚀,检查吊索下锚头是否积水,检查吊索聚乙烯护套、密封胶层的完好情况,检查减振架是否有锈蚀,检查吊索的振动情况
检查方法	目测
使用工具	望远镜、数码相机、清扫工具、皮尺、钢卷尺
检查周期	1月

表 8-27 吊索内力检查

检查类别	定期检查
检查内容	吊索内力变化情况
检查方法	吊索内力测定方式有两种:①利用结构健康监测系统进行实时监测,在部分吊索索体中间部位安装加速度传感器,采集振动频率,通过相应公式计算吊索索力。②对全部吊索(钢丝绳吊索除外)使用环境随机振动测量方法进行定期检查,由自振频率计算吊索内力
使用工具	跨海结构健康监测系统、加速度仪
检查周期	1年

表 8-28 锚碇情况检查

检查类别	经常性检查
检查内容	锚室内湿度是否正常；锚碇中各预埋铁件和锚杆是否存在缺漆、锈蚀、脱焊、松动或缺损现象；锚室内各类标志、通信、照明、排风是否完好，有无缺损；锚碇周围的回填和各排水设施有无沉降、滑移和断裂；混凝土表面有无裂缝、渗水、表面风化剥落、露筋、空洞和钢筋锈蚀，是否存在硅碱反应引起的龟裂现象
检查方法	观测表面缺陷，并对病害性质、形状、发展趋势做好记录，记录各部件缺损状况
使用工具	湿度检测仪、裂纹观测仪、便携式超声波数显检测仪、数码相机、钢筋探测仪、记号笔、钢卷尺等
检查周期	3 月

2. 下部结构检查工作大纲

下部结构检查工作分为 3 项，分别为桥墩墩身混凝土病害检查(表 8-29)、桥墩墩身倾斜度检查(表 8-30)、桥墩沉降量检查(表 8-31)。

表 8-29 桥墩墩身混凝土病害检查

检查类别	定期检查
检查内容	塔柱表层缺陷及内部缺陷，表层缺陷有裂缝、破损、蜂窝、剥落、钢筋锈胀等，内部缺陷有混凝土强度不足、钢筋保护层不足等
检查方法	首先目测表面缺陷，并对病害性质、形状、发展趋势做好记录；若混凝土结构开裂，采用专用仪器对裂缝宽度、深度进行检测，混凝土保护层测量采用钢筋探测仪进行测量，对探测发现保护层较薄或异常部位进行记录
使用工具	裂纹观测仪、便携式超声波数显检测仪、数码相机、钢筋探测仪、记号笔、钢卷尺等
检查周期	1 年

表 8-30 桥墩墩身倾斜度检查

检查类别	定期检查
检查内容	桥墩是否有倾斜，倾斜度是否在允许范围内
检查方法	在墩身两侧与桥中心线成 90°正交的直线断面上埋设观测点进行观测
使用工具	全站仪、棱镜杆、棱镜、铅垂线
检查周期	1 年

表 8-31 桥墩沉降量检查

检查类别	定期检查
检查内容	桥墩沉降量
检查方法	观测点对称设在桥墩的四角,预埋在墩身上,利用离桥墩较近的基准点定期观测沉降量
使用工具	水准仪
检查周期	1年

3. 支座检查工作大纲

支座检查工作分为 5 项,分别为一般支座组件完好情况检查(表 8-32)、一般支座活动支座位移量检查(表 8-33)、钢阻尼支座组件完好情况检查(表 8-34)、钢阻尼支座工作性能检查(表 8-35)、支座垫石检查(表 8-36)。

表 8-32 一般支座组件完好情况检查

检查类别	经常性检查
检查内容	检查支座组件是否完好、清洁,有无错位、脱空,支承垫石是否有裂缝,支座橡胶是否老化、开裂,有无过大的压缩变形,活动支座四氧滑板面是否脏污、老化,橡胶块是否滑出钢板
检查方法	对全桥支座进行编号,通过检修平台或检修车对支座的组件的完好情况(对照相应支座类型的构造图)进行检查,如有缺损、老化等现象,做好记录并保存照片资料
使用工具	清扫工具、小锤、数码相机
检查周期	6月

表 8-33 一般支座活动支座位移量检查

检查类别	经常性检查
检查内容	对活动支座进行极限位移量的测量记录,对照该类支座的设计限量值进行检查
检查方法	对活动支座设定编号和测量的基准点,准确测量其在一年内相对最高和最低气温下的位移量,经过一段时期的检查,记录最大、最小值
使用工具	直尺、记号笔、数码相机
检查周期	6月

表 8-34 钢阻尼支座组件完好情况检查

检查类别	经常性检查
检查内容	检查连接系统中锚旋螺栓的连接状况,以及阻尼器与耳板连接处销轴状况
检查方法	对全桥钢阻尼支座进行编号,通过检修平台或检修车对支座组件的完好情况(对照相应支座类型的构造图)进行检查,如有缺损、老化等现象做好记录和保存照片资料
使用工具	清扫工具、锤子、数码相机
检查周期	6月

表 8-35 钢阻尼支座工作性能检查

检查类别	定期检查
检查内容	阻尼器中心距尺寸
检查方法	测量阻尼器中心距尺寸并记录,检查该尺寸是否在有效尺寸范围内,若超出上述范围,应及时采集信息,记录数据并拍照留底
使用工具	清扫工具、锤子、数码相机、钢卷尺、记号笔
检查周期	2年

表 8-36 支座垫石检查

检查类别	经常性检查
检查内容	混凝土病害
检查方法	主要目测在连接部位是否出现裂缝,支座钢板与垫石是否固定牢靠,混凝土局部是否存在缺陷
使用工具	裂纹观测仪、便携式超声波数显检测仪、数码相机、钢筋探测仪、记号笔、钢卷尺等
检查周期	6月

4. 桥面系及附属设施检查工作大纲

桥面系及附属设施检查工作共分为22项,分别为:桥面铺装情况检查(表8-37),伸缩缝装置组件完好情况检查(表8-38)、伸缩缝装置伸缩性能检查(表8-39),检修人行道情况检查(表8-40)、检修人行道护栏情况检查(表8-41)、挡砟墙情况检查(表8-42)、排水设施检查(表8-43)、照明设施检查(表8-44)、电缆槽完好情况检查(表8-45),配电箱完好情况检查(表8-46),阻尼器情况检查(表8-47)、电缆情况检查(表8-48)、防雷设施组件完好情况检查(表8-49),防雷设施电阻值检查(表 8-50),梁体检查车工作性能检查(表 8-51),梁体检查车轨道锈蚀、变形情况检查(表 8-52),墩身围栏、步行板完好情况检查(表 8-53),救援疏散通道完好情况检查(表 8-54),消防设施完好情况检查(表 8-55),标志、标线损坏情况检查(表 8-56),健康监测系统组件完好情况检查(表 8-57),健康监测系统工作性能检查(表 8-58)。

表 8-37 桥面铺装情况检查

检查类别	经常性检查
检查内容	主桥铺装病害主要表现为裂缝、车辙、坑槽等。主桥环氧沥青病害主要表现为裂缝、坑槽等。应加强桥面裂缝、车辙、坑槽等缺陷的检查,主要查明裂缝、车辙、坑槽分布和发展程度
检查方法	目测、使用专用仪器和专用设备
使用工具	数码相机、卷尺、记号笔、锤子、錾子、扫帚
检查周期	1 年

表 8-38 伸缩缝装置组件完好情况检查

检查类别	经常性检查
检查内容	检查伸缩缝缝隙是否均匀,是否堵塞、失效,雨天排水情况;观察其构件或螺栓有无变形、损伤、断裂、松动等情况;止水橡胶带有无老化、干裂、破损等情况
检查方法	现场检查以目测为主,检查伸缩缝是否严重破损
使用工具	数码相机、直尺、记号笔
检查周期	1 周

表 8-39 伸缩缝装置伸缩性能检查

检查类别	经常性检查
检查内容	对每条伸缩缝进行极限伸缩梁的测量记录,对照该类伸缩缝的设计限值进行检查
检查方法	对每条伸缩缝设定编号和测量的基准点,准确测量其在一年内相对最高和最低气温下的伸缩量,经过一段时期的检查,记录其最大、最小值
使用工具	数码相机、直尺、记号笔
检查周期	1 月

表 8-40　检修人行道情况检查

检查类别	经常性检查
检查内容	检查人行道是否平整，表面装饰是否损坏，及时检查并清除人行道普通污染物和杂物
检查方法	检测人员步行观测，以目测为主，辅以简单测量工具，记录损坏基本情况，必要时可附照片
使用工具	清扫工具、钢卷尺、数码相机
检查周期	1 周

表 8-41　检修人行道护栏情况检查

检查类别	经常性检查
检查内容	栏杆污损、缺陷、锈蚀、病害等
检查方法	检查人员身着反光背心，沿桥梁两侧步行目测巡视检查，检查方式以目测为主，辅以简单工具
使用工具	清扫工具、皮尺、钢卷尺、数码相机
检查周期	1 周

表 8-42　挡砟墙情况检查

检查类别	经常性检查
检查内容	表层缺陷有裂缝、破损、蜂窝、剥落、钢筋锈胀等，内部缺陷有混凝土强度不足、钢筋保护层不足等
检查方法	首先目测表面缺陷，并对病害性质、形状、发展趋势做好记录；若发现裂纹，采用裂纹观测仪测量裂缝宽度，对宽度大于 0.2mm 的裂缝，利用便携式超声波数显检测仪，检测其深度。混凝土保护层测量采用钢筋探测仪进行测量，对探测发现保护层的较薄或异常部位进行记录
使用工具	裂纹观测仪、便携式超声波数显检测仪、数码相机、钢筋探测仪、记号笔、钢卷尺等
检查周期	1 周

表 8-43　排水设施检查

检查类别	经常性检查
检查内容	检查附属排水设施有无堵塞，是否影响排水畅通，冬季排水管道及地面排水口是否结冰；检查附属排水设施是否完好，有无设施缺失、破损等影响桥梁排水的情况，泄水管是否破坏、损伤、缺失，盖板是否损坏、丢失，泄水管下端是否伸出，雨水是否直接排到混凝土上
检查方法	目测。对于排水设施有堵塞的，应及时予以疏通，冬季应及时除冰，确保排水畅通；检查行车道或其他危险部位的排水设施时，应做好安全防护措施。检查人员步行上桥，沿排水线路仔细检查，如有缺失、损坏，按墩号做好记录
使用工具	钢卷尺、数码相机、疏堵工具、安全防护用品
检查周期	1 周

表 8-44　照明设施检查

检查类别	经常性检查
检查内容	对桥梁照明工作情况进行检查,检查其光源是否有间断失明、变色现象
检查方法	检查人员晚上对照明设施进行巡查,灯具开启时须密切关注灯具运行时的电压、电流等相关电气参数。遇到不亮灯具必须及时做好记录,同时对不亮灯具进行检查,检查空开及保险是否正常闭合;遇照明失效,确定是进线电源故障还是灯具故障
使用工具	万用表、试电笔、绝缘胶布、保险丝等
检查周期	1周

表 8-45　电缆槽完好情况检查

检查类别	经常性检查
检查内容	检查电缆槽设施是否完整,及时检查并清除普通污染物和杂物
检查方法	检测人员步行观测,以目测为主,辅以简单测量工具,记录损坏基本情况,必要时可附照片
使用工具	清扫工具、钢卷尺、数码相机
检查周期	1周

表 8-46　配电箱完好情况检查

检查类别	经常性检查
检查内容	表计、开关、电缆接头
检查方法	目测以及电工专用仪器检查
使用工具	万用表、数码相机
检查周期	1周

表 8-47　阻尼器情况检查

检查类别	经常性检查
检查内容	检查阻尼器外观,有无漏油、油漆剥落、外壳破损;检查阻尼器运行有无异响;检查与阻尼器支座连接混凝土墩台有无裂纹、松动
检查方法	目测
使用工具	裂缝观测仪、钢卷尺、记号笔、锤子、放大镜、记号笔、数码相机
检查周期	1月

表 8-48　电缆情况检查

检查类别	经常性检查
检查内容	检查电缆本体可视部分是否有损伤、龟裂现象；对其已知接头检查时应注意是否有发热、烧蚀、变色等现象；电缆终端头是否发热、烧蚀、变色，是否与开关桩头接触良好，电缆电流是否超负荷
检查方法	定期对可视电缆的本体表面、接头和端头进行目测检查，用钳型表来测量电缆电流是否超负荷，同时做好安全防护措施，发现异常情况及时上报处理
使用工具	万用表、数码相机
检查周期	1 周

表 8-49　防雷设施组件完好情况检查

检查类别	经常性检查
检查内容	检查防雷设施的金属部件是否有大面积的锈蚀等
检查方法	以检查人员目测为主，对于某些人不易到达的部位，应使用检修车辆，检查接地、避雷引线暴露段是否锈蚀及其锈蚀程度，及时组织维护
使用工具	数码相机
检查周期	3 月

表 8-50　防雷设施电阻值检查

检查类别	定期检查
检查内容	对防雷设施的电阻进行测量
检查方法	检测人员携带必备的安全器具，检查全桥接地、避雷装置的接地电阻，电阻应小于 4Ω，对电焊接头检查是否有脱焊现象，脱焊时应双面补焊并测量电阻是否小于 4Ω
使用工具	万用表
检查周期	1 年

表 8-51　梁体检查车工作性能检查

检查类别	经常性检查
检查内容	启动、制动情况，锈蚀、磨损情况，螺栓连接情况
检查方法	开机运行
使用工具	数码相机
检查周期	3 月

表 8-52 梁体检查车轨道锈蚀、变形情况检查

检查类别	经常性检查
检查内容	轨道锈蚀磨损、焊缝开裂、螺母松动情况
检查方法	目视和利用专业仪器检测
使用工具	数码相机、记号笔、钢卷尺、裂缝观测仪
检查周期	3 月

表 8-53 墩身围栏、步行板完好情况检查

检查类别	经常性检查
检查内容	围栏缺陷、锈蚀、病害等，步行板是否牢靠，及时检查并清除污物
检查方法	目视
使用工具	数码相机、记号笔
检查周期	3 月

表 8-54 救援疏散通道完好情况检查

检查类别	经常性检查
检查内容	疏散通道是否畅通，相关设施是否完好
检查方法	目视
使用工具	数码相机、卷尺、记号笔
检查周期	3 月

表 8-55 消防设施完好情况检查

检查类别	经常性检查
检查内容	消防设施是否齐备完好
检查方法	目视
使用工具	数码相机
检查周期	3 月

表 8-56 标志、标线损坏情况检查

检查类别	经常性检查
检查内容	检查全桥所有标志、标牌是否齐全完好，所有标线是否清晰，对各种标志、标牌、标线等的反光情况还要在夜间进行检查
检查方法	检查人员身着反光背心，沿员工道步行巡视检查，检查中发现标志、标牌、标线遭到污染或损坏，应记录下来，及时组织清污或申报维护
使用工具	数码相机
检查周期	1 周

表 8-57 健康监测系统组件完好情况检查

检查类别	经常性检查
检查内容	健康监测系统设备外观及运行状态
检查方法	目测
使用工具	数码相机
检查周期	3 月

表 8-58 健康监测系统工作性能检查

检查类别	定期检查
检查内容	对监控系统运行情况及监控设备的工作状态进行检查
检查方法	检查人员核对查看各项工作参数是否正常，成像终端图像质量的清晰程度，系统控制是否达标
使用工具	无
检查周期	1 年

5. 综合检查工作大纲

综合检查工作分为 3 项，分别为：几何测量检查(表 8-59)、静载试验检定(表 8-60)、动载试验检定(表 8-61)。

表 8-59　几何测量检查

检查类别	专项检查
检查内容	桥梁线形、限界检查
检查方法	桥梁线形：在桥面处布置测点，利用测量仪器进行测量，该项测量可以委托有资质的单位进行检测；限界检查：用便携式铁路建筑限界测量仪测量，该项测量也可以委托有资质的单位进行检测
使用工具	全站仪、水准仪、棱镜杆、棱镜、数码相机
检查周期	2 年

表 8-60　静载试验检定

检查类别	特殊检查
检查内容	桥梁在试验荷载作用下结构应力、变形
检查方法	选择有资质的相关单位进行试验
使用工具	加载试验车、静态试验设备
检查周期	3 年

表 8-61　动载试验检定

检查类别	特殊检查
检查内容	跑车试验、刹车试验、脉动试验；动挠度测试、墩顶及跨中横向振幅测试
检查方法	选择有资质的相关单位进行试验
使用工具	加载试验车、动态试验设备、光电挠度仪及标靶、速度传感器、信号调理仪、数据采集仪
检查周期	3 年

8.7　桥梁技术状况评定

按经常性检查、定期检查、特殊检查和专项检查等所获得的数据和结果，对跨海桥梁技术状态进行评定，通过对跨海桥梁部件和总体的耐久性状况、承载力状况和行车状况进行评定，以确定跨海桥梁维修的工作项目和内容。

8.7.1　桥梁技术状况评定原则

(1) 全面。跨海桥梁的综合评定要全面地考虑全桥各构件的评分及权重，不能有遗漏。

(2) 细致。对各部件进行状况评定时，一定要细致地检查跨海桥梁部件的缺损情况、缺损在结构使用过程中的影响因素大小以及跨海桥梁缺损的变化趋势等三个方面。

(3) 最不利因素。跨海桥梁结构可以看作一个"串联"系统，荷载作用通过桥面结构依次向下传递到跨海桥梁的各个部件，在这个过程中跨海桥梁某一重要部件出现严重的破坏都会直接危害桥梁结构。因此，对跨海桥梁部件技术状况评定时遵循重要部件以缺损最严重构件的评分作为部件的评定结果。这种按最不利因素评定的方法提高了安全性指标的影响。

8.7.2 桥梁技术状况评定方法

跨海桥梁设备通过各项检查，掌握其实际工作状态后，还需进一步进行科学的分析判断，以能采取有针对性的整修加固。目前，对运营期间的跨海桥梁状态的评估，主要有以下方式。

1. 状态劣化评定

跨海桥梁在运营过程中，承受荷载的作用和环境的侵害，必然会引起结构功能变化，构成对行车安全的影响，即跨海桥梁状态的劣化。荷载作用和环境侵害的程度不同，影响结构功能和行车安全的程度也不相同。因此，跨海桥梁的劣化程度也是不同的。为了便于对跨海桥梁劣化状态进行评定，应按相应的劣化评定标准对跨海桥梁劣化等级进行评定。

2. 病害诊断及剩余寿命评估

跨海桥梁在运营检修的寿命周期内，根据状态变化和健全度衰退的程度，进行适时的修理，使其最大限度地恢复原有功能。但随着时间的推移，其健全度必将逐步丧失，以至失去应有功能而报废。因此，跨海桥梁在运营过程中，应该科学地诊断病害，有效地整治病害，在确保行车安全和适应运输发展的前提下，充分发挥桥梁功能的潜力，最大限度地延长使用寿命，以取得最佳的经济效益。

3. 状态评估专家系统

随着计算机技术的普及应用，学者运用专家知识和模拟专家行为，进行计算机编程，解决较为复杂的疑难问题，这就是专家系统，即在搜集总结专家经验的基础上，研究开发的桥梁损伤评估专家系统，通过对整座跨海桥梁各部位影响功能的损伤项目及其损伤表现的调查，运用计算机技术进行系统推理，确定跨海桥梁损伤等级及其对策。

8.7.3 跨海桥梁技术状况评定

跨海桥梁技术状况的评定是桥梁维护、维修工作的重要部分。按经常性检查、定期检查和特殊检查所获得的数据和结果,对跨海桥梁部件和总体的耐久性状况、承载力状况和行车状况进行相应的评定,以便采取养护维修对策。一般将跨海桥梁评定分为一般评定和适应性评定。

跨海桥梁一般评定是依据桥梁检查资料,通过对桥梁各部件技术状况的综合评定,确定跨海桥梁的技术状况等级,提出各类跨海桥梁的养护维修措施。

跨海桥梁适应性评定包括以下内容:依据跨海桥梁定期及特殊检查资料,结合试验与结构受力分析,评定跨海桥梁的实际承载能力、通行能力,提出跨海桥梁养护、维修方案。

一般评定在定期检查完成以后进行,适应性评定应委托有相应资质及能力的单位进行。

1. 一般评定

为了切实掌握并改善设备状态,跨海桥梁总体技术状况每年应结合秋检情况进行一次状态评定,评定方法参考公路桥梁养护综合评分法。根据跨海桥梁各部件劣化程度,对照跨海桥梁技术状况评定标准进行评定。

1) 跨海桥梁各部件技术状况评定

(1) 根据缺损程度(大小、多少或轻重)、缺损时结构使用功能的影响程度(无、小、大)和缺损发展变化状况(趋向稳定、发展缓慢、发展较快)等三个方面,以累加评分的方法对各部件缺损状况进行等级评定。评定方法见表 8-1。

(2) 重要部件(如墩身与基础、上部承重构件及支座)以其中缺损最严重的构件评分;其他部件,根据多数构件缺损状况评分。

(3) 推荐的各部件权重及综合评定方法见表 8-2。也可采用专家评估法确定各部件的权重。

2) 桥梁技术状况评定

对于跨海桥梁,良好的经常性维修保养使其处于安全、正常的运营状态是必须要达到的基本要求。为便于养护管理单位的检查和评定,采用对桥梁技术状况标准进行定性描述的方式。

将桥梁状态评定按劣化程度分为 A、B、C、D 四级。状态评定等级的分级标准如下:

(1) 凡跨海桥梁结构物或主要构件功能严重劣化,危及行车安全的,评定为 A 级。

(2) 凡跨海桥梁结构物或主要构件功能严重劣化,进一步发展会危及行车安全的，评定为 B 级。

(3) 凡跨海桥梁结构物或构件功能劣化，进一步发展将会升为 B 级的，评定为 C 级。

(4) 凡跨海桥梁结构物或构件功能劣化，对其使用功能和行车安全影响较小时，评定为 D 级。

跨海桥梁养护单位应根据相应评定标准、规范对各自管辖范围内的跨海桥梁结构或构件进行技术状况评定。

2. 适应性评定

跨海桥梁的适应性评定是指对桥梁的承载能力、通行能力进行检算评定。评定工作可与桥梁的定期检查、特殊检查结合进行。

承载能力、通行能力的评定一般采用现行荷载标准。承载能力评定是将跨海桥梁的实际承载能力与现行设计荷载标准的荷载效应进行比较，反映结构能否达到承载要求。通行能力评定是将设计通行能力与现在通行能力进行比较，反映跨海桥梁能否满足现行(或使用期)通行能力的要求。承载能力、通行能力的检算评定依据公路规范及相关设计规范执行。

8.8 桥梁结构的养护与维修

8.8.1 桥梁养护维修工程分类

跨海桥梁养护维修工程管理坚持分类处置制度，按照工程性质和规模分为小修保养、中修工程、大修工程、加固工程、专项工程以及改建工程。

(1) 小修保养：对跨海桥梁进行的例行清洁保养、结构表面病害处理、非结构性破损维修以及不影响跨海桥梁承载能力的构件局部缺损修复工程，如墩和台顶垃圾处理、支座清理、伸缩缝清理、泄水孔疏通、跨海桥梁扶手除锈刷漆、防撞墙破损露筋处理、混凝土表面蜂窝麻面处理、混凝土裂缝灌封缝处理、锥坡冲刷掏空修复等。

(2) 中修工程：对跨海桥梁主体及其沿线设施的一般性损坏部分进行定期的修理加固，以恢复跨海桥梁原有技术状况的工程。

(3) 大修工程：对跨海桥梁主体及其沿线设施的较大损坏部分进行周期性的综合修理，以全面恢复到原技术标准的工程，或由于水毁、地震、风暴、冰雪、交通事故等造成跨海桥梁及其附属设施的重大损坏而必须进行修复，保证其正常使用的工程项目。各类养护维修工程的计划、设计、预算、招标、施工质量和安全、检查验收、工程决算、技术档案和费用支付等管理工作按有关规定办理。

(4) 加固工程：当跨海桥梁结构局部损坏或承载能力不足时进行的修复和补强工程措施。

(5) 专项工程：分为专项抢修工程和专项修复工程，当跨海桥梁因自然灾害、超载、意外事故造成交通中断或严重影响通行的破坏时，采取临时性措施在最短时间内迅速恢复交通的工程措施和采用永久性措施恢复跨海桥梁原有功能的工程措施。

(6) 改建工程：对跨海桥梁及其附属构造物因不适应交通量、荷载要求而提高技术等级，或因公路局部改移需要重建，或为了显著提高通行能力而进行的较大型、大型工程项目。

8.8.2 桥面系和附属设施的养护与维修

1. 桥面的养护维修

(1) 桥面应经常清扫，排除积水，清除泥土、杂物，冬季雨雪后应及时清除桥面上的冰凌、冻块和积雪，保持桥面平整、清洁，保证行车的舒适性。

(2) 桥面防水层如有损坏，应及时修复，保持桥面防水层具有良好的防护性能。在进行一切工作及修复前，需检查并做好损坏情况的记录。

2. 桥面伸缩缝的养护维修

(1) 按照养护周期及时清理橡胶密封带上的垃圾，检查橡胶密封带是否存在破损和漏水情况，及时排除问题，避免漏水影响伸缩装置其他部件的正常工作。

(2) 通过伸缩装置下部的维修通道对各个连接部位进行检查，查看连接螺栓是否存在松脱现象，用力矩扳手拧紧松脱的连接螺栓。

(3) 对伸缩装置的所有弹性元件进行检查，查看弹性支承和剪切弹簧的工作状况是否正常，对出现的异常情况进行分析，从根本上解决故障原因。

(4) 对伸缩装置的中梁和支承托架进行检查，各传力部件是否存在疲劳破损的情况，若出现问题，应及时更换，保证伸缩装置正常安全使用。

3. 人行检修道的养护维修

人行检修道在使用过程中应经常对其自身状况进行观察，防止连接螺栓松动、焊缝开裂等情况出现，以保证正常工作。人行检修道结构件的防腐要求与钢梁要求相同。

4. 护栏的养护维修

(1) 护栏应经常保持完好状态，牢固可靠。其立柱应正直，护栏水平杆件应无变形、损伤或断裂，护栏伸缩缝处的水平杆件应能自由伸缩，金属构件应无锈蚀、断裂，连接螺栓应牢固可靠，涂装完好。

(2) 护栏若出现上述损伤或病害情况，应及时进行修复或更换。

(3) 护栏应经常清刷保持清洁，其防腐涂层不应老化脱落，应每年进行一次涂漆防锈。

(4) 因护栏损坏而采用临时防护措施时，使用时间不得超过一个月。

5. 桥面排水设施的养护维修

(1) 保持桥面泄水孔通畅，桥面的泄水管、排水槽如有堵塞，应及时疏通管内的淤泥和杂物，保持畅通并能够迅速排除雨水。

(2) 及时修补或更换损坏的排水设施，管盖及落水管缺损时应补装。

(3) 及时维修排水设施的支承构件，防止由镀锌扁钢固定卡箍损坏造成落水管脱落。

(4) 排水设施之间应连接可靠，确保排水系统整体的工作性能，防止污水侵蚀主体结构。

(5) 定期检查排水管道是否开裂或损坏，若破损严重应及时更换。

6. 照明设施的养护维修

(1) 灯具损坏时，应及时更换。

(2) 全线灯柱应保持完好状态，如有缺损和歪斜，应及时修理扶正。灯柱表面的镀锌层及喷塑层如有损坏，应及时补镀或补喷；灯柱基座的连接螺栓应定期刷漆防护。

(3) 照明线路老化而断路或短路时应及时更换。对照明控制系统及供电系统宜请专业人员进行定期检查和维护。

7. 防雷设施的养护维修

(1) 防雷系统宜由业内专业人员进行检查和维修养护。

(2) 养护人员应有防雷保护系统的组成特征、材料尺寸和位置分布图等。

(3) 应定期，如每年雷雨季节到来之前检查每处组成导体、连接接头及接地是否完好；裸露的导体是否被腐蚀，防腐蚀保护、涂装是否失效。

(4) 当与防雷接地系统共用时，接地电阻是否超过设计的不大于 1Ω，否则应查清电阻增大的原因。必要时，进行重新涂装、紧固或更换接头和导体，甚至增加接地或使用降阻剂，直至满足要求。

(5) 结构物构造及用途变更时，应重新完善防雷保护系统，并进行记录，当事人签字，存档保存。

8. 钢梁检查车的养护维修

检查车养护维修：

(1) 使用单位应指定专人定期对钢梁外部检修车进行维护保养，并做好保养计划和记录。须定期保养的项目如下。

① 所有的紧固螺栓应由专人每月检查一次，将松动和缺失的螺栓及时紧固和补充。

② 由专人每月检查一次防电板的锁定状态及完好状态，发现异常及时处理，防电板的使用寿命为6年。

③ 发电机每月运行一次。

④ 电动机及电路每月进行保养。

⑤ 检查车及走道要保持涂装完好，发现锈蚀应及时涂装。

(2) 安全注意事项。

① 在工作或行走时，禁止检查、加油或修理各部机构。

② 电气设备带电时，禁止打开任何电气设备进行检修。

③ 开动前必须检查所有机械、电气设备及发电机是否良好，同时进行必要的润滑。

④ 工作时有任何损坏或异常状态时，应立即停车，并报告有关方面修理。注意非专业人员不得随意修理。如电气设备等发生损坏或电压突然下降很剧烈，必须很快停止工作，将电源切断，同时要挂上"设备故障，暂停使用"的牌子，以防止有人再来使用。待专业人员检修完好后，再恢复使用。

⑤ 工作完毕后，应停在指定地点，并关掉各部分电源开关，做好设备防风工作。

⑥ 每天作业完毕应进行检查，并将其记录在专用簿上，以利于今后的保养维修。

人行检修道养护维修：钢梁上弦内侧采用人行检修道以对上弦杆件进行检查养护工作。人行检修道在使用过程中应经常对其自身状况进行观察，防止连接螺栓松动、焊缝开裂等情况出现，以保证能正常工作。人行检修道结构件的防腐要求与钢梁要求相同。

9. 交通安全设施的养护维修

(1) 桥下交通标志和标线：车道行驶方向标志、限高标志、限制重量标志、限制轴重标志、道路交通标线、路面文字标记等交通标志应齐全、醒目、牢固，标志板应保持整洁、无裂纹和残缺。若有损坏应及时整修。

(2) 桥面交通标志由铁路部门负责管理及维修，要经常保持明显、完好、清晰，确保行车安全。标志牌架保持清洁，做好油漆防腐工作，保证设施完好、结构安全。

(3) 桥上的防护隔离设施应完整、牢固，若有损坏应及时修理。

10. 健康监测系统的养护维修

健康监测系统由专业单位进行设计和养护维修。

(1) 健康监测系统自身养护分为即时性养护与定期养护。当系统出现故障后，立即安排检查与维修，即为即时性养护；此外，每年对健康监测系统的传感器、数据采集设备、通信线路、保护装置及计算机软硬件系统进行检查、保养与维修，称为定期养护。

(2) 对于长期使用而导致性能下降(如零点漂移、数据噪声大、工作不稳定)的传感元件，应进行更换。对于老化导致性能不稳定的数据采集、传输、数据处理设备，如外站、通信线路、服务器等，则应及时进行更换或维修。

8.8.3 钢结构的养护与维修

1. 裂纹的处理

对于检查发现的漏检裂纹和新生裂纹，除做标记，探明其杆类、位置、方向、长度、深度、形状(穿透、椭圆)性质，做好记录、拍照外，应先立即采取止裂措施。

对焊缝及附近钢材上的裂纹，可根据裂纹性质、大小、数量及具体位置，采取以下相应措施：

(1) 在裂缝的尖端钻圆孔，孔的直径大致与钢板厚度相等，但最大不超过32mm，裂缝的尖端必须落入孔中。

(2) 用高强度螺栓连接拼接的方法进行加固。加固前裂缝尖端处凡能钻孔者均应钻孔。

(3) 抽换杆件或换梁。

在正常情况下不允许随意采取烧切、补焊、焊补加强板等措施，可采用M20、M22等高强度螺栓双剪拼接加强，接触面应采取喷砂或喷涂铝、锌处理。施工应在无活载下进行，活载内力由病害处传递给拼接板。连接系杆件或次要杆件，可考虑无活载下更换新构件。若上述办法不可行，只能采用补焊时则应搞清母材可焊性和受力状态，并需经专家咨询和研究批准，由合格焊工在温度适宜时施工，清除裂缝尖端和根部，沿裂缝开成坡口，按规定清洁焊区上下左右50mm范围有金属光泽，坡口长度两端成1:5坡度。施焊可采用陶瓷衬垫二氧化碳气体保护单面焊双面成型。焊时桥上无活载，方便时部分恒载卸载。焊后超声检查合格，以后运营密切关注修补处。

2. 高强螺栓的维护

更换所有松动和损坏的螺栓。更换过的螺栓在检验之后，均应涂上与桥梁结构显著不同的颜色，并记入桥梁记录簿，注明其数量和位置。在更换螺栓前，应仔细察看钉孔位置是否正确。在连接杆件时，如钉孔不合适，严禁采用强力钻进的连接方法。更换螺栓后，应对其所有相邻而未更换的螺栓加以敲击，检查是否受到损伤。

高强度螺栓连接的构件，若发现松动应及时加以更换，并施加设计的预拉应力。为了便于螺栓的更换，应防止丝口锈蚀，如果接合杆件表面有角度，则应在螺帽之下垫以楔形垫圈。

更换高强度螺栓的关键是控制好扭矩，扭矩的大小是由螺栓材质决定的。高强度螺栓的施工预拉力应符合设计要求，欠拧值或超拧值均不应超过规定值的10%。

高强度螺栓的初拧值应根据试验确定，一般取终拧值的40%～70%，终拧可采用扭矩法或转角法。

(1) 扭矩法。采用扭矩法施拧时，根据选用的施拧工具，应先进行螺栓扭矩系数的试验，从试验数据中求算平均值作为施拧依据，如离散性过大，应认真研究采取措施。供货时如扭矩系数值有保证，可不再做扭矩系数试验。

施拧时，使用示功扳手将螺母拧紧到规定的扭矩。扭矩值按式(8-1)计算：

$$M = k \cdot P \cdot d \tag{8-1}$$

式中，d 为螺栓计算直径(mm)；M 为扭矩值(N·m)；k 为扭矩系数；P 为螺栓施工预拉力(kN)。

(2) 转角法。采用转角法施拧时，确定初拧预拉力后，按板束厚度及层数，试验测定螺栓轴向力与相应转角的关系，作为施拧依据，即在初拧后的螺杆和螺母的端面相对位置画一细线，再用长扳手或风动扳手将螺母拧至规定的角度。

高强度螺栓更换，对于大型节点，同时更换的数量不得超过该节点螺栓总数的10%，对于螺栓数少的节点，则要逐个更换。在一个连接处(或节点)少量更换的螺栓、螺母及垫圈的材质、规格、强度等级应与原桥上使用者相同，不准混用。

高强度螺栓拧紧后，为防止雨水及潮湿空气同侵入板缝，节点板束四周的裂缝均应腻缝封闭。高强度螺栓、螺母和垫圈的外露部分均应进行涂装防锈。

3. 局部塑性变形、扭曲、孔洞等及其他缺陷处理

对于受拉部位板件塑性变形矢度小于等于板厚者，经检查无裂纹可不做处理；对于受压塑性变形及受拉变形矢度大于板厚，需矫形处理。当范围较小时，如250mm×150mm范围内，可采用冷矫(气温高于50℃，无雨露天气)。冷矫采用

一定工具，如油顶、专用调直器等，不容许采用大锤敲击。热矫加热范围为 1.5～2.0 倍塑变损伤范围，加热方式为火焰或喷灯，加热温度应为 800～900℃，加力方式可用夹板、油顶或拉杆等。矫形完毕应探伤，无裂纹产生。技术资料做好记录、拍照片存入档案(磁盘)。对于小于 30mm 边缘光滑无缺口的孔洞，梁腹板、横隔板等小于 50mm 的孔洞，可不做处理。对于超限值的孔洞，切忌采用塞焊填补，应采用 M20 或 M22 高强度螺栓双面拼接，拼接接触面应除锈、喷涂铝或锌涂层，当不具备喷涂金属条件时，可用机械方法清除涂层和油污，摩擦系数取 0.2～0.25。

4. 钢构件的局部修补、加固和更换

(1) 钢结构的刚度、强度和稳定性应符合设计要求。运营中根据钢结构形式，应加强对各部分连接节点及杆件、螺栓、焊缝的检查、养护。对承载能力或刚度低于限值、结构不良的钢结构，应进行维修或加固。

(2) 检测时发现钢梁螺栓松动或损坏脱落、焊缝开裂，应采用油漆标记并记录。在同一个节点，缺少、损坏、松动和歪斜的螺栓超过 1/10 时，应进行调换。当焊接节点有脱缝，焊缝处有裂纹时，应及时修补。如有裂纹及表面脱落的构件，应仔细观察其发展，做出明显的标记，注明日期，以备观察；必要时应补焊或更换。

(3) 钢梁焊缝开裂长度超过 20mm 时，应及时维修。

(4) 对于大型节点，同时更换的数量不得超过该节点螺栓总数的 10%，对螺栓少的节点应逐个更换。在一个连接处少量更换的螺栓、螺母及垫圈的材质、规格、强度等级应与原桥上使用的相同，不得混用。螺栓拧紧后，节点板四周的缝隙应采用腻缝封闭。螺栓、螺母及垫圈的外露部分均应进行涂装防锈。

(5) 电焊连接主梁时，应停止运营，并应检查其安全性。

5. 钢梁涂膜的养护维修

根据涂膜劣化等级，安排维护涂装。参照《铁路钢梁涂膜劣化评定》(TB/T 2486—1994)标准，涂膜劣化涂装包括维护涂装和重新涂装两类，两类涂装应根据涂膜劣化等级确定，二级、三级为维护涂装，四级为重新涂装。

1) 钢梁涂膜的维护涂装对跨海大桥结构应视油漆失效情况，定期进行涂装防锈，部分油漆失效应及时除锈补漆。

(1) 在涂漆之前，对铁锈、旧漆、污垢、尘土和油水等，均应仔细清除。对所有易锈蚀的部位，如凹处、缝隙，尤应仔细清理。

(2) 除锈应做到点锈不留、除锈彻底、打磨匀亮、揩擦干净。可采用在浓度 10%的无机酸中加入 0.2%～0.4%的面粉、树胶或煤焦油等缓蚀剂来清洗锈蚀，也可采用喷砂除锈法或其他更有效的除锈方法。

(3) 对于易遭受损坏或工作条件困难的部位应多涂一层面漆。在第一层底漆干燥后,应对缝隙、不平整处和局部凹痕的部位用油性腻子腻塞,并对腻缝质量进行检查,发现缺陷应予消除。

(4) 铁路钢桥涂膜劣化类型按《铁路钢梁涂膜劣化评定》(TB/T 2486—1994)判定。

(5) 劣化类型为 3 级粉化时,应清除涂层表面污渍,用细砂纸除去粉化物,然后覆盖 2 道相应面漆。

(6) 当旧涂层未锈蚀,劣化类型为 2~3 级起泡、裂纹或脱落时,用手动工具或动力工具清理损坏的区域周围疏松的涂层,并延伸至未损坏的涂层区域,形成 50~80mm 坡口,局部涂相应的底漆和面漆。若要保持涂层表面一致,可在局部涂面漆后,再全部覆盖面漆。

(7) 当旧涂层锈蚀,劣化类型为 2~3 级生锈时,应清除松散的涂层,到良好结合的涂层区域为止,旧涂层表面清理应达到《涂覆涂料前钢材表面处理 表面清洁度的目视评定 第 2 部分:已涂覆过的钢材表面局部清除原有涂层后的处理等级》(GB/T 8923.2—2008)中规定的 St3 级。未损坏的涂层区域边缘按第(2)条要求处理,然后局部涂装相应防锈底漆和相应中间漆、面漆,若要保持涂层表面一致可以局部涂面漆后,再全部覆盖面漆。

(8) 当旧喷锌或铝涂层发生锈蚀劣化类型为 2~3 级生锈时,应除去松动的锌或铝涂层和涂料涂层直到良好结合的锌或铝涂层区域,钢表面锈蚀清理应达到《涂覆涂料前钢材表面处理 表面清洁度的目视评定 第 2 部分:已涂覆过的钢材表面局部清除原有涂层后的处理等级》(GB/T 8923.2—2008)中规定的 Sa2 级。对于未损坏的涂料和锌或铝涂层区域边缘按第(2)条要求处理。对于喷锌或铝涂层清理部位,也可改涂特制环氧富锌防锈底漆 2 道,然后涂装相应中间漆和面漆。

2) 钢梁涂膜重涂

(1) 表面处理。

钢结构除锈及表面清理的目的在于去除尘埃、油垢、水、氧化皮、铁锈或旧的不坚固的漆膜,以增强新涂漆膜对钢结构表面或旧漆膜间的附着力,提高油漆质量,延长钢结构的使用寿命。涂装前基体表面预处理质量越高,越能获得保护性能好的涂膜。各类涂料对底材处理的要求不同,高性能的涂料比一般性能的涂料对底材处理的要求高,如果底材处理不当,涂层附着力不佳,易产生起泡、脱落等弊病。

按照《涂覆涂料前钢材表面处理 表面清洁度的目视评定 第 1 部分:未涂覆过的钢材表面和全面清除原有涂层后的钢材表面的锈蚀等级和处理等级》(GB/T 8923.1—2011)的清理等级要求,对涂膜失效的钢构件表面进行清理,具体标准见表 8-62。根据大桥的现有涂装体系，钢表面清理应达到 Sa3 级。

表 8-62　除锈(清理)等级区分表

等级	钢表面清理		钢表面附着物					说明
	方法	程度	氧化皮	铁锈	油垢	焊渣	旧涂层	
Sa1	喷砂	轻度	△	△	×	△	△	
Sa2	喷砂	彻底	○	○	×	○	○	残留物未牢固附着
Sa2.5	喷砂	非常彻底	×	×	×	×	×	残留物的痕迹仅是点状或条纹的轻微色斑
Sa3	喷砂	表面清洁	×	×	×	×	×	钢表面显示均匀的金属色泽
St2	手工	轻度	△	△	×	△	△	锈层、碎屑、浮粒应清除
St3	手工	彻底	○	○	×	○	○	比 Sa2 更彻底，显露的钢表面具有金属光泽

注：表中×表示"应无可见"，○表示"基本清除"，△表示"没有附着不牢"。

(2) 钢梁除锈。

钢梁除锈方法可采用手工除锈、小型机械工具处理、喷砂除锈、火焰除锈和化学脱漆除锈等，但严禁用腐蚀性物质清理钢表面。

① 手工除锈。

用刮刀、敲锈锤、钢刮铲、钢凿子等去除失效旧漆膜及锈蚀，最后用钢丝刷清除钢板上残留的氧化皮、锈蚀等。

② 小型机械工具处理。

通过机械的冲击与摩擦对钢梁表面进行处理，常用的工具有风动或电动刷、多击头的风动敲锈工具、风动除锈铲、风动或电动砂轮等。

③ 喷砂除锈。

对大面积的钢梁除锈，喷砂是常用的除锈方法。喷砂主要设备有空压机、风管路、储风缸、喷砂机。喷砂材料要求干燥、清洁。工作技术要求：喷射机在喷砂时风压要保持在 0.4～0.6MPa 为宜；喷射顺序为：先送风，再给砂；停机顺序为：先停砂，再停风。

钢梁喷砂顺序一般自上而下，由一端向另一端推进，以减少干扰。对杆件喷砂时应先喷角落及窄缝处，后喷宽敞部位；先喷边缘后喷中间；先喷螺栓头后喷平面。喷嘴与钢料表面距离以 150～250mm、喷射角 40°～80°为宜，移动速度要均匀，使之恰好除去锈蚀和氧化皮而不伤钢板。喷砂完毕应用压缩空气清除钢料表面尘埃和积砂，必要时用手工工具进行一次检查，同时检查钢梁有无裂纹。

(3) 钢结构的涂装施工。

① 腻子的配方。

腻子要和底漆配合使用，红丹漆对应红丹漆的腻子，富锌底漆采用锌黄环氰的腻子。对 0.5mm 以上的板间缝隙均应在底漆清理干净后腻缝。

② 涂装工艺。

油漆一般分为三层，底层的主要作用是防锈，中层和面层的主要作用是保护和隔离空气、水等。油漆在使用时如果过度茹稠，可加入不超过 2% 的同类稀料。一般酚醛类油漆用松香水，醇酸类油漆用醇酸稀料，环氧类油漆用环氧稀料，不许用汽油做稀料。

涂装工艺主要有：手工涂装、用喷漆枪喷漆、高压无空气喷涂和静电喷涂。

8.8.4 混凝土结构的养护与维修

1. 常见病害处理方法

(1) 对梁体混凝土的空洞、蜂窝、麻面、表面风化、剥落、梁角破碎、局部破损等应先将松散部分清除，再用高强度等级混凝土、水泥砂浆或其他材料进行修补。新补的混凝土要密实，与原结构应结合牢固、表面平整。新补的混凝土必须实行养生。

(2) 若发现梁体露筋或保护层剥落，应先将松动的保护层凿去，并清除钢筋锈迹，然后修复保护层。如损坏面积不大可用环氧砂浆修补，如损坏面积过大可用喷射高强度等级水泥砂浆的方法修补。

(3) 注意观察梁体受拉、受剪、反弯点、受力最大处和施工质量存在问题(一般竣工资料中有记载)处的裂缝，当裂缝的宽度大于限值及裂缝分布超出正常范围时，分别采用不同方法处理。

① 裂缝宽度在允许范围内应进行封闭处理，一般涂环氧树脂，或凿开后涂环氧树脂及环氧树脂浆膏。

② 当裂缝宽度大于限值规定时，应采用压力灌浆法灌注环氧树脂或树脂浆胶。

③ 当裂缝发展严重时，应进行专门检查，查明原因，咨询专家、委托设计或科研单位，采取处理措施。

(4) 预应力混凝土构件受压区，一旦发现裂缝，应立即封闭交通，严禁车辆在桥上通行，并委托相应资质的检测部门进行结构可靠性评估，判别裂缝的危害程度，并提出相应的处理措施。

(5) 预应力混凝土构件受拉区，出现结构性裂缝，应进行裂缝危害性评估，确定处理措施。

(6) 若有沿预应力钢束的纵向裂缝、锚固区局部承压的劈裂裂缝，锚固区的破损应进行修补。

(7) 当预应力混凝土构件锚固端的封端混凝土出现裂缝、剥落、渗漏、穿孔、预应力锚具暴露时，应及时对预应力锚具刷防锈漆，重做封端混凝土。

2. 钢筋混凝土和预应力混凝土构件加固

根据《公路桥梁技术状况评定标准》(JTG/T H21—2011)第 5.1.1 条"钢筋混凝土或预应力混凝土梁式桥上部承重构件或上部一般构件评定指标及分级评定标准"对预应力混凝土连续箱梁进行技术状况评定。根据评定结果，需要做加固的参考《公路桥涵养护规范》(JTG H11—2004)按下列方法进行。

1) 粘贴 CFRP 加固

CFRP(carbon fibre reinforced plastics)是碳纤维增强塑料的英文缩写。目前用于修复混凝土结构的碳纤维增强塑料片材有碳纤维布和碳纤维板两种。当梁体结构发生影响刚度和应力(主拉应力、剪应力、弯曲应力)的裂缝时，为提高梁的抗力和防止钢筋进一步锈蚀，可在开裂区相应部位粘贴数层碳纤维布。

2) 粘贴钢板加固

采用环氧树脂系列黏结剂将钢板粘贴在钢筋混凝土梁的受拉缘或薄弱部位，使之与原结构物形成整体共同受力，以提高其刚度，改善原结构的钢筋及混凝土的应力状态，限制裂缝的进一步恶化，从而加固补强、提高桥梁承载能力。

一般将钢板粘贴在被加固梁的受力部位的外边缘，以便充分发挥粘贴钢板的强度与作用，同时封闭粘贴部位的裂缝和缺陷，约束混凝土变形，从而有效地发挥粘贴钢板梁的抗弯、抗剪等性能。另外，还有锚喷混凝土加固法和用体外预应力加固法。

8.8.5 主塔、主墩的养护与维修

1. 日常养护维修

(1) 桥墩围栏、检查梯以及主塔检查梯出现折断、脱焊等病害时，应及时修复，确保作业人员的人身安全。同时，每年应对围栏、检查梯进行除锈油漆喷涂，确保其状态良好。

(2) 墩、台表面发生侵蚀剥落、蜂窝麻面、裂缝、露筋等病害时，应采用水泥砂浆修补。因受行车振动影响，不易用水泥砂浆补牢的，应考虑采用环氧树脂或其他聚合物混凝土进行修补。

(3) 墩、台混凝土裂缝宽度超过限值时，裂缝的修补方法参见裂缝检查及修

补技术。

2. 病害养护维修

参照 8.3.3 节混凝土结构的养护维修。

8.8.6 桥梁支座的养护与维修

1. 日常养护

支座应每年定期进行检查及养护，其主要养护工作应符合下列要求：

(1) 支座各部件应保证完整、清洁、有效，每半年清扫保养一次，清除支座周围的油污、垃圾、杂物及灰尘，支座垫层上若有积水，应立即清除，冬季应及时清除积雪及冰块，保证梁跨自由伸缩和支座的正常工作。

(2) 在支座的滑动面上，应定期涂抹一层耐温 55℃ 以上的润滑油，每年一次，在涂油之前，应用棉布仔细把不锈钢滑动表面的灰尘揩擦干净；铰轴支座的钢铰轴应定期加注黄油。

(3) 对钢支座要进行除锈防腐。为了防锈，支座各部分除滚滑动面外，均应涂刷油漆保护。

(4) 支座每年检查锚栓的紧固程度，支承垫板应平整密实，螺栓不得有剪断损坏，及时拧紧螺栓，并每隔两年应对支座锚栓进行清洗涂油，以免螺母锈蚀。

(5) 支座不得产生超过设计要求的压缩变形；支承垫石顶面不应开裂。

(6) 支座的橡胶密封圈有无龟裂和老化，防尘罩应维护完好，防止尘埃落入或雨、雪渗入支座内。

(7) 定期校核并定点检查支座高度变化，以便校核支座内聚四氟乙烯板的磨耗情况，当支座高度变化超过 3mm 时，应考虑更换聚四氟乙烯板。

(8) 检查支座相对位移是否均匀，并逐个检查支座位移量。

2. 支座的维修更换

支座如有缺陷或产生故障不能正常工作时，应及时予以修整或更换。

(1) 支座钢构件翘曲、扭曲、断裂、变形等应及时修复或更换，焊缝开裂应予整修。

(2) 当支座高度变化超过 3mm 时，应考虑更换聚四氟乙烯板。

(3) 支座的固定锚栓剪断，滑动面不平整，销轴有裂纹等必须更换。

(4) 墩身沉陷过大时，经检查、鉴定，当需要抬高支座时，应委外制订方案，编制施工工艺，进行施工。

(5) 定期对支座钢件的表面(除不锈钢板和聚四氟乙烯板表面等滑动面外)涂

装体系进行检查，超过有效保护期应重涂，以满足防腐要求。

3. E 型钢阻尼支座养护与维修

1) 日常维护与保养期

(1) 阻尼器在正常使用前，必须检查一次。

(2) 阻尼器在大桥通车后 6 个月后检查一次。

(3) 使用一年后再次检查，以后每 3 年检查一次。

(4) 阻尼器检修后，6 个月内检查一次，以后每 2 年检查一次。

2) 维修与保养的内容

(1) 检查阻尼器表面是否有油漆剥离及腐蚀情况，是否有未涂漆部分(不锈钢护套)，表面是否清洁等。

(2) 检查销轴连接处，并给销轴与关节轴承之间加注润滑油脂，加注前检查连接处是否清洁，若有污垢，先清理干净。

(3) 检查关节轴承是否变形凸出、与销轴之间是否存在间隙，若发现问题，现场采集信息(拍照留底)并向上级申报情况。

(4) 目测和手触漏油观察点是否有硅油泄漏，若发现存在问题，现场采集信息(拍照留底)并向上级申报情况。

(5) 测量阻尼器中心距尺寸并记录。检查该尺寸是否在有效尺寸范围内，若超出上述范围，应及时采集信息(记录数据并拍照留底)，向上级申报情况。

(6) 观察耳环座四周焊缝，若发现有疑似裂纹，用磁粉探伤仪器检查焊缝处是否有裂缝，若有，采集信息并及时向上级申报，重新处理焊缝。

(7) 检查锁紧螺母是否松动，若松动用专用扳手拧紧。

3) 严重自然灾害后阻尼器维护与保养

(1) 阻尼器本体外观是否变形，是否有裂纹、漏油、散架等情况，若发现问题，现场采集信息(拍照留底)并向上级申报情况。

(2) 检查销轴等连接件是否变形、裂缝，做好记录，若发现问题，现场采集信息(拍照留底)并向上级申报情况。

(3) 检查关节轴承是否变形凸出、与销轴之间是否存在间隙，若发现问题，现场采集信息(拍照留底)并向上级申报情况。

(4) 目测和手触漏油观察点是否有硅油泄漏，若发现存在问题，现场采集信息(拍照留底)并向上级申报情况。

(5) 测量阻尼器中心距尺寸并记录。检查该尺寸是否在有效尺寸范围内，若超出上述范围，应及时采集信息(记录数据并拍照留底)，向上级申报情况。

(6) 用磁粉探伤仪器检查双耳环座四周焊缝是否有裂缝，若发现问题，采集信息并及时向上级申报，重新处理焊缝。

(7) 检查锁紧螺母是否松动,如松动用专用扳手拧紧。

8.9 本章小结

本章在对现有的公路、城市和铁路桥梁管养技术分析与比较的基础上,深入研究了三类规范相关内容,并结合我国跨海桥梁的管养现状、特点和要求,研究制定了一套适用于跨海桥梁的管养技术方法。本章主要对桥梁的管理、检查、技术状态评定和桥梁结构的养护与维修等方面进行了深入研究与说明。

参 考 文 献

[1] 中华人民共和国国家统计局. 中国统计年鉴[M]. 北京: 中国统计出版社, 2018.

[2] 中华人民共和国交通运输部. 2018 年交通运输行业发展统计公报[N]. 中国交通报, 2019-04-12(002).

[3] 郭健. 跨海大桥建设的主要技术现状与面临的挑战[J]. 桥梁建设, 2010, (6): 66-69.

[4] 郭健. 跨海大桥健康监测的关键技术分析[J]. 中国工程科学, 2010, 12(7): 90-95.

[5] Wright R S, Reeder G S, Herzog C A, et al. Acute myocardial infarction and renal dysfunction: A high-risk combination[J]. Annals of Internal Medicine, 2002, 137(7): 563-570.

[6] Vaughan E J, Vaughan T M. Fundamentals of risk and insurance[J]. The Journal of Risk and Insurance, 1990, 61(2): 359-360.

[7] Price J F, Mowbrgy P I, Lee A J, et al. Relationship between smoking and cardiovascular risk factors in the development of peripheral arterial disease and coronary artery disease: Edinburgh artery study[J]. European Heart Journal, 1999, 20(5): 344-353.

[8] March J G, Shapira Z. Managerial perspectives on risk and risk taking[J]. Management Science, 1987, 33: 1404-1418.

[9] 卓志. 保险经营风险防范机制研究[M]. 成都: 西南财经大学出版社, 1998.

[10] 万艳华. 城市防灾学[M]. 北京: 中国建筑工业出版社, 2003.

[11] John H. Risk as an economic factor[J]. The Quarterly Journal of Economics, 1895, (4): 409-449.

[12] Willett A H. The Economic Theory of Risk and Insurance[M]. Philadelphia: University of Pennsylvania Press, 1951.

[13] Rosenbloom A L, Silverstein J H, Lezotte D C, et al. Limited joint mobility in childhood diabetes mellitus indicates increased risk for microvascular disease[J]. New England Journal of Medicine, 1981, 305(4): 191.

[14] 罗祖德, 徐长乐. 灾害论[M]. 杭州: 浙江教育出版社, 1990.

[15] Curhan G C, Willett W C, Knight E L, et al. Dietary factors and the risk of incident kidney stones in younger women: Nurses' health study II [J]. Archives of Internal Medicine, 2004, 164(8): 885-891.

[16] United Nations, Department of Humanitarian Affairs, International Decade for Natural Disaster Reduction. Cities at risk: Making cities safer before disaster strikes[J]. Stop Disasters, 1996: 39-42.

[17] 陈滔. 医疗保险精算和风险控制方法[M]. 成都: 西南财经大学出版社, 2002.

[18] 汪鹏南. 海上保险合同法详论[M]. 大连: 大连海事大学出版社, 2003.

[19] 段开龄. 风险及保险理论之研讨[M]. 天津: 南开大学出版社, 1996.

[20] 国际标准化组织. ISO 31000: 2018 风险管理指南[S]. 北京: 人民邮电出版社, 2018.

[21] Cooper D F, Chapman C B. Risk Analysis for Large Projects: Models, Methods, and Cases[M]. Hoboken: Wiley, 1987.

[22] IUGS. Quantitative Risk Assessment for Slopes and Landslides—The State of the Art [M]. Rotterdam: Balkema, 1997.

[23] Scott E H, Gregory R N. Risk Management and Rnsurance[M]. Boston: Mcgraw-Hill/Irwin, 1998.
[24] National Art Education Association, Reston, V A. Commission on Research in Art Education. Creating a Visual Arts Research Agenda toward the 21st Century[R]. National Art Education Association, 1996.
[25] 胡二邦. 环境风险评价实用技术和方法[M]. 北京: 中国环境科学出版社, 2000.
[26] 张圣坤, 白勇, 唐文勇. 船舶与海洋工程风险评估[M]. 北京: 国防工业出版社, 2003.
[27] 阮欣, 陈艾荣, 石雪飞. 桥梁工程风险评估[M]. 北京: 人民交通出版社, 2008.
[28] 巩春领. 大跨度斜拉桥施工风险分析与对策研究[D]. 上海: 同济大学, 2006.
[29] 戴彤宇. 船撞桥及其风险分析[D]. 哈尔滨: 哈尔滨工程大学, 2003.
[30] 郭健, 杭达. 基于马尔可夫链的钢箱梁正交异性板疲劳状态分析[J]. 土木工程学报, 2020, 53(3): 60-66.
[31] 郭健. 舟山复杂环境中的桥梁智能养护[J]. 中国公路, 2019, (17): 29-31.
[32] 百度百科. 台风桑美[DB/ OL]. https: //baike. baidu. com/ item/%E5%8F%B0%E9%A3%8E%E6%A1%91%E7%BE%8E/7561849?fromtitle=%E6%A1%91%E7%BE%8E&fromid=7388692&fr=aladdin#reference-[3]-415638-wrap[2020-07-01].
[33] 百度百科. 台风威马逊[DB/OL]. https: //baike. baidu. com/item/ %E5%8F%B0%E9%A3%8E%E5%A8%81%E9%A9%AC%E9%80%8A/14896790?fromtitle=%E5%A8%81%E9%A9%AC%E9%80%8A&fromid=6239624[2020-07-01].
[34] 马修·韦尔斯. 世界著名桥梁设计[M]. 北京: 中国建筑工业出版社, 2003.
[35] 郭健, 裘力奇, 张胜利, 等. 基于柔度矩阵的跨海大桥非通航孔桥船撞损伤识别[J]. 桥梁建设, 2017, 47(6): 72-77.
[36] 郭健, 蒋兵. 近 30 年桥梁基础冲刷研究进展及关键问题[J]. 中国公路学报, 2020, 33(7): 1-20.
[37] 刘兀, 刘均利, 余文成. 2007~2015 年洪水导致垮塌桥梁的统计分析[J]. 城市道桥与防洪, 2017, (1): 90-92.
[38] 刘美铭. 桥梁事故分析[D]. 成都: 西南交通大学, 2013.
[39] 杨宏健. 超重车辆通行桥梁安全评定系统研究[D]. 大连: 大连理工大学, 2003.
[40] 唐国喜, 傅香如, 郑小燕. 公路桥梁震害分析及对策[J]. 路基工程, 2010, (6): 57-60.
[41] 戈铭, 王涛. 桥梁坍塌事故的原因分析及其预防措施[J]. 特种结构, 2012, (2): 79-82.
[42] 徐洪涛, 郭国忠, 蒲焕玲. 我国近年来桥梁事故发生的原因与教训[J]. 中国安全科学学报, 2007, 17(11): 90-95.
[43] 吉伯海, 傅中秋. 近年国内桥梁倒塌事故原因分析[J]. 土木工程学报, 2010, 43(S1): 495-498.
[44] 王毅娟. 从桥梁事故分析中得到的警示[J]. 北京建筑工程学院学报, 2003, 19(3): 50-54.
[45] 中华人民共和国交通部. JTG D62—2004 公路钢筋混凝土及预应力混凝土桥涵设计规范[S]. 北京: 人民交通出版社, 2006.
[46] 范立础. 桥梁工程安全性与耐久性——展望设计理念进展[J]. 上海公路, 2004, (1): 3, 6-12.
[47] 李有丰, 林安彦. 桥梁检测评估与补强[M]. 北京: 机械工业出版社, 2003.
[48] 苏权科, 石国彬. 桥梁施工监理方法与要点[M]. 北京: 人民交通出版社, 2009.

[49] 项海帆. 21世纪世界桥梁工程的展望[J]. 土木工程学报, 2000, (3): 1-6.
[50] 许铎. 桥梁工程施工中事故环境风险评估[J]. 中国安全科学学报, 2003, (8): 49-52, 84.
[51] 郭健, 张强, 马敬海. 基于风险管理的跨海悬索桥养护管理[J]. 中国工程科学, 2010, 12(7): 64-67.
[52] 贾楠. 苏通大桥风致风险分析[D]. 南京: 东南大学, 2015.
[53] 兰成明. 平行钢丝拉索疲劳性能理论研究[J]. 沈阳建筑大学学报(自然科学版), 2009, 25(1): 56-60.
[54] 叶见曙, 张峰. 预应力混凝土连续箱梁开裂后的刚度退化模型[J]. 中国公路学报, 2008, 20(6): 67-72.
[55] 李进洲, 余志武, 宋力. 疲劳重复荷载下预应力混凝土梁的刚度退化规律[J]. 公路交通科技, 2013, (8): 62-69.
[56] Guo J, Zhu M J, Hu C J. Study on wind load shape factor of long-span stadium roof[J]. Advances in Structural Engineering, 2020, (5): 1-10.
[57] 曹宏, 霍达. 抗风结构安全度的计算方法[J]. 土木工程学报, 1994, 27(1): 40-48.
[58] 郭健, 朱敏俊, 孙博, 等. 复杂格构式梁体三分力系数精细化计算分析[J]. 中国公路学报, 2019, 32(5): 80-87.
[59] 刘志文. 缆索承重桥梁的抗风风险评估[D]. 上海: 同济大学, 2004.
[60] 储彤. 某大跨度斜拉桥风场与斜拉索涡激振动现场监测研究[D]. 哈尔滨: 哈尔滨工业大学, 2013.
[61] 惠卓. 土木工程荷载与可靠性设计[M]. 武汉: 华中科技大学出版社, 2012.
[62] 李国强, 黄宏伟, 郑步全. 工程结构荷载与可靠度设计原理[M]. 北京: 中国建筑工业出版社, 1999.
[63] Kareem A. Effect of parametric uncertainties on wind excited structural response[J]. Journal of Wind Engineering and Industrial Aerodynamics, 1988, 30(1): 233-241.
[64] Haviland R. A Study of the Uncertainties in the Fundamental Translational Periods and Damping Values for Real Buildings[R]. Cambridge: Massachusetts Institute of Technology, Department of Civil Engineering, Constructed Facilities Division, 1976.
[65] Kareem A, Gurley K. Damping in structures: Its evaluation and treatment of uncertainty[J]. Journal of Wind Engineering and Industrial Aerodynamics, 1996, 59(2): 131-157.
[66] 章关永, 朱乐东. 虎门大桥主桥自振特性测定[J]. 同济大学学报(自然科学版), 1999, (2): 3-5.
[67] 程进, 肖汝诚. 大跨度悬索桥颤振可靠度分析的改进响应面法[J]. 土木工程学报, 2006, 39(7): 69-73.
[68] 赵林, 葛耀君. 大跨度斜拉桥随机有限元抖振概率评价[J]. 同济大学学报(自然科学版), 2008, 36(9): 1176-1181.
[69] 中华人民共和国交通运输部. JTG/T 3360-01—2018 公路桥梁抗风设计规范[S]. 北京: 人民交通出版社, 2018.
[70] 李桂青. 结构动力可靠性理论及其应用[M]. 北京: 地震出版社, 1993.
[71] Chaudhuri A, Chalffaborty S. Reliability of linear structures with parameter uncertainty under non-stationary earthquake[J]. Structural Safety, 2006, 28(3): 231-246.

[72] 陈小锋. 含随机结构参数大跨度桥梁抖振动力可靠度研究[D]. 广州: 华南理工大学, 2010.
[73] Venini P, Mariani C. Reliability as a measure of active control effectiveness[J]. Computers & Structures, 1999, 73(1): 465-473.
[74] 阮欣. 桥梁工程风险评估体系及关键问题研究[D]. 上海: 同济大学, 2006.
[75] Radojicic A, Bailey S, Bruhwiler E. Consideration of the serviceability limit state in a time dependent probabilistic cost model[J]. Application of Statistics and Probability, 1999, 2: 605-612.
[76] Frangopol D M. Structural optimization using reliability concepts[J]. Journal of Structural Engineering, 1985, 111(11): 2288-2301.
[77] Mori Y, Ellingwood B R. Maintaining reliability of concrete structures. I: Role of inspection/repair[J]. Journal of Structural Engineering, 1994, 120(3): 824-845.
[78] 彭利, 欧进萍. 沿海建筑物地震与海啸损失估计[J]. 土木工程学报, 2013, 46(S1): 308-313.
[79] 郭健, 郑阳飞, 宋神友. 考虑海域水位变化的船撞桥流固耦合分析[J]. 桥梁建设, 2019, 49(6): 24-29.
[80] Ren N X, Ou J P. A crashworthy device against ship-OWT collision and its protection effects on the tower of offshore wind farms[J]. China Ocean Engineering, 2009, 23(4): 593-602.
[81] Wang Z Z, Wang J J, Fan L C. Risk analysis and management of ship collisions with bridges[J]. Transportation and Development Innovative Best Practices, 2008: 332-337.
[82] AASHTO. GVCB AMD-2009 Guide Specification and Commentary for Ship Collision Design of Highway Bridges[S]. Washington D C: American Association of State Highway and Transportation Officials, 1991.
[83] PER. Some Factors Affecting The Frequency of Accidents in Marine Traffic[S]. Washington D C: American Association of State Highway and Transportation, 2000.
[84] Larsen O D. Ship collision with bridges[J]. IABSE Structural Engineering Documents, 1993, (2): 55-59.
[85] 耿波, 王君杰. 桥梁船撞风险评估系统总体研究[J]. 土木工程学报, 2007, (5): 34-40.
[86] 郭健, 王银辉, 邹毅松. 考虑水流影响的船桥碰撞效应分析[J]. 桥梁建设, 2015, 45(5): 48-53.
[87] Wang Y M, Liu J, Elhag T M S. An integrated AHP-DEA methodology for bridge risk assessment[M]. Oxford: Pergamon Press, 2008.
[88] Guo Y B, Meng X L, Wang D G, et al. Comprehensive risk evaluation of long-distance oil and gas transportation pipelines using a fuzzy Petri net model[J]. Journal of Natural Gas Science and Engineering, 2016, 33: 18-29.
[89] Yin Z H, Yu B, Lin J. Security risk evaluation on long span bridge structure based on grey fuzzy theory[J]. Applied Mechanics and Materials, 2013, 433-435: 1005-1008.
[90] 郝勇. 事故致因理论及其在水上交通安全管理中的应用[D]. 武汉: 武汉理工大学, 2003.
[91] Lignos X, Ioannidis G, Kounadis A N. Non-linear buckling of simple models with tilted cusp catastrophe[J]. International Journal of Non-Linear Mechanics, 2003, 38(8): 1163-1172.
[92] 陈伟炯. 船舶安全与管理[M]. 大连: 大连海事大学出版社, 1998.
[93] Mastaglio L. Bridge bashing[J]. Civil Engineering—ASCE, 2014, 67: 38-40.

[94] Yip T L. Port traffic risks—A study of accidents in Hong Kong waters[J]. Transportation Research Part E: Logistics and Transportation Review, 2008, 44(5): 921-931.

[95] Hu S P, Fang Q G, Cai C Q. Formal risk assessment of vessel traffic at coastal waters[C]//Fifth International Joint Conference on INC, IMS, IDC, Seoul, 2009.

[96] 龚婷. 船撞桥事故概率研究[D]. 武汉: 武汉理工大学, 2010.

[97] 钟建国. 嘉陵江重庆至北碚区段跨江大桥船撞风险分析[D]. 重庆: 重庆交通大学, 2009.

[98] 中华人民共和国住房和城乡建设部. GB 50139—2014 内河通航标准[S]. 北京: 中国计划出版社, 2014.

[99] 张莉华. 船舶营运风险评估[D]. 大连: 大连海事大学, 2008.

[100] 张青山, 张海漾. 人对人-机-环境系统效能的影响及其差错防范[J]. 沈阳工业大学学报, 2002, (1): 70-72, 84.

[101] 刘正江, 吴兆麟. 基于船舶碰撞事故调查报告的人的因素数据挖掘[J]. 中国航海, 2004, (2): 3-8, 16.

[102] InCom Working Group19. Ship collisions due to the presence of bridges[R]. Brussels: PIANC, General Secretariat, 2001.

[103] 项海帆, 范立础, 王君杰. 船撞桥设计理论的现状与需进一步研究的问题[J]. 同济大学学报(自然科学版), 2002, 30(4): 386-392.

[104] Chen S, Ahmad R, Lee B G, et al. Composition ship collision risk based on fuzzy theory[J]. Journal of Central South University, 2014, 21(11): 4296-4302.

[105] Goerlandt F, Kujala P. On the reliability and validity of ship-ship collision risk analysis in light of different perspectives on risk[J]. Safety Science, 2014, 62: 348-365.

[106] 黄常海, 胡甚平, 高德毅, 等. 大桥船撞动态风险评估系统的设计与实现[J]. 中国安全科学学报, 2013, 23(4): 120-126.

[107] Prezzi M, Geyskens P, Monteiro P J M. Reliability approach to service life prediction concrete exposed to marine environment[J]. ACI Materials Journal, 1996, 93(6): 544-552.

[108] 马亚丽, 王东威, 张爱林. 氯离子环境下钢筋局部腐蚀可靠性分析[J]. 混凝土, 2012, (9): 30-31.

[109] Kwon S J, Na U J, Park S S, et al. Service life prediction of concrete wharves with early-aged crack: Probabilistic approach for chloride diffusion[J]. Structural Safety, 2009, 31(1): 75-83.

[110] 孙彬, 牛荻涛, 王庆霖. 基于区间分析的锈蚀钢筋混凝土结构使用寿命预测[J]. 建筑结构学报, 2012, 33(6): 110-115.

[111] Nogueira C G, Leonel E D. Probabilistic models applied to safety assessment of reinforced concrete structures subjected to chloride ingress[J]. Engineering Failure Analysis, 2013, 31: 76-89.

[112] 杜梓鹏, 赵程. 基于ANSYS模拟氯离子扩散的影响因素研究[C]//中国土木工程学会2019年学术年会论文集, 上海, 2019.

[113] Hooton R D, McGrath P F. Issues related to recent developments in service life specification for concrete structures[C]//Proceedings of the 1st International RILEM Workshop on Chloride Penetration into Concrete, Saint-Rémy les Chevreuse, 1997.

[114] Sun G, Zhang Y, Sun W, et al. Multi-scale prediction of the effective chloride diffusion coefficient of concrete[J]. Construction and Building Materials, 2011, 25(10): 3820-3831.

[115] Li B, Mao J, Nawa T, et al. Mesoscopic chloride ion diffusion model of marine concrete subjected to freeze-thaw cycles[J]. Construction and Building Materials, 2016, 125: 337-351.

[116] Alonsc C, Andrade C, Castellote M, et al. Chloride threshold values to depassivate reinforcing bars embedded in a standard OPC mortar[J]. Cement and Concrete Research, 2000, (30): 1047-1055.

[117] Enright M P, Frangopol D M. Probabilistic analysis of resistance degradation of reinforced concrete bridge beams under corrosion[J]. Engineering Structures, 1998, 20(11): 960.

[118] Sun B, Xiao R C, Guo J, et al. Probabilistic chloride penetration models and corrosion initiation probability of RC bridge based on long-term test data[J]. Journal of Bridge Engineering, 2019, 24(4): 04019012.1-04019012.14.

[119] Hansen E J, Saouma V E. Numerical simulation of reinforced concrete deterioration—Part 1: Chloride diffusion[J]. ACI Materials Journal, 1999, 96(2): 173-180.

[120] Ahmad S. Reinforcement corrosion in concrete structures, its monitoring and service life prediction—A review[J]. Cement and Concrete Composites, 2003, 25(4-5): 459-471.

[121] Shao W, Li J, Yue Z. Service life prediction of concrete pipe pile due to chloride ion corrosion by modeling[J]. Journal of the Chinese Ceramic Society, 2013, 41(5): 575-581.

[122] Liang M T, Lin L H, Liang C H. Service life prediction of existing reinforced concrete bridges exposed to chloride environment[J]. Journal of Infrastructure Systems, 2002, 8(3): 76-85.

[123] Fa Y H, Wei S, Yan M H, et al. Diffusion equations of chloride ion in concrete under the combined action of durability factors[J]. Journal of Building Materials, 2002, 5(3): 240-247.

[124] Song H W, Pack S W, Ann K Y. Probabilistic assessment to predict the time to corrosion of steel in reinforced concrete tunnel box exposed to sea water[J]. Construction and Building Materials, 2009, 23(10): 3270-3278.

[125] 郝晓丽. 氯腐蚀环境混凝土结构耐久性与寿命预测[D]. 西安: 西安建筑科技大学, 2004.

[126] Lounis Z, Amleh L. Reliability-based prediction of chloride ingress and reinforcement corrosion of aging concrete bridge decks[J]. American Society of Civil Engineerings (ASCE), 2003, 282(30): 113-122.

[127] Lindvall A. Chloride ingress data from field and laboratory exposure-influence of salinity and temperature[J]. Cement and Concrete Composites, 2007, 29(2): 88-93.

[128] Yin H G, Li Y, Lv H L, et al. Durability of sea-sand containing concrete: Effects of chloride ion penetration[J]. Mining Science and Technology, 2011, 21(1): 123-127.

[129] Enright M P, Frangopol D M. Probabilistic analysis of resistance degradation of reinforced concrete bridge beams under corrosion[J]. Engineering Structures, 1998, 20(11): 960-971.

[130] Vu K A T, Stewart M G. Structural reliability of concrete bridges including improved chloride-induced corrosion models[J]. Building Technique Development, 2007, 22(4): 313-333.

[131] Cret D. General Guidelines for Durability Design and Redesign[R]. The European Union-Bridge Eu Ram Ⅲ, Project No. BE95-1374, 2000.

[132] Gjorv O E. Durability of concrete structures[J]. Arabian Journal for Science and Engineering, 2011, 36(2): 151-172.

[133] Thomas M D A. Modelling chloride diffusion in concrete[J]. Cement & Concrete Research,

1999, 29(4): 487-495.

[134] Mardani-Aghabaglou A, Kalipcilar I, Sezer G, et al. Freeze-thaw resistance and chloride-ion penetration of cement-stabilized clay exposed to sulfate attack[J]. Applied Clay Science, 2015, 115: 179-188.

[135] 孙博, 肖汝诚, 郭健. 碳化概率模型及混凝土结构碳化失效概率分析[J]. 土木工程学报, 2018, 51(5): 1-7, 83.

[136] Marques P F, Costa A. Service life of RC structures: Carbonation induced corrosion. Prescriptive vs. performance-based methodologies[J]. Construction and Building Materials, 2010, 24(3): 258-265.

[137] Teply B. Interrelation between service life, reliability index, and costs of concrete structures subjected to aggressive exposure[J]. Journal of Performance of Constructed Facilities, 2014, 28(4): 04014003.

[138] 牛荻涛. 混凝土结构耐久性与寿命预测[M]. 北京: 科学出版社, 2003.

[139] Kwon S, Na U. Prediction of durability for RC columns with crack and joint under carbonation based on probabilistic approach[J]. International Journal of Concrete Structures & Materials, 2011, 5(1): 11-18.

[140] 黄可信. 钢筋混凝土结构中钢筋腐蚀与保护[M]. 北京: 中国建筑工业出版社, 1983.

[141] Papadakis V G, Vayenas C G, Fardis M N. Fundamental modeling and experimental investigation of concrete carbonation[J]. ACI Materials Journal, 1991, 88(4): 363-373.

[142] 肖佳, 勾成福. 混凝土碳化研究综述[J]. 混凝土, 2010, (1): 47-51, 59.

[143] 朱安民. 混凝土碳化与钢筋混凝土耐久性[J]. 混凝土, 1992, (6): 18-22.

[144] 中华人民共和国住房和城乡建设部. CECS 220—2007 混凝土结构耐久性评定标准[S]. 北京: 中国计划出版社, 2007.

[145] Smolczyk H G. Testing of concrete[C]//Proceedings of RILEM Symposium, Washington D C, 1962.

[146] Gardoni P, der Kiureghian A, Mosalam K M. Probabilistic capacity models and fragility estimates for reinforced concrete columns based on experimental observations[J]. Journal of Engineering Mechanics, 2002, 128(10): 1024-1038.

[147] 金伟良, 鄢飞. 混凝土碳化指数的概率模型[J]. 混凝土, 2000, (1): 35-37.

[148] 邱小坛, 周燕. 混凝土碳化规律的研究[J]. 中国建筑科学研究, 1995, 4: 31-35.

[149] 中华人民共和国住房和城乡建设部. GB 50216—2019 铁路工程结构可靠性设计统一标准[S]. 北京: 中国计划出版社, 1995.

[150] Haukaas T, Hahnel A, Sudret B, et al. FERUM[DB]. Berkeley: Department of Civil and Environmental Engineering, University of California, 2003.

[151] 张明. 结构可靠度分析: 方法与程序[M]. 北京: 科学出版社, 2009.

[152] Choe D, Gardoni P, Rosowsky D, et al. Probabilistic capacity models and seismic fragility estimates for RC columns subject to corrosion[J]. Reliability Engineering & System Safety, 2008, 93(3): 383-393.

[153] Hohenbichler M, Rackwitz R. First-order concepts in system reliability[J]. Structural Safety, 1983, 1(3): 177-188.

[154] Kiureghian A D, Ke J B. Finite-element based reliability analysis of frame structures[C]//Fourth International Conference on Structural Safety and Reliability, Kobe, 1985.
[155] 尤捷. 大型土木工程施工安全突发事件应急管理研究[D]. 南京: 南京林业大学, 2018.
[156] 王金权, 肖龙, 王灏. 特大型跨海桥梁养护标准研究[J]. 公路, 2018, 63(5): 287-292.
[157] 章浩. 高速铁路桥梁管养技术研究[D]. 广州: 广州大学, 2018.

附表1 日常巡检记录表

跨海桥梁日常巡检记录表

桥面：　　　　　巡视人：　　　　　巡视时间：　年　月　日　时
天气：　　　　　风力：　　　　　　温度：　　　　　能见度：

检查项目	病害类型	病害描述	病害照片
桥面	坑槽		
	开裂		
	障碍物		
	不清洁		
	桥面积水		
	其他		
护栏、栏杆	残缺		
	破损		
	其他		
伸缩缝	积土		
	异响		
	其他		
标志、标线	不清晰		
	缺失		
	其他		
结构异常	全桥异常振动		
	其他		
设备运转	供电系统运转		
	健康监测系统运转		
健康监测结果	达到预警值		
其他			

附表2 日常巡检详细记录表

跨海桥梁日常巡检详细记录表

桥面：　　　　　　巡视人：　　　　　　巡视时间：　年　月　日　时
天气：　　　　　　风力：　　　　　　　温度：　　　　　　能见度：

项目	具体描述	发现日期	处理意见	处理结构	处理日期	巡查员签字
桥面						
护栏						
伸缩缝						
标志、标线						
支座						
设备运转						
健康检测结果						
其他						

附表3 经常性检查记录表

桥梁经常性检查记录表

检查日期: 　年　月　日至　年　月　日

管理单位:			
桥梁编码		桥梁名称		养护单位	

部件名称	缺损类型	缺损范围	保养措施意见
桥墩基础			
防撞设施			
支座			
钢筋			
箱梁			
吊杆			
主缆			
墩台			
上部结构异常变形			
路缘石			
伸缩缝			
桥面铺装			
栏杆、护栏			
标志、标线			
排水设施			
桥面清洁			
照明系统			
健康监测系统			
其他			
负责人		记录人	

附表4 沥青路面损坏调查表

沥青路面损坏调查表

路线名称：				调查方向：				调查时间：			调查人员：				累计损坏
调查内容	程度	权重	单位	起点桩号：路线长度：					终点桩号：路面宽度：						
				1	2	3	4	5	6	7	8	9	10		
龟裂	轻	0.6	m²												
	中	0.8													
	重	1.0													
块状裂缝	轻	0.6	m²												
	重	0.8													
纵向裂缝	轻	0.6	m												
	重	1.0													
横向裂缝	轻	0.6	m												
	重	1.0													
坑槽	轻	0.8	m²												
	重	1.0													
松散	轻	0.6	m²												
	重	1.0													
沉陷	轻	0.6	m²												
	重	1.0													
波浪拥包	轻	0.6	m²												
	重	0.8													
泛油		0.2	m²												
补修		0.1	m²												

评定结果：
$D_R =$
$PCI =$

$$PCI = 100 - a_0 D_R^{a_1}$$

$$D_R = 100 \cdot \frac{\sum_{i=1}^{i_0} w_i A_i}{A}$$

附表5 路基损坏调查表

路基损坏调查表

路线名称:		调查方向:				调查时间:			调查人员:			累计损坏
调查内容	程度	单位扣分	权重	单位	起点桩号: 路线长度:					终点桩号: 路面宽度:		
					1	2	3	4	5	6	7	8	9	10	
路肩边沟不洁		0.5	0.05	m											
路肩损坏	轻	1	0.10	m²											
	重	2													
边坡坍塌	轻	20	0.25	处											
	中	30													
	重	50													
水毁冲沟	轻	20	0.25	处											
	中	30													
	重	50													
路基构造物损坏	轻	20	0.10	处											
	中	30													
	重	50													
路缘石缺损		4	0.05	m											
路基沉降	轻	20	0.10	处											
	中	30													
	重	50													
排水系统淤塞	轻	1	0.10	m											
	重	20		处											

评定结果:
SCI=

计算方法:
$$\mathrm{SCI} = \sum_{i=1}^{8} w_i (100 - \mathrm{GD}_{i\mathrm{SCI}})$$

附表6 沿线设施损坏调查表

沿线设施损坏调查表

路线名称：		调查方向：		调查时间：					调查人员：					
调查内容	程度	单位扣分	权重	单位	起点桩号： 路线长度：					终点桩号： 路面宽度：				累计损坏
					1	2	3	4	5	6	7	8	9	10	
防护设施缺失	轻	10	0.25	处											
	重	30													
隔离栅损坏		20	0.10	处											
标志缺损		20	0.25	处											
标线缺损		0.1	0.20	m											
绿化管护不善		0.1	0.20	m											
评定结果： TCI=									计算方法： $TCI = \sum_{i=1}^{t_0} w_i(100 - GD_{iTCI})$						

检测： 复核： 日期： 年 月 日

附表 7　回弹法检测混凝土抗压强度记录表

回弹法检测混凝土抗压强度记录表

委托/任务编号					
混凝土类型		强度等级			
检测日期		环境温度			
回弹仪型号		回弹仪鉴定证号			
构件	测区混凝土抗压强度换算值/MPa				混凝土强度推定值
构件标号	测区编号	平均值	标准差	最小值	
1					
2					
3					
4					
5					
6					
7					
8					
9					
10					
11					
12					
13					
14					

备注

检测：　　　复核：　　　日期：　　年　　月　　日

附表 8 超声回弹综合法检测混凝土抗压强度记录表

超声回弹综合法检测混凝土抗压强度记录表

委托/任务编号													
回弹仪型号					率定值								
超声仪型号					换能器/kHz								
环境温度/℃					测试日期								
回弹测试面					测试角度/(°)								
超声测试方法	对测□ 平测□ 角测□(°)												
构件标号	测区	测点回弹值 R								测区回弹代表值	测点测距 L/声时 t			测区声速代表值 v/(km/s)
		1	2	3	4	5	6	7	8		1	2	3	
	1													
	2													
	3													
	4													
备注														

检测：　　　　复核：　　　　日期：　　年　　月　　日

附表9 电位滴定法检测氯离子浓度记录表

电位滴定法检测氯离子浓度记录表

委托/任务编号			
检测结构			
试验编号	1	2	3
$C(AgNO_3)/(mol/L)$			
V_1/mL			
V_2/mL			
V_1-V_2/mL			
m_g/g			
$W_{cr}/\%$			
W_{cr}平均值/%			

符号说明及设计公式:
W_{cr}为混凝土中氯离子的质量分数;
$C(AgNO_3)$为硝酸银标准溶液物质的量浓度(mol/L);
V_1为硝酸银标准溶液的用量(mL);
V_2为空白试验硝酸银标准溶液的用量(mmol);
0.03545为氯离子的毫摩尔质量(g/mmol);
m_g为混凝土试样的质量(g);

$$W_{cr} = \frac{C(AgNO_3) \times (V_1 - V_2) \times 0.03545}{m_g \times 50/250} \times 100\%$$

备注

检测: 复核: 日期: 年 月 日

附表 10　混凝土碳化深度检测记录表

混凝土碳化深度检测记录表

委托/任务编号			检测日期		
环境温度/℃			环境相对湿度		
检测结果					
构件编号	测点 1	测点 2	测点 3	测点 4	测点 5	平均值
备注						

检测：　　　复核：　　　日期：　　年　　月　　日

附表11 混凝土电阻率检测记录表

混凝土电阻率检测记录表

工程部位/用途		委托/任务编号	
检测依据		样品编号	
检测条件		样品描述	
主要仪器及设备		检测日期	
工程名称		电极间距	5cm

	检测项目					
电阻率 /(kΩ·cm)	1#	2#	3#	4#	5#	6#
	7#	8#	9#	10#	11#	12#
	13#	14#	15#	16#	17#	18#
	19#	20#	21#	22#	23#	24#
	25#	26#	27#	28#	29#	30#

测区示意图

备注

检测： 复核： 日期： 年 月 日

附表 12　混凝土保护层厚度检测记录表

混凝土保护层厚度检测记录表

工程名称				构件名称			
检测依据							
检测仪器				垫块厚度/mm			

序号	钢筋保护层厚度设计值/mm	检测部位	钢筋公称直径/mm	保护层厚度检测值/mm			
				第1次检测值	第2次检测值	平均值	验证值

检测部位示意图

备注

检测：　　　复核：　　　日期：　　年　月　日

附表 13　混凝土裂缝检测记录表

混凝土裂缝检测记录表

委托/任务编号		构件名称				
检测依据	《超声法检测混凝土缺陷技术规程》(CECS 21)					
检测仪器	混凝土裂缝检测仪		环境温度/℃			
裂缝编号	宽度/mm	深度/mm	长度/mm	裂缝走向	裂缝位置	备注

检测部位示意图

备注

检测：　　　复核：　　　日期：　　年　　月　　日

附表14 钢筋锈蚀电位试验检测记录表

钢筋锈蚀电位试验检测记录表

工程部位/用途		委托/任务编号			
检测依据		样品编号			
检测条件		样品描述			
主要仪器及编号		检测日期			
工程名称		混凝土类型			
测点数		测点间距			
测点序号	电位值/mV	X向位置/cm		Y向位置/cm	评定标度

测区布置示意图

备注

检测：　　　复核：　　　日期：　　年　月　日

附表 15　伸缩缝检测记录表

伸缩缝检测记录表

工程名称		委托单位	
伸缩缝编号		检测单位	
检查项目及检查结论			
1. 伸缩缝生产厂家、品种及规格			
2. 伸缩缝与梁体的锚固情况			
3. 安装时间、温度、安装总宽度、最小缝隙宽度			
4. 两端梁体之间的最小缝隙宽度			
5. 伸缩缝于桥面高差			
6. 安装坡度			
7. 横向平整度			
8. 伸缩缝内杂物清除及排水情况			

检查结论：

检测：　　　复核：　　　日期：　　年　　月　　日

附表 16　桥面铺装检测记录表

桥面铺装检测记录表

工程名称		委托单位	
伸缩缝编号		检测单位	
检查项目及检查结论			
1. 强度			
2. 压实度			
3. 厚度/mm			
4. 平整度			
5. 横坡/%			
6. 抗滑构造深度			
7. 横向平整度			

检查结论：

检测：　　　复核：　　　日期：　　年　　月　　日

附表17 全站仪测量桥面纵断面、横断面检测记录表

全站仪测量桥面纵断面、横断面检测记录表

工程名称		桥位里程	
全站仪型号		检测项目	横断面□ 纵断面□
编号	位置	X坐标	Y坐标
备注			

检测：　　　复核：　　　日期：　　年　　月　　日

附表 18　水准仪测量桥面纵断面、横断面检测记录表

水准仪测量桥面纵断面、横断面检测记录表

工程名称		桥位里程	
水准仪型号		检测项目	横断面□ 纵断面□
编号	位置	X 坐标	Y 坐标
备注			

检测：　　　复核：　　　日期：　　年　　月　　日

附表 19　基础沉降变位测量记录表

基础沉降变位测量记录表

工程名称		桥位里程			
仪器型号		环境温度/℃			
监测点编号	位置描述	坐标轴			
		X	Y	Z	

基础沉降检测点位置示意图

备注

注：X 方向表示纵向位移；Y 方向表示横向位移；Z 方向表示垂直位移。

检测：　　　复核：　　　日期：　　年　　月　　日

附表 20 支座几何形态测量记录表

支座几何形态测量记录表

工程名称				环境温度			
检测路段				检测依据			
支座编号	桥位里程	支座类型	平面尺寸		厚度	外观缺陷	备注

支座分布示意图

备注

检测：　　　复核：　　　日期：　　年　　月　　日

附表 21 跨海桥梁技术状况等级评定表

跨海桥梁技术状况等级评定表

部件号	部件名称	评分 R_i(0～5)	权重 W_i	$R_i \cdot W_i$	说明
1	总体评定				
2	混凝土上部结构				
3	支座				
4	墩台与基础				
5	承台				
6	吊杆/吊索系统				
7	桥面铺装、伸缩缝				
8	人行道护栏				
9	拱肋、拱脚				
10	锚碇、鞍座				
11	翼墙、耳墙、锥护坡				
12	调治构造物				
13	照明标志				
14	其他				
评定时间			总分(D_R)		

计算：　　　　　　　　　　　　　复核：